시민을 위한 테크놀로지 가이드

더 나은 미래로 향하는 기술비평

이영준 ✕ 임태훈 ✕ 홍성욱

반비

철 침대에 묶인 프로메테우스

기술의 앞날에는 성장과 성숙이라는 두 갈래 길이 있다. 오늘날 기술의 성장은 목표 지향적인 경제 패러다임에 종속되어 있다. 반면에 기술의 성숙은 사회적 공진화(共進化)를 모색하는 과정이다. 전자가 상승 곡선이라면 후자는 겹쳐 그리는 동심원이다.

기술의 성숙이란 크고 작은 단위의 공동체가 향유해온 시간 자율성, 생산과 소비 패턴, 노동 세계의 특이성, 역사적 리듬에 기술적 대상이 길항하며 삶의 다양성을 형성해내는 것을 의미한다. 이런 기술은 점점 희소해지고 있다. 새것끼리의 패권 쟁탈전에 동원된 채, 결국엔 정량화된 숫자로밖에 평가받을 수 없는 기술 문화가 '성장'이라는 이름으로 상찬받고 있기 때문이다. 오늘날 기술 문화의 대세는 삶의 다양성은커녕 기술의 존립 근거마저 위협한다. 충분한 시간이 주어진다면 잠재성을 펼칠 수 있는 기술조차 시장에서 돈을 벌어들일 수 있는 범위와 기한에 한정돼 운영된다. 돈이 되느냐 되지 않느냐가 기술의 수명과 신구(新舊) 교체 주기를 좌우한다.

기술의 위기는 인간의 위기이기도 하다. 독일 철학자 권터 안더스(Günther Anders)에 따르면, 현대인은 태어나는 순간 골동품이 되는 낡아빠진 존재다. 반면 일신(日新)하는 기술과

기계의 우월함은 격차를 줄일 수 없을 정도로 인간을 압도하고
있기에, '프로메테우스적 수치심(prometheische Scham)'은 현대인의
만성적 열등감이라고 진단했다. 하지만 프로메테우스적 수치심은
인간만이 아니라 기술계 일반에 만연한 현상이다. 자본은 인간과
기술 모두를 프로크루스테스 철 침대(Procustean bed)에 묶어놓고
돈이 되지 않는 부분은 잘라버리고 있기 때문이다. 골동품으로
전락하는 기술, 인간, 사회는 같은 사건을 서로 다른 거울에
비춰보는 것과 다를 게 없다. 문제는 자본의 뭇 칼질이다. 이것은
수치심이 아니라 분노를 느껴야 할 일이다. 기술과 인간, 사회에
내재한 가능한 여러 미래가 말살되고 있기 때문이다.

　　이런 질문이 필요한 시점이다. 스마트폰 붐이 10년쯤
빨리 시작됐다면 우리는 지금보다 무엇을 더 얻거나 잃게
되었을까? 내연기관을 사용하는 자동차가 전기자동차로
바뀐다면 정비사들은 어떤 타격을 입게 될까? 낡은 기술, 죽은
기술에 종사하는 사람들이 생계를 이어갈 산업 생태계를
상실했을 때, 그들의 가족은 무슨 일을 겪게 될까? 스리마일과
체르노빌, 후쿠시마 원자력발전소가 아무 사고 없이 지금껏
운영됐다면 원자력 수출 대국을 노리는 대한민국의 야심은 어떤
일로 이어졌을까? 4대강 사업이 없었다면 잉어, 강준치, 메기,
동자개는 녹조에 파묻히지 않고 지금껏 살아 있었을까? 낡고 늙고
쓸모없어지는 것들의 행렬이 성장과 발전의 파고에 밀려 파국으로
내몰리고 있다. 그저 두고 보기만 할 일일까? 발달된 기술 앞에
소외감을 느끼는 인간이라는 도식적 비관론 따위로는 현실을

조금도 바꾸지 못한다.

　　기술은 우리를 둘러싼 사회와 환경의 내밀한 실체를 반영한다. 지금보다 더 좋은 사회에서 살고 싶다면, 우리 시대를 구성하는 다양한 힘에 기술이 어떻게 뒤섞이는지 탐구해야 한다. 그것은 좀처럼 바뀌지 않는 쓸쓸한 현실을 대면하는 일이다. 우리가 자본이나 국가의 영향력에서 벗어나 주체적으로 사용할 수 있는 기술이란 극히 한정돼 있기 때문이다. 끊임없이 권력이 작동하고 경제와 결합하며, 담론의 중층적 경쟁 속에서 재구성되는 장(場)에서 기술은 단 한 순간도 자유로울 수 없다. 성장을 넘어 기술의 성숙을 구하고자 하는 이들이라면 언어와 정치, 경제, 문화의 선순환을 설계하는 사회 디자인을 고안해야 한다.

　　『시민을 위한 테크놀로지 가이드』는 이런 문제의식에서 출발했다. 이 책은 이영준의 기계비평, 홍성욱의 적정기술, 임태훈의 디지털 비평을 세 축으로 구성되며, 우리 시대의 기술 문화를 진단하고 나아갈 바를 제시하자는 기획을 담고 있다. 《한국일보》에서 2015년 4월부터 같은 해 12월까지 연재된 '프로메테우스 만물상'의 원고를 대폭 보강해서 실었고, 끝머리에 세 필자의 대담을 덧붙였다. 대담에서는 알파고 쇼크를 비롯해 2016년 기술 문화계의 주요 이슈를 비평했다.

　　이영준의 기계비평은 당연시되는 기계의 존재, 세부와 재료, 설계와 미묘한 작동에 관해 묻고 따지는 비평적 사유와 실천 활동을 의미한다. 이영준은 비평의 시선이 쉽게 닿지 않았던 패스트푸드 식당 부엌, 야구장, 수술실, 지하철역과 발전소, 정수장

등을 직접 취재하고, 그곳에서 작동되는 기계에서 무엇을 배우고 깨달았는지 꼼꼼히 기록했다. 기계비평의 핵심은 직접 체험하고 쓰는 수행성이다. 어떤 소재와 주제를 다루더라도 그가 되풀이해 보여주는 것은 '기계비평가 되기'의 중요성이다. 직업적인 비평가가 되지 않더라도 상관없다. 평범한 생활인의 습관에도 기계비평가 되기는 꼭 필요하기 때문이다.

　나를 둘러싼 사물의 이치를 궁금히 여기고 면밀한 관찰과 사유에 이르는 시간이 보장될 때, 인간은 비로소 인간으로서의 존엄을 확인할 기회를 얻게 된다. 하지만 우리는 자동화 시스템이 삶을 촘촘히 지배하는 시대를 살고 있다. 버튼을 누르는 단순한 동작이 체험과 사유의 시간을 얄팍하게 압축한다. 게다가 현대인은 자발적으로 이 시스템에 중독되어 있다. 생활은 편리해졌지만 생각할 필요가 없어졌다. 좀 더 엄밀히 말하면 돈 버는 데 필요한 일 외에는 시간이 많이 드는 복잡한 과정을 견디지 못한다. 오늘날 사람들이 사용하는 것은 버튼으로 이뤄진 디스플레이 인터페이스일 뿐, 유기적 다양체인 기계라고 할 수 없다. 그래서 버튼 너머의 세계에서 자기 언어로 생각을 적어 나가는 기술을 갈고 닦아야 한다. 그것은 버튼 위에 짓눌린 시간을 복원하는 과정이기도 할 것이다.

　홍성욱이 적정기술을 통해 보여준 우리 시대의 기술 문화는 선한 마음과 재기발랄한 아이디어로 가득한 발명의 세계이면서, 저개발국가의 언제 끝날지 기약할 수 없는 비참한 가난과 질병, 재앙의 한복판이기도 했다. 2010년대에도 동물의 배설물이 뒤섞인 더러운 웅덩이를 식수로 쓰는 이들이 수천만 명이다. 이들을 위한 발명품, 난방과 음식 조리, 세탁에 필요한 에너지를 태양광과 인간 동력으로 얻는 발명품 등 현지인에게 실질적인 도움을 주는 적정기술의 성과는 실로 감동적이다.

하지만 이런 노력이 저개발국가의 가난과 질병, 온갖 구조적 모순과 병폐를 근본적으로 해결해줄 수는 없다. 적정기술도 이러한 한계를 정확히 인식하고 있다. 적정기술 개발은 발전을 위한 '수단'이고 '도구'이지 개발 자체가 최종 '목적'이 아니다. 적정기술의 본령은 세계관과 플랫폼이다. 현대 사회의 문제점을 진단하고 다양한 해결책을 제안하는 대안적 세계관을 모색하고 디자인, 비즈니스, 국제개발협력 등의 다채로운 영역과 접속하고 융합하는 플랫폼 역할을 수행하는 것이 적정기술의 소임이라고 한다.

임태훈이 디지털 비평을 통해 전달하려 했던 주제는 '우리 시대의 디지털 테크놀로지를 날로 비참해지고 있는 노동자들의 편에서 생각하라'는 것이었다. 한국 정보통신기술 담론에서 '노동'의 문제는 어처구니없을 정도로 소외되어 있다. 디지털 시대의 책사를 자처하며 정부나 기업의 의사 결정에 도움을 주겠다고 나서는 이들은 많다. 하지만 노동자 입장에서 디지털 신자유주의의 폭압에 맞설 방법을 고민하는 목소리는 초라하다.

사물인터넷, 디지털 헬스케어, 웨어러블 컴퓨터, 드론, 빅데이터 등의 차세대 기술은 인간 존엄과 자율, 건강한 사회 공동체의 다양성과 지속가능성을 보장하기보다 독점기업과 금융자본의 이윤 극대화를 뒤쫓고 있다. 인터넷 환경도 심각하게 오염됐다. 인터넷은 집단지성의 촉매제라고만 볼 수 없게 됐다. 일베와 그 아류들이 온갖 사이트에서 증식하는 집단저능의 배양기로 전락했기 때문이다. 그렇다고 디지털 테크놀로지를 무작정 배제할 수도 없다. 자본의 요구에 복무하느라 억압돼 있던 해방적 역량을 발휘할 방법이 디지털 테크놀로지에도 충분히 잠재해 있기 때문이다. 노동자의 편에서 재시동된 디지털 테크놀로지의 패러다임 전환도 불가능한 일만은 아니다.

나쁜 사회는 탁월한 기술조차 비루한 일상의 부속품으로 끌어내린다. 인간이 사회에서 겪는 온갖 부조리와 부정이 되풀이되는 것이다. 사회를 바꾸지 않고 인간과 기술을 구해낼 방법은 없다. 지금 우리에겐 프로메테우스의 싸움법이 필요하다. 잘 알려진 것처럼, 프로메테우스는 제우스에게서 불을 훔쳐 인간에게 전달한 신이다. 그가 인간에게 베푼 것은 불꽃만이 아니었다고 한다. 집을 짓는 법, 날씨를 미리 아는 법, 셈하고 글씨 쓰는 법, 짐승을 길들이는 법, 배를 지어 바다를 항해하는 기술도 가르쳤다. 인간과 더불어 그 모든 일을 준비한 프로메테우스의 공방(工房)은 제우스의 절대 권력에 반항하는 저항의 요지이자 새로운 문화와 문명의 인큐베이터였다.

자본이 신처럼 군림하는 우리의 현실에도 프로메테우스의 응전은 계속되어야 한다. 새로운 사회를 건설할 긴요한 기술을 끌어 모으고, 그것들이 최선의 역량을 발휘할 수 있는 사회적 배치를 창안해야 할 때다. 이 책에 담은 기계비평,

적정기술, 디지털 비평의 생각들이 그 일에 작은 도움이라도 될 수 있기를 바랄 뿐이다.

2017년, 촛불이 타는 1월에
저자들을 대신하여
임태훈 씀

디지털 중세기를
탈출하기

디지털 비평

임태훈

임태훈

대구경북과학기술원 융복합대학 기초학부 교수. 미디어의 역사, 소리의
문화사를 탐구하는 문학평론가로서, 인문학협동조합 미디어기획위원장으로
활동하고 있다. 1999년 삼성문학상 희곡부문에 수상했으며 2006년
문학비평으로 등단했다. 저서로『검색되지 않을 자유』가 있다.

인터넷 바깥의
인터넷

"인터넷은 사라질 것이다."[1] 2015년 초 다보스 경제
포럼에서 구글의 에릭 슈밋 회장이 한 말이다. 미래의 인터넷은
공기나 중력처럼 우리 생활에서 흔하고 당연한 요소로 스며들어
매개자로서의 존재감이 사라질 거라는 전망이다. 그의 말대로
인터넷 접속점은 매년 기하급수적으로 증가하고 있고, 그 추세도
무섭게 가속되고 있다. 전 세계적으로 사용된 첫 번째 인터넷
프로토콜인 IPv4의 경우는 약 43억 개의 주소를 부여할 수
있었다.[2] 그러나 2011년에 주소를 모두 소진하고 할당이 중지됐다.[3]
그 정도 규모로는 사물인터넷의 미래를 감당할 수가 없었던 것이다.
차세대 인터넷 주소 체계인 IPv6는 아이피 주소를 340조 개나
부여할 수 있다.

인터넷으로 유입되고 있는 데이터 양도 전대미문의
기록을 새로 쓰고 있다. 인류 문명의 시작부터 2003년까지
생산된 데이터의 총량은 5엑사바이트(exabyte, 1엑사바이트는 10바이트의
18제곱에 해당한다.)라고 한다. 오늘날 5엑사바이트쯤은 전 세계
네트워크로 쏟아져 들어오는 데이터의 이틀 치 생산량밖에
되지 않는다. 2020년에 이르면 디지털 데이터의 생성 규모는
40제타바이트(zettabyte)에 도달할 것이다. 전 세계 해변 모래알 수(7해

50경 개)의 **57배**에 해당하는 양이다. 지금 이 순간에도 비트(bit)로 축조된 데이터베이스 환경에 세계 전체가 겹겹이 쌓이고 있다.

비트는 코딩 방식에 따라 상품이자 서비스가 되며, 무엇보다 돈으로 변할 수 있다. 이는 우리 시대 경제 체제의 결정적인 특징이다. 가장 많은 비트를 수취할 수 있는 네트워크의 주인이 우리 시대 정치·경제·문화의 패권을 움켜쥘 수 있다.[4] 더 많은 접속점, 더욱더 많은 데이터 생산량을 좇는 오늘날의 인터넷은 시장 경제의 가장 탐욕스러운 속성에 물들어 있다. 정녕 인터넷은 이런 형태일 수밖에 없는 것일까? 우리 시대는 왜 이런 괴물을 필요로 하게 된 것일까?

에릭 슈밋은 이른바 구글노믹스(Googlenomics)의 장밋빛 미래를 '사라지는 인터넷'에서 찾았지만, 그의 전망은 인터넷의 지난 역사를 단순화하고 있다. 왜냐하면 지금의 인터넷은 수많은 이종(異種)의 인터넷과 더불어 발달할 수 있었기 때문이다. 그 가능성은 초기 인터넷의 역사에 이미 존재했다.

세계 최초의 사회주의 인터넷이 파괴된 날

1980년대까지만 해도 인터넷은 사용자들의 직접적인 상호작용 능력에 기초한 기술이었다.[5] 오늘날의 인터넷이 대기업 통신사에 획일적으로 집중된 서버 클라이언트(server client) 구조로 이뤄진 것과는 많이 달랐다. 게다가 지금의 정보자본주의와 인터넷은 금융 시스템과 하나가 돼 있다. 필연적으로 상업주의에 오염되지 않는 정보 공유지를 유지하기 어려운 환경이다. 불과 30여 년 사이에 벌어진 변화다. '서버 클라이언트 자본주의 국가'[6]는 우리가 사는 세계의 다른 이름임을 냉철히 인식해야 할 때가 되었다.

익스플로러, 크롬, 오페라, 파이어폭스, 사파리는 각기 다른 웹 브라우저이지만 거대 텔레커뮤니케이션 기업을 통하지 않으면 인터넷에 접속할 수 없다. 다양한 종류의 웹 브라우저가 있는 것처럼 인터넷도 복수가 되어야 하지만, 서버 클라이언트 자본주의 국가에서는 이런 기술이 시도되기 쉽지 않다. 통신사는 수익 구조를 침해받기 때문에 좌시하지 않을 테고, 국가는 디지털 파놉티콘에 허점이 생기는 것을 내버려 둘 리 없다.

디지털 테크놀로지의 해방적 역량이 역사적으로 어떻게 억압받아왔는가를 알 수 있는 충격적인 사례가 있다. 칠레의 아옌데 대통령이 추진한 세계 최초의 사회주의 인터넷 '프로젝트 사이버신(Project CyberSyn)'이 그것이다.[7]

아옌데 정권은 칠레를 자본주의 경제에서 사회주의 경제로 전환하고자 했다. 그러려면 칠레의 현 경제 상태를 실시간으로 파악할 수 있는 시스템이 필요했다. 그리고 이 시스템은 중앙 집중적인 관료주의를 피할 수 있는 분권적이며 민주적인 네트워크로 구축되어야 했다. 이것이 바로 1971년에 실제 가동됐던 사이버신 시스템이었다. 노동자들의 협동경영으로

운영되는 각 공장과 산업 단위가 이 네트워크에 속속 연결됐다.
현장의 노동자와 지역 관리자가 정보를 입력하고 의사 결정에 직접
참여할 수 있다는 점에서 동시대 소련의 사이버네틱 시스템보다도
진일보한 방식이었다.[8] 사이버신은 1973년까지 국가 경제 시스템의
75퍼센트에 접속할 수 있었다. 노동자 주도의 민주주의 운동과
새로운 컴퓨터 통신 기술의 역사적인 융합이 전개되었던 것이다.

하지만 미국과 칠레 기득권층은 남미에 사회주의 정권이
들어서는 것을 원치 않았다. 1973년 9월 11일, CIA의 조직적
지원을 받은 칠레 군부가 쿠데타를 일으켰다.[9] 이날 대통령궁에
가해진 폭격으로 아옌데는 사망했다. 세계 최초의 사회주의
인터넷이 파괴된 날이기도 했다.[10] 오늘날의 인터넷은 이런 역사
위에서 허세를 부리고 있다.

좌절된 사회주의 인터넷의 역사. 아옌데 집권
당시 칠레 대통령궁에 있던 프로젝트 사이버신의
주조정실은 미국의 폭격으로 파괴됐다.

오늘날의 인터넷은
가두리 양식장 신세

디지털 테크놀로지는 발달했으나 진보하지는 못했다.
오늘날 우리가 쓰고 있는 인터넷은 한마디로 가두리 양식장
신세다. 감시와 검열 기술로 포위된 서버에 갇혀 있기 때문이다.
2014년의 카카오톡 사태는 이 사실을 여실히 드러내 보였다.
애당초 다른 인터넷을 선택할 수 없는 상황에서 카카오톡을 떠나
텔레그램으로 옮겨가는 현상은 집단적인 해프닝에 불과했다.
메신저 사용자들이 사생활 보호 기능이 강화된 텔레그램으로
옮겨간다고 해도 기본적인 인터넷 접속은 서버 클라이언트 구조를
거칠 수밖에 없다. 기업과 국가의 패킷 감청에서 구조적으로
벗어나기 힘든 환경이다.[11]

　　지난 10년간 이 나라에서 인터넷 패킷 감청 설비의
숫자는 무려 아홉 배나 증가했다.[12] 이 설비가 어디에서 어떻게
쓰이는지 아직 제대로 밝혀진 게 없다. 카카오톡의 보안성 문제
이상으로 심각한 사안이다. 최근엔 이런 일마저 있었다. 국내
병원의 진료 기록 전산화 업무를 대행하는 한 민간회사가 미국
제약회사에 25억 건의 의료정보를 팔아먹었다.[13] 서버를 둘러싼
우리 시대의 윤리는 이토록 저열하기 짝이 없다. 이런 환경을
그냥 내버려 두고 사는 것은 단언컨대 굴종이다. 하지만 대중은
이 비참함을 놀랍도록 금세 잊어버린다. 가공할 무지와 무심함의
만연이야말로 우리 시대 인터넷의 참을 수 없는 경이로움이다.

지금의 인터넷이 당연한 상식처럼 여겨져선 안 된다. 에릭 슈밋의 말은 이렇게 비틀어야 한다. 인터넷은 이대로 사라져선 안 된다. 더 나은 인터넷에 대한 사회적 상상에 불을 지펴야 한다.

오늘날의 인터넷 네트워크는 폐쇄적이고 중앙 집중화되어 있다. 소비자가 자신이 직접 사용할 수 있는 물리적 인프라를 소유하지 않고 기업 네트워크에 의존해 모든 것을 해결하려 할수록, 인터넷의 미래는 소수 대기업의 독점적 운영에 좌지우지될 것이다.

해방의 불꽃을 만드는
기술을 되찾으려면

다른 인터넷을 구축하려면 어떻게 해야 할까? 상업화에 침범당하지 않는 정보 공유지는 어떻게 유지될 수 있을까? 사회를 바꾸는 유일한 길은 다르게 생산하고 공유하는 것임을 기억하자.[14] 우리 시대의 디지털 기술, 인터넷 기술에 억제된 부분이 무엇인지 찾아야 한다. 자본주의는 해방의 불꽃을 만드는 기술을 이윤을 극대화할 수 있는 기술 뒤에 감추고 있다. 그것을 시민들의 공공재로 빼앗아 와야 한다. 프로메테우스의 정치가 필요한 시점이다.

2015년 3월 15일 정식 서비스를 시작한 비트코인(bitcoin) 진영의 새로운 인터넷 '이더리움(Ethereum)'은 2010년대 가장 중요한 사건 중 하나로 손꼽힐 만한 혁명적인 시도다.[15] 이더리움은 서버를 경유하지 않는 인터넷이자 탈중앙화된 애플리케이션 플랫폼이다. 이 프로젝트에 참여하고 있는 이들은 놀랍도록 젊고 참신하다.

이 그룹의 대표 격인 비탈리크 부테린(Vitalik Buterin)은 스무 살의 청년이다. 그 나이면 인터넷이 없던 시대를 살아본 적이 없다. 그러나 인터넷으로 무엇을 '더' 할 수 있는지 탐구하는 데 가장 영민할 수 있는 나이다. 대안적인 화폐 시스템과 인터넷을 연동시킨다는 이더리움의 개념은 그야말로 코페르니쿠스적인 전환을 예고한다. 중앙은행들의 국권화폐가 흐르는 길이 서버 클라이언트 인터넷이라면, 이더리움은 탈중심화된 암호화폐(cryptocurrency)가 흐르는 탈중심화된 인터넷을 지향한다.[16] 오픈소스로 기술을 공개해놨기 때문에 누구라도 이종의 이더리움 개발에 뛰어들 수 있다. 이것은 비트코인 기술의 기본적인 원칙이기도 하다.[17] 더 많은 사람이 접속할수록 더욱더 다양하고 안정된 시스템을 만들 수 있다는 철학의 공유다.

이제 막 시작된 이더리움의 성공 여부를 미리 장담할 순 없다. 이더리움이 서버 클라이언트 인터넷의 지배 질서를 전복시킬 수 있을 거라고 기대하기도 어렵다. 하지만 이더리움은 우리를 둘러싼 인터넷 환경의 의미를 비판적으로 상대화할 수 있는 사회적 실험이다. 실패 뒤의 또 다른 실패, 실험이 끝난 뒤의 또 다른 실험으로 이어질 도전이다. 우리 시대 사람들이 그 창조적 연쇄를 멈추지 않고 지속할 수 있다면, 그것이야말로 정보자본주의의 진행 방향을 근본적으로 바꿀 역사적인 전환점이 될 것이다.

블록체인과
분산형 네트워크의 도전

세상은 장부(帳簿)를 독점한 권력에 지배당한다.[1] 새로운
사회 구조를 창출할 방법 역시 장부를 다루는 방법으로부터
발명될 수 있다.[2] 이것은 직업과 전공에 구애받지 않고 함께
공부해볼 만한 주제다. 이 문제로부터 우리 시대의 누구도 예외가
될 수 없기 때문이다.

장부 권력의 대표적인 예가 중앙집권적 금융 시스템이다.
법정화폐의 발행권은 국가와 중앙은행에 독점되어 있고, 각종
금융 거래는 기업의 중앙 서버에서 관리된다.[3] 금융 시스템과 서버
클라이언트 인터넷의 위상 구조는 한 몸으로 합쳐져 있어서, 하루
7000만 건 이상, 37조 원 이상의 거래가 인터넷을 통해 이뤄진다.[4]
중앙 서버가 공격받으면 금융 시스템까지 한꺼번에 위험에
처할 수 있는 구조다. 그래서 금융계도 집중관리형에서 분산형
시스템으로의 이행을 중차대한 이슈로 받아들인 지 오래다.[5]

전 세계에 흩어져 있는 컴퓨터에 장부의 데이터를
분산해 관리하는 P2P(peer to peer) 네트워크 방식이 분산형 시스템의
전형이다.[6] 이 방법을 데이터가 모이는 사회 전반에 응용할 수만
있다면 혁명적인 파급 효과를 불러올 것이다. 하지만 분산형
네트워크에서 '사람'은 중요한 매개 변수이면서 예측하기 어려운

위험 요소다. 부정한 목적으로 데이터(장부)를 조작하는 이가 누구든 나타날 수 있기 때문이다. 장부의 가치는 신뢰할 수 있는 사회적 관계에 비례하는데, 불특정 개인보다는 국가와 기업의 신뢰도가 더 높이 평가받는다. 그래서 국가와 기업이 절대적 신뢰의 대상이 되지 못하더라도, 다른 단위보다 상대적 우위를 유지하는 것만으로 장부를 독점할 명분은 쉽게 깨지지 않는다. 독점 권력의 전횡을 우려하면서도 중앙집권적 시스템에 순응할 수밖에 없는 까닭도 내 정보 재산을 신뢰할 수 있는 매개자에 의탁하려는 경향 때문이다.

신뢰성을 담아내는
기계적 메커니즘

그렇다면 사람도 기업도 국가도 아닌 기계적 메커니즘에 신뢰성을 담아낼 순 없는 걸까? 바로 이 문제를 해결할 방법이 '블록체인(blockchain)'이다.

가상 통화인 비트코인을 통해 세상에 널리 알려진 기술인 블록체인은 P2P 네트워크를 이용하는 공공 거래 장부 시스템이다. 중앙 서버나 관리자 없이 개인과 개인이 직접 연결된다. 사람들의 거래 내역을 국가 기관이나 은행 서버, 전산망에 보관하지 않고 네트워크에 참여하는 모든 사용자가 P2P 형식으로 보관하고 저장한다. 데이터 거래 기록을 적은 블록들이 하나의 긴 체인으로 연결되면 10분에 한 번씩 거래 장부 검사와 갱신이 진행된다. 이 과정에는 블록체인 시스템에 접속한 사용자들의 컴퓨터가 일제히 동원된다. 이때 사용자 과반수가 가진 데이터와 일치하는 장부만이 정상 장부로 공인된다. 거래 내역이 확인되면 하나의 블록이 형성되고, 기존 블록체인 뒤에 붙는다. 이 작업이 반복되면서 거래가 검증되고 블록은 계속 늘어난다.[7]

장부 조작과 이중 거래는 사실상 불가능하다. 전체 사용자의 절반이 가진 컴퓨터 계산 능력을 조작자가 능가하려면 천문학적인 비용이 든다. 그에 비해 부정 거래로 얻을 수 있는 이익은 보잘것없다. 어지간히 미친 억만장자가 아니고서는 조작의 동기 자체가 성립되기 어렵다.

블록체인은 인류의 기술사를 통틀어 신뢰성 문제를 기계적 메커니즘으로 전환한 최초의 시도다.[8] 가상화폐의 거래 기록 장부에 사용될 뿐만 아니라 신뢰성이 작용하는 모든 문제에 응용될 수 있다. 선관위의 투표 관리에서 메일링과 메신저 서비스, 컴퓨터 백신, 신분 확인, 진품 증명, 땅과 건물의 소유 및 거래 기록, 각종 세무 기록, 등기소, 주식시장, 투자은행에 이르기까지 응용 범위는 사회 전반으로 확대될 수 있다.[9]

소수 재벌이 온갖 형태의 사회적 부를 독점하고 있는 한국 사회에서는 블록체인 기술의 의미가 각별하다. 우리의 정보가 저들의 장부에 쌓여 부의 독점이 연장되는 악순환을 끊어야 하기 때문이다. 그러려면 중앙집권적 장부 권력에서 벗어날 장치가 새롭게 발명되어야 한다.

무엇보다도 가능한 많은 사람이 그 장치를 쉽게

사용할 수 있어야 한다. 그동안 공개된 블록체인 플랫폼들은 아주 잘 훈련된 개발자가 아니면 운영은 고사하고 원리를 제대로 이해하기도 쉽지 않다. 블록체인 2.0 기술을 고도로 구현해서 '이종의 인터넷'이 발명됐다는 찬사를 받은 이더리움조차 어렵기로 치면 끝판왕이다. 이대로라면 전위적인 개발자 그룹의 특출한 실험일 수는 있어도 사회적 파급력은 미미한 수준에 그칠 것이다.

　　　블록체인이 신뢰성 문제를 기계적 메커니즘으로 전환한 점은 충격적인 사건이지만, 사람들의 마음과 몸을 움직일 수 있는 매혹적인 기술로 거듭나려면 시간과 노력이 필요해 보인다. 전통적 개념의 정부와 은행을 와해시킬 수 있는 이 기술의 혁명적 잠재성을 폭발시키려면 대중 기술로 하방(下方)된 블록체인이 필요하다. 모두가 코딩어를 배워 블록체인 기술을 이해하고 운영할 필요는 없다. 하지만 이 기술의 가능성에 흥미를 느낀 누군가에게 자발적 학습을 시도해볼 수 있는 계기는 마련되어야 한다. 프로그래머들이나 관련 업계의 종사자들뿐만 아니라, 이 기술의 가능성에 힘입어 새로운 사유와 실천을 시도하려는 인문학자, 사회과학자, 예술가 들의 적극적인 참여도 끌어내볼 만하다.

중앙집권 독점 사회를 벗어나기 위한
새로운 도구

한국의 '블록체인OS'에서 준비하고 있는 '시만텍

'블록체인'에 의미심장한 일성(一聲)을 기대하는 까닭이 여기에 있다.[10] 이들이 개발하고 있는 플랫폼은 일반인들도 블록체인 기술을 쉽게 시도할 수 있도록 직관적인 인터페이스로 이뤄져 있다고 한다.

개발을 진행하고 있는 이들의 삶이 어떤 식으로든 시만텍 블록체인에 반영될 수 있기를 바라는 마음도 크다. 그들이 바라는 사회에 대한 비전이 결과물에 충실히 담길 수 있다면, 그 뜻에 공감하는 이들의 마음도 더 많이 모일 것이다.

블록체인OS의 최고운영책임자(COO) 최용관은 1980년대와 1990년대 중반에 걸쳐 치열하게 노동운동을 했던 이다. 개발자로서 그의 경력은 1990년대 말부터 2000년대 사이에 시작됐는데, 벤처기업 '와우프리커뮤니케이션'에서 일하며 독학과 실무로 쌓은 실력이었다. 이 시기에 정보 공유 프로젝트인 리눅스(LINUX), GNU, P2P에 깊이 경도되었다. 노동운동과 함께 견지해온 방향성을 정보통신업계에서도 꾸준히 이어가고자 했다.

2015년 국정원 RCS 해킹 프로그램 사태에 대응하기 위해 배포된 오픈백신 프로젝트도 최용관이 대표활동가로 있던 P2P재단코리아의 노작이었다는 사실은 잘 알려져 있지 않다. 오픈백신의 갱신과 관리 운영은 P2P 네트워크로 진행하는 것을 목표로 하고 있다. 이를테면 블록체인 시스템을 강력한 컴퓨터 백신 체제로 운영할 수 있다는 개념이다.[11]

그가 2013년에 비트코인과 블록체인 기술의 가능성을 처음 접하고 큰 충격을 받았던 까닭은, 한국 사회에 꼭 필요한 기술이 출현했음을 알아봤기 때문이었다. 그것은 장부(DB)를 독점한 권력으로부터 공공의 정보를 되찾아올 수 있는 절호의 기회를 의미했다.

노동운동을 하며 이곳저곳으로 떠돌아다녀야 했던 시절에 그는 뼈아프게 절감했다. 이 나라에서 재벌의 영향력으로부터 자유로운 곳은 거의 없었다. 그의 이름은 백신 프로그램에 입력된 감시 대상 명단처럼 취급됐다.

고등학교를 졸업하자마자 입사한 삼성전관 공장에서 노조를 조직하려 했었다. 노동자들이 롤러에 끼여 다치고 돌연사로 쓰러지는 일이 수시로 벌어지던 곳이었다. 열악한 노동 환경을 개선하려면 노동자들끼리 조직화하여야 했다. 법이 보장하는 노조가 조직되지 못할 이유가 없었다. 하지만 그의 행보가 사측에 알려지자마자 온갖 고초를 당했다. 회사에서 해고된 뒤에도 삼성의 지속적인 방해로 일할 수가 없었다. 멀쩡히 취직한 회사에서도 삼성의 전화 한 통이면 쫓겨났다. 첫 직장이 있었던 수원 지역에서는 회사를 떠난 뒤에도 늘 미행이 따라붙었다.

이곳저곳을 떠돌다가 1993년에 들어간 신도림동 사카린 공장은 삼성의 영향력이 닿지 않던 예외적인 곳이었으나, 24시간 맞교대 근무에 월급도 형편없었다. 이곳에서 일하는 노동자들은 더 이상 어디에서도 일할 수 없는 궁지에 몰린 사람들이 대부분이었다. 그곳에서 느꼈던 막막한 절망감이야말로 중앙집권적 독점 사회의 한복판이었다. 거기서 벗어날 다른 세상이 없었다.

2010년대의 대한민국도 그때와 별반 다를 게 없다.

다른 세상에 닿기 위해서는 새로운 도구가 필요하지만, 아직도
준비 단계를 벗어나지 못했다. 간신히 이 시대에 도착한 블록체인
시스템도 일단은 멍석에 불과하다. 어떤 이들이 이곳에 모여
서로에게 몰랐던 것을 배우고 가르칠 것인가? 그리하여 더불어
행복하게 살 방법을 마련할 수 있을까?

새로운 도구의 사용법을 공유해야 할 때다.

인더스트리 4.0과
부스러기 노동을 넘어

　　이토 게이카쿠와 엔조 도가 함께 쓴 『죽은 자의
제국』이라는 소설이 있다.[1] 배경은 19세기 영국이지만, 실제 역사
속의 영국이 아니라 스팀펑크(과거의 기술에서 발달된 상상의 사회)
세계관으로 뒤바뀐 대체 역사를 따라 이야기가 전개된다. 여기에
등장하는 19세기 영국에는 증기기관과 펀치카드를 이용한 기계식
컴퓨터가 인터넷처럼 통신망으로 깔렸다. 오늘날의 신자유주의보다
더 악랄한 자유경제 사회를 유지하기 위해 시체를 되살린
프랑켄슈타인이 대량으로 공급된다. 산업계와 군대가 필요로 하는
단순 노동 인력은 거의 다 프랑켄슈타인으로 대체됐다.
　　프랑켄슈타인은 죽은 사람의 뇌에 '네크로웨어'라는
가짜 영혼을 인스톨해서 제조된다. 수요보다 공급이 모자랄 때는
산 사람의 뇌를 마약으로 혼미하게 해서 네크로웨어를 주입하기도
한다. 프랑켄슈타인은 프로그램된 행동밖에 하지 못한다. 겉보기엔
사람과 다를 게 없지만 정신 상태는 로봇이나 마찬가지다. 가난한
나라에서는 프랑켄슈타인 수출을 위한 전문 공장이 운영되고
있고, 자살과 인신매매가 공공연히 벌어진다.
　　공장과 전쟁터에서 프랑켄슈타인은 쉽게 쓰고 버리는
소모품에 지나지 않는다. 임금을 받지 못하는 건 말할 것도 없고,

아무리 신체가 훼손돼도 제대로 치료받지 못한다. 프랑켄슈타인을 사들이는 편이 보수해서 쓰는 것보다 비용이 싸게 먹힌다면 일말의 미련도 없이 폐기 처분한다. 전쟁터에서도 프랑켄슈타인들은 공포, 불안, 증오, 애국심 그 어떤 감정도 느끼지 못한다. 프로그램된 대로 움직이며 상대 프랑켄슈타인과 살육전을 벌인다.

프랑켄슈타인 덕분에 큰돈을 번 정치가와 사업가 들은 죽은 자로만 이뤄진 국가를 세우려 한다. 그들에겐 얼마나 좋은 나라란 말인가! 세금 없고 노조 없고 규제도 없는 나라다. 언론도 없고 민주주의나 선거 따위에 휘둘릴 일도 없다.

디지털 신자유주의 아래에서
황폐화하는 노동

황당한 소설 같지만, 우리가 처한 현실도 황당하긴 마찬가지다. 지금과 같은 기조의 노동 정책이 계속된다면 머지않아 정규직은 역사 속의 개념으로 종말을 맞이할 것이다. 빠르게 진행되고 있는 산업 생태계 변화는 모든 노동의 비정규직화뿐만 아니라 로봇과의 경쟁마저 강요할 것이다. 복지 예산이 대폭 삭감되면서 사회안전망은 속수무책으로 무너지고 있고, 무능한 정치 때문에 장래는 더욱 암담해지고 있다.

한국의 정보통신기술(information and communications technology, ICT) 담론에서도 '노동'의 문제는 어처구니없을 정도로 소외되어 있다. 디지털 시대의 책사(策士)를 자처하며 정부나 기업의 의사 결정에 도움을 주겠다고 나서는 이들은 많다. 하지만 노동자 입장에서 디지털 신자유주의의 폭압에 맞설 방법을 고민하는 목소리는 초라하다.

노동은 산업 현장뿐 아니라 태어나서 죽을 때까지 모든 시공간을 포괄하는 개념이다. 급여가 지급되는 근무 시간은 그 일을 수행할 수 있는 능력이 한 인간의 마음과 몸, 생각에 갖춰지는 몇 천 배의 시간 없이는 성립될 수 없다. 삶이 곧 노동이다.[2] 노동자가 일터에서 직간접적으로 쏟아붓는 평생의 시간에 제값을 내는 기업은 없다. 따지고 보면 모든 급여는 최저 시급인 것이다. 고용-피고용의 관계를 넘어 사회 전체가 노동하는 삶의 존엄과 자율을 책임져야 한다. 무엇보다 노동자 스스로 당당히 더 나은 사회를 요구해야 한다. 힘껏 살아가고 있다는 것만으로도 충분히 그런 요구를 할 자격이 있다.

노동 문제를 제쳐두고 건강한 산업 생태계에 이를 길은 없다. ICT 산업이라고 피할 수 있는 과제가 아니다. 이윤을 극대화하고 경쟁에서 앞서갈 블루 오션만 좇는 횡포는 궁극적으로 산업뿐만 아니라 삶의 황폐화를 조장한다. 이 수순을 박근혜 정부가 추진하는 제조업 창조경제 전략인 '인더스트리 4.0'이 밟고 있다.[3]

'인더스트리 4.0'은 ICT와 제조업의 완벽한 융합을 통해 구축되는 새로운 산업 생태계를 뜻한다. 독일 정부가 2011년에 내놓았던 '하이테크 비전 2020'에서 처음 주창됐고,[4] 박근혜 정부는 창조경제론을 설명하는 핵심 키워드로 이 개념을 이식했다.

　　　인더스트리 4.0은 노동 환경의 대대적인 구조조정을
전제한다. 디지털 격변기의 생산 환경에 맞춰 노동자를 제때 알맞은
곳에 활용할 수 있도록 노동 유연성을 극대화하자는 전략이다. 많이
듣던 이야기의 재탕이다. 번지르르한 신조어를 덧붙였다는 것만 빼면
지난 20여 년 동안 진행된 신자유주의 노동 정책의 끝판왕이다.
IMF 이후 들어섰던 역대 신자유주의 정권과 마찬가지로 박근혜
정부에서도 정규직의 유연성 확보, 비정규직의 직업 안정성 강화를
명분으로 노동시장 구조개혁을 강력하게 추진하고 있다. 2014년
말엔 비정규직과 정규직 사이에 '중규직' 제도를 두겠다는 구상도
발표됐다.[5] 노동계의 반발은 당연했다. 한국 노동자들의 근속연수
평균은 5.1년밖에 되지 않고,[6] 실업급여를 비롯한 사회안전망은
턱없이 부족한 실정이다. 지금 같은 추세라면 머지않아 '정규직'이
역사 속의 개념으로 사라질 수 있다. 가장 큰 타격을 입는 것은
새로운 산업 생태계에서 구조조정될 사양산업 종사자들이다. 정부
계획대로라면, 사실상 이들은 알아서 살아남아야 한다. 이런 형편에
노동자에게서 쥐어짤 창조력과 상상력이 남아 있을 리 없다.

공유경제, 매매되고 재조립되는 인간의 시간 조각들

한편 인더스트리 4.0 시대에서 살아남기 위한 스마트한

노동자의 생존 매뉴얼로 '공유경제론'이 날로 각광받고 있다. 불안정한 고용 환경에서 줄어든 수익을 벌충할 새로운 경제권이 공유경제에 있다는 발상이다. 그러나 기업이 노동자의 삶을 착취하고 소모하는 방식을 노동자 스스로 자기 삶의 경영에 도입하고 있는 현상이기도 하다.

이탈리아의 미디어 이론가 프랑코 베라르디 비포(Franco Berardi 'Bifo')는 디지털 네트워크에서 인간 시간의 조각이 매매되고 재조립되면서, 노동자는 단편적인 세포 시간의 단위로 전락했다고 진단한 바 있다.[7] 이를테면 오전 10시에서 정오까지 고용되는 여성 노동자의 목소리, 새벽 2시에서 5시까지 컴퓨터 화면 앞을 떠날 수 없는 귀와 손가락, 혹은 오후 2시에서 5시까지의 각종 감정 노동에 보수가 지불된다. 노동자는 언제든 교체 가능한 생산 요소, 네트워크의 끊임없는 흐름 속에 들어가는 재조합적 기호 작용의 미세한 일부에 지나지 않게 된다. 기업 입장에선 마다하기 힘든 유혹이다. 원가 절감뿐만 아니라 노동자의 사회적 보호라는 의무까지 강제받지 않게 되었으니 당장은 반길 만한 변화일 수 있다. 재기 발랄한 아이디어와 선한 의지로 가득해 보이는 공유경제론에서도 노동의 부스러기화는 여지없이 진행되고 있다.

스마트폰만 있으면 누구라도 따라 하기 쉽다. 겉으로 보기엔 음흉해 보이는 구석도 없다. 주문형 개인 기사 서비스인 우버(Uber)나 홈스테이 연결 네트워크인 에어비엔비(AirBnB)를 활용하면, 원하는 시간에 택시 기사나 호텔리어가 될 수 있다. 여느 때처럼 다니던 길을 가다가도 요금을 내는 손님을 받을 수 있게 되는 것이다. 마찬가지로 부재 시간 동안 놀리는 방을 누군가에게 임대할 수도 있다. 우버와 에어비엔비의 사업 모델을 응용하면 삶 전체를 ATM 기기처럼 운영할 방법을 얼마든지 찾을 수 있다. 원하는 시간 동안 내 부엌을 식당처럼 운영한다거나, 비경제활동이었던 습관적인 동네 산책을 누군가에게 데이트 서비스로 제공하고 돈을 받을 수 있다. 그런데 어떤 이들이 이렇게 돈을 벌어야 할까? 가계 부채가 가중되고 고용 안정성이 악화할수록, 가난한 사람들은 시간을 팔아 돈을 버는 일에 더욱 목매달 수밖에 없다.

안정된 고용 환경과 합리적인 소득 분배는 인간의 시간을 계산 불가능하고 계량화할 수 없는 차원으로 보존하는 최소한의 마지노선이다. 시간은 인간적 존엄의 지표여야 하고 교환가치로 가늠할 수 없는 사회적 연대, 믿음, 사랑의 기초가 되어야 한다. 누구에게도 시간은 자본이기만 해서는 안 된다.

공유경제권은 기존 산업 생태계와 마찰을 빚고 있다. 2014년 11월 서울광장에서도 택시 종사자 3000여 명이 우버와 렌터카의 불법 택시 영업을 처벌하는 법을 마련할 것을 촉구하는 시위를 벌였다. 사진은 런던의 우버 항의 시위 현장.

그러나 시간과 자본은 디지털 네트워크에 합일돼 분간할 수 없게 되었고, 상업화해서는 안 될 삶의 영역을 내버려 두지 않고 있다.

노동이 소외되지 않는
디지털 문화를 위해

　이 모든 변화는 결과적으로 더 나은 세계를 도래하게 할 거라는 낙관론도 있다. 제러미 리프킨(Jeremy Rifkin)은 최근작 『한계비용 제로 사회』에서 스마트 인프라에 기초한 협력적 공유경제의 미래가 자본주의의 종말을 유도할 거라고 주장했다. 하지만 이 책은 디지털 신자유주의가 이미 공유경제를 전유하고 있다는 사실에 놀랍도록 무신경하다. 사물인터넷 인프라의 관리·통제를 둘러싼 싸움에서 협력적 공유사회 진영이 이길 수 있다는 전망 역시 건투를 빈다는 응원 이상의 설득력은 없었다. 리프킨은 미래의 주역이 될 세대에게 다가올 변화에 대비하고 희망을 품어보라고 조언한다. 그러나 바로 그 세대가 직면하고 있는 최악의 노동 환경 문제는 불가피한 과도기쯤으로 치부하고 있다. 지금 이 시대에 복잡하게 뒤얽힌 문제를 섣불리 역사의 후경으로 떠밀어버리는 것이 리프킨을 포함한 미래학자들이 즐겨 쓰는 '종말'이라는 소실점이다. 이런 식의 미래학에는 동의할 수 없다. 차라리 낡고 투박할지언정 '노동의 현재'를 논의하는 데 귀 기울여야 한다. 1억 6300만 개의 일자리가 몇 백만 개로 줄어드는 참담한 과정이야말로 미래의 종말이다.

리프킨에 따르면, 이 과정을 거친 뒤 금세기 중반쯤 전 세계 고용 인력 대다수가 협력적 공유사회의 비영리 부문에서 일하게 될 거라고 한다. 그가 말한 대로 미래 사회가 무료에 가까운 재화 및 서비스를 사회적으로 공유하는 협력적 공유경제의 시대가 되었으면 좋겠다. 그러나 직업을 잃고 생존의 위기에 몰린 사람들에게는 미래는커녕 내일도 불확실하다. 그들은 신자유주의의 비정한 일상을 버텨내기 위해 오늘 당장 무엇을 팔아야 하는가를 고민한다. 최악의 자본주의는 궁지에 내몰린 이들의 어쩔 수 없는 선택에 똬리를 틀고 있다. 그들이 상품으로 바꾸어선 안 될 것을 상품화하고, 상업화하지 않아도 될 시간을 시장에 내놓지 않도록 해야 한다.

이 싸움을 위한 프로메테우스의 불꽃은 다름 아닌 '기본소득'이다. 기본소득은 모든 사람에게 인간다운 존엄성을 잃지 않고 살아갈 수 있도록 기초 생활비를 보장하는 일이다. 낯설고 급진적인 이야기처럼 들릴 수 있지만, 18세기 영국의 정치사상가 토머스 페인(Thomas Paine)의 『토지 분배의 정의(Agrarian Justice)』에서 기본소득의 핵심 논리가 제기된 이후 오늘날까지 꾸준히 주장됐다.

노동이 소외당하지 않는 디지털 문화를 위해서라도 기본소득은 새로운 인터넷이나 어플리케이션을 개발하는 것보다 훨씬 더 강력한 대안이 될 수 있다. 돈이 될 사업이라는 구속으로부터 우리 시대의 디지털 문화를 자유롭게 할 최소한의 조건이기도 하다. 노동자가 자기 삶의 존엄과 자율에 집중할

스위스에서 기본소득을 보장하는 헌법 개정 운동을 벌이는 이들이 13만 명의 서명을 받은 국민발안 제출 후 금화를 쏟는 퍼포먼스를 벌이고 있다. 스위스는 이와 관련된 국민투표를 2016년에 진행했다.

시간을 소득으로 보장받는다는 것은 산업 생태계 전체의 건강한 순환에 도움을 줄 수 있다. 이런 구상은 어째서 인더스트리 4.0이 될 수 없단 말인가? ICT의 미래와 어떻게 무관할 수 있단 말인가?[8] 기본소득은 다른 이들의 노동으로 빌어먹는 염치없는 구호 대상자들의 춘몽이 아니라, 이 사회가 한 번도 제값을 낸 적 없는 노동의 참 가치와 사유화된 공유지의 대가를 청산받기 위한 장치다. 역사 속에서 사회 전체에 축적된 지식이 가치 창출의 중심이 된 시대를 살고 있지만, 자본주의는 자기 바깥에서 형성된 역량을 부당하게 약탈했다. 토지와 공기, 물, 숲, 바다와 같은 공유지뿐 아니라 노동하는 영혼에까지 마수를 뻗치고 있다. 함부로 빼앗겨선 안 된다. 이미 빼앗긴 것들에 대해서도 정당한 대가를 요구하고 되찾아 와야 한다. 그러지 못하는 이상 우리는 부스러기 노동의 조각에 불과하다.

암호전쟁과
국정원

이 나라에선 스캔들이 스캔들을 감추고, 부패가 부패를
은폐하고, 연이은 재앙과 파국이 불행한 사태의 근본 원인에 대해
고민할 틈을 주지 않는다. 뭘 잊어버렸는지도 모르고, 무엇을
모르는지도 모르는 얄팍하고 편향된 현실감에 전 국민이 갇혀
있다. 2015년 여름에 있었던 국정원 스마트폰 감시 사건도 잊혔다.
어떻게 이런 일이 잊힐 수 있단 말인가?

상식과 원칙이 통하는 사회라면 국정원 해체는
물론이거니와 내각 총사퇴도 모자랐을 사건이다. 하지만 2016년
3월 여대야소의 국회에선 테러방지법이 통과됐고, 국정원의 권한은
이전보다 훨씬 더 강화됐다. 이 비루한 시대에 대해 모르고 있는
것들이 너무 많다.

정보기관을 위한
감시 기술 쇼핑몰

국정원 사건을 통해 무엇을 배웠는지 기억해야 한다.
우리는 감시 기술도 쇼핑할 수 있는 시대를 살고 있음을 알았다.

이 업계 역시 굴지의 기업들이 치열한 경쟁을 벌이고 있는 디지털 신자유주의의 한복판이다. 이름값 못하고 영업 정보를 해킹당한 이탈리아 '해킹팀(Hacking Team)'이 아니더라도 국정원이 감시 기술을 쇼핑할 곳은 많았다.[1]

위키리크스와 버그드플래닛에 공개된 자료에 의하면,[2] 남아프리카 공화국에 소재한 '바스테크(VASTech)'는 패킷 감청과 도청 시스템에 발군이다.[3] 1000만 명 단위의 전화를 엿듣고 모든 내용을 통째로 저장할 수 있는 제품군을 보유하고 있다. 연간 매출액은 1000만 달러에 달한다고 한다.

참고로 패킷 감청의 원리는 다음과 같다. 인터넷을 오가는 거의 모든 자료는 잘게 쪼개져서 전송되었다가 재구성 단계를 거치면서 재생된다. 이때 쪼개지는 단위를 '패킷'이라고 한다. 패킷 감청은 패킷이 오가는 길목에 접근해서 그 내용을 엿보거나 가로채는 방법을 말한다.[4]

패킷 감청 분야에선 보잉사의 자회사인 '네이러스(Narus)'가 바스테크의 경쟁자로 손꼽힌다. 2011년 전복된 튀니지 벤 알리 정부가 네이러스의 알려진 고객이었다. 23년간 장기 집권한 벤 알리 정부는 의견을 달리하는 사람들의 온라인 활동을 모니터링 하고 그들을 제거하기 위해 네이러스의 기술을 사용했다.[5] 하지만 독재자는 들불처럼 번져가는 반정부 시위를 버티지 못했다. 네이러스로서는 VIP 고객을 잃은 애석한 사태였다. 이 업계의 특성상 외부에 공개된 고객의 결말은 하나같이 아름답지 못했다. 국정원은 예외일 수 있을지 두고 보겠다.

프랑스 기업인 '아메시스(Amesys)'도 이 업계에선 수위를 달리는 선두 주자다.[6] 이들의 역대 고객 가운데 가장 널리 알려진 것은 리비아 카다피 정권이었다.[7] 이들에게 아메시스는 '이글(Eagle)'이라는 전국 규모의 도감청 시스템을 판매했다. 영국에 거주하는 리비아인들을 상시 감시하는 데에도 이글이 사용됐다고 한다. 아메시스는 여러모로 이탈리아 해킹팀과 비교될 만하다. 그들도 스파이 파일에 들어 있던 내부 문건이 해킹당하면서 덜미가 잡혔다. 스캔들이 불거진 뒤에도 별다른 부침 없이 성업하고 있다는 것마저 해킹팀의 경우와 비슷하다.

당시 유출된 해킹팀의 자료를 보면, 국정원은 감시 기술 쇼핑을 위해 영국의 '감마(Gamma)'와 독일의 '트로비코(Trovicor)'를 검토했던 것으로 보인다. 우리 시대의 인터넷을 위협하는 오적(伍敵)으로 국경없는기자회가 지목한 회사이기도 하다.[8] 나머지 세 곳의 이름은 해킹팀, 아메시스 그리고 '블루코트(Blue Coat)'다. 블루코트는 패킷 감청 장비를 버마 정부에 공급한 것으로 알려졌다.[9] '아랍의 봄' 기간에는 시리아 정부에도 감시 기술을 서비스했다.

암호전쟁의 역사

그렇다면 감시 기술을 막을 수 있는 암호 기술도 쉽게 쇼핑할 수 있을까? 이를테면 시민단체에서 기금을 조성해서 국정원에 맞설 수 있는 다양한 암호 기술을 사들여 전 국민에게 배포하는 일은 가능할까?

　　　　뭐든 다 파는 세계 시장에서 창을 살 수 있다면 당연히 방패도 살 수 있을 것 같지만, 암호 기술은 바세나르 협약(Wassenaar Arrangement)에 의해 판매와 유통을 엄격히 제한받고 있다.[10] 대공산권수출조정위원회(COCOM)의 후신으로 1996년에 결성된 바세나르 협약의 원래 목적은 재래식 무기를 비롯해 전략물자와 기술이 적성국가나 테러지원국에 수출되는 것을 막고자 하는 것이다. 그런데 적성국가와 테러지원국의 기준은 어디까지나 미국을 중심으로 정의된다. 미국이 못마땅해하는 국가에는 감시 기술을 무력화할 암호 기술이 수출될 수 없는 체제인 것이다. 이와는 반대로 불의한 정부의 독재자들에게 감시 장비를 수출하는 회사에 대해선 어떠한 규제도 취하지 않는 게 바세나르 협약이다.

　　　　앞서 지목한 인터넷 오적이 비교적 민주적 시스템이 잘 작동하는 독일, 영국, 이탈리아, 미국 국적이라는 사실은 의미심장하다. 대외적으로는 수출을 통해 이익을 얻을 수 있을 뿐만 아니라, 국내 정치에서도 감시 기술을 이용해 통제를 공고히 하는 데 써먹을 수 있기 때문에, 이 나라들에선 감시 기술의 개발과 수출을 규제하지 않고 있다. 한국도 바세나르 협약의 일원이다.[11] 이 나라에서 우리가 구할 수 있는 기술과 금지된 기술은 세계 체제 수준에서 제한되어 있다. 우리 시대 인터넷은 권력의 손바닥 위에 있고, 권력에 방해되는 기술은 철저히 억압받고 있다. 이 사실을 이해하는 것이야말로 국정원의 아둔한 스캔들 너머에서 우리가 해야 할 일이 무엇인지 깨닫는 길이다.

　　허점이 없는 시스템은 정부가 통제할 수 없다. 그래서 시스템을 안전하게 보호하고자 하는 각국 정부의 노력은 적잖이 기만적이다. 특히 미국 정부가 암호 기술을 통제하는 일에 가장 앞장섰다. 1990년대 내내 미국 행정부는 국가가 모든 사람의 암호에 접근할 수 있어야 한다는 입장을 강력하게 밀어붙였다. 이 시기를 해커들은 '암호전쟁(Crypto Wars)'이라고 부른다.[12]

　　전자우편을 암호화하는 최초의 기술 가운데 하나인 PGP(Pretty Good Privacy)를 1991년에 고안한 필립 짐머만(Philip Zimmermann)은 불법으로 '방어 기술'을 수출했다는 이유로 미국

1984년부터 시작된 국제 해커 모임인 '카오스 커뮤니케이션 회의(Chaos Communication Congress)'는 전술적 감시뿐만 아니라 전략적 감시 기술에 대항할 방법을 연구하고 발표하는 연례행사다. 카오스 커뮤니케이션 회의에서 참석자들이 감시 기술 대항법을 시연하고 있다.

정부에 기소당했다.[13] 이것이 1990년대 암호 전쟁의 첫 장면이다. 미국 정부는 1993년에 '클리퍼 칩(Clipper Chip)'이라는 백도어 기술을 모든 컴퓨터에 의무 설치하려고도 했다.[14] 모든 컴퓨터에 정부의 감시 시스템을 심겠다는 계획에 해커들이 가만히 있을 리 없었다.

해커들은 자유로운 소프트웨어의 형태로 강력한 암호 기술 툴을 퍼뜨리기 시작했다. 한국 사회에선 '해커'라는 말에 부정적인 의미가 강하지만, 본래 이 단어는 컴퓨터 기술에 기초해 새로운 세계를 만드는 모든 활동가를 의미한다. 이들 가운데 정부와 기업의 감시 기술에 맞서 싸우는 급진적 사이버 아나키스트들을 '사이퍼펑크(cypherpunk)'라고 부른다.[15]

미국 정부는 사이퍼펑크들이 개발한 암호화 기술이 널리 활용될 수 없도록 지속적으로 방해했다. 암호 기술은 군사용으로 제한됐고 수출이 금지됐다. 때로는 결함이 있는 암호 기술을 정부에서 배포하기도 했다. 클리퍼 칩 계획이 실패로 끝난 뒤엔 '키 에스크로(key escrow)' 정책을 내놓았다.[16] 두 정책 모두 클린턴 행정부의 작품이었다. 신뢰할 수 있는 시민단체나 제3단체에 컴퓨터의 암호를 푸는 마스터키를 위탁하자는 주장이다. 클리퍼 칩의 경우와 마찬가지로 강력범죄, 테러리스트, 인종차별주의자 및 아동 포르노 제작자를 수사하기 위해선 감시 기술이 꼭 필요하다는 명분도 반복됐다.

전 세계의 데이터 흔적을
모조리 포획하는 감시 패러다임

　　　PGP를 고안한 짐머만은 걸프전을 겪은 1991년
미국에서 반테러법이 입안되는 과정을 지켜보면서, 미국의 미래가
완연한 통제 사회로 접어들게 될 거라고 경고했다.[17] 그가 예견한
나쁜 미래는 다름 아닌 바로 오늘이었다. 2013년 에드워드
스노든이 빼돌린 국가안보국(NSA) 내부 기밀문서가 공개되면서
미국 정부의 광범위한 통신 기록 감시가 만천하에 드러났다.[18]
　　　미국 정부에게 사이버스페이스는 군사적인 전장이다.
이것은 미군이 2012년에 공식 표명한 내용이기도 하다.
국가안보국이 20억 달러를 들여 짓고 있는 유타 데이터 센터,
일명 클라우드 '적란운(cumulonimbus)' 단지도 거의 완공 단계에 와
있다.[19] 이곳의 데이터베이스 용량은 사실상 무한대에 가깝다. 북미

미국 국가안보국이 20억 달러를 들여 유타 주에
짓고 있는 인터넷 클라우드 '적란운' 단지. 전 지구의
이메일, 휴대폰 등의 정보를 들여다볼 수 있는 엄청난
용량의 데이터 센터다.

대륙뿐만 아니라 지구 전체의 이메일과 휴대폰, 구글 검색, 온갖 사적인 데이터 흔적들이 이곳에 모조리 포획된다. 미국은 디지털 네트워크 전체를 여러 조각으로 분해해 다양한 시각에서 들여다볼 수 있는 엄청난 능력을 보유하게 되는 것이다. 그리고 이 힘에 맞서 싸우는 전 세계 해커들의 항전을 '제2차 암호전쟁'이라고 부른다.[20]

　　　이탈리아 해킹팀이 해킹되고 국정원의 스마트폰 감시 사건으로 불길이 옮겨붙는 과정 역시 암호전쟁의 연속선에 있다.[21] 그러나 전쟁의 패러다임과 양상은 1차 암호전쟁 때와 달라졌다. 1990년대의 감시 기술이 표적 대상을 겨냥한 전술적 접근에 치중했다면, 오늘날엔 전략적인 접근으로 패러다임이 변했기 때문이다. 어떤 지역 전체의 모든 정보를 상시로 포획하고 데이터베이스화한 뒤, 이를 분석 시스템으로 분류해서 언제라도 전술적 접근으로 전환할 수 있는 시스템을 구축하는 방식이다. 비약적으로 발전하고 있는 메모리 기술과 데이터 전송 기술 덕분에 가능해진 일이다. 국정원도 이러한 변화를 어떤 수준으로든 수용하고 있으리라 예상된다. 이번에 발각된 해킹팀의 기술이 국정원이 준비하고 있던 계획의 전부였을까? 아니면 빙산의 일각에 불과할까? 참고로 지난 10년간 이 나라에선 패킷 감청 설비의

숫자가 무려 아홉 배나 증가했다. 이 설비가 어디에서 어떻게 쓰이는지는 제대로 밝혀진 적이 없다. 큰 그림을 그릴 수 있어야 이 전쟁에 맞설 수 있다.

　　　셰익스피어의 4대 비극 중 하나인 『맥베스』의 제3막에서, 주인공은 피비린내 나는 일에 너무도 깊이 발을 들여놓은 나머지 되돌리기엔 너무 늦어 계속해서 나아갈 수밖에 없다고 한탄한다. 파국을 향해가는 맥베스의 모습에 국정원을 겹쳐본다. 악업은 이미 쌓일 대로 쌓였고 나쁜 일은 기어이 일어나고야 만다. 무대가 끝나면 주인공의 어리석음을 비웃는 소리가 떠들썩할 것이다.

1인 가구를 위한
미디어스케이프

　　미디어 테크놀로지가 장차 어떻게 변하게 될지 알고
싶다면 최신 기술 동향을 좇는 일 이상으로 '인구'에 관심을
기울여야 한다. 출산율 저하와 고령화, 장기 불황이 맞물리면서
대한민국 사회는 저성장 사회로 변하고 있다. 특히 1인 가구의
급증을 주목해야 한다.

　　대한민국은 지금 506만 가구가 1인 가구다. 2000년과
비교해 무려 280만 가구나 늘었다. 통계청의 「장래가구추계」에
따르면, 1인 가구의 수는 연평균 3.5퍼센트씩 증가하고 있다. 이대로
가면 2035년에는 763만 가구다.[1] 전체 가구 대비 34.3퍼센트에
해당하는 숫자다. 더 심각한 문제는 1인 가구가 저소득층에
집중적으로 분포해 있다는 사실이다. 2010년을 기준으로 1인
가구의 저소득층 비중은 45.1퍼센트다. 같은 항목에서 2인 이상
가구는 10.9퍼센트에 불과했다.

　　불안정한 소득 때문에 생활고를 겪는 1인 가구의 수도
급격히 늘고 있다.[2] 특히 60대 이상 노인의 빈곤율은 대단히
심각하다. 20대에서 50대까지의 1인 가구에서 중소득층 비중은
55퍼센트대를 기록하고 있지만, 60대 이상 1인 가구의 저소득층
비율은 66.7퍼센트에 달하기 때문이다. OECD 국가 가운데 최악의

노인 빈곤율이라고 한다.[3] 청년에게 가혹한 고용 환경이 노인들에게
관대할 리 없다. 나이가 들수록 일자리를 얻기 어렵고 사회
양극화는 극단적으로 심화하는 중이다. 삼포, 오포 세대로 불리는
이 나라의 20~30대들에게 '미래'는 빈곤 노인의 1인 가구 생활을
떠올리게 하는 말이 되었다. 대한민국의 기술 문화는 이러한 사회적
맥락과 분리해서 이해될 수 없다.

큐브의 미디어스케이프

1인 가구의 생활환경에는 격차 사회에서 살아남기
위한 생존 양식이 집대성되어 있다. 그들의 살림살이 풍경을
들여다보면 이 사회에서 어떤 기술이 각광받고 있는지 알 수 있을
뿐 아니라, 머지않아 퇴출될 수밖에 없는 기술도 확인할 수 있다.
월세 의존도가 높고 주거 불안이 심각한 20~30대 1인 가구에서는
주거 공간의 경제적 운영과 디지털 테크놀로지에 편중된 생활이
밀접하게 맞닿아 있다. 디자인 연구자이자 아파트 사회학자인
박해천은 이들을 '큐브 거주자'라 이름 붙였다.[4] '큐브'는 방을
매개로 한 임대료의 다단계적 이동 경로를 의미하는데, 큐브
거주자들은 방에서 방으로의 이동만이 무한 반복되는 폐쇄계에
갇혀 있다. 2000년대 초중반에 걸친 부동산 시장 폭등 이후 이
나라의 20~30대 젊은이들은 '내 집 마련'의 사다리를 잃어버린
세대가 됐다.[5] 지하철 노선을 따라 고시원과 원룸 오피스텔, 카페와

프랜차이즈 상점으로 짜인 장소 임대업의 큐브 생태계가 조성되고 있다.

아파트는 한물간 사업이 되었다. 계급 상승의 에스컬레이터는커녕 중산층 붕괴의 원흉으로 지적받고 있는 형편이다. 기존의 거주용 방과 집의 기능을 외부화한 방, 즉 주거 공간과 상업 공간이 이원화된 방향으로 큐브는 꾸준히 증식될 것이며, 1인 가구의 비중이 늘어날수록 큐브의 바깥을 찾기 어려운 사회가 될 것이다.

큐브는 디지털 친화적인 공간이기도 하다. 고시원 2평(약 6.6제곱미터) 공간을 예로 들어보자. 이곳은 옷과 침구류에 할당할 자리와 책을 쌓아둘 곳을 동시에 갖기 어려울 만큼 협소하다. 하지만 여기서도 수천 권의 책을 보유하는 '장서(藏書)'가 가능하다. 전자책은 텍스트를 종이책의 물성 밖으로 뽑아내는 비물질화 기술이다. 전용 리더기에 내장된 4기가바이트 메모리 용량이면

2000년대와 2010년대 청춘의 방 '큐브'의 전형을 보여주는 송지호의 설치 작업 「0.8평 원룸에서 머무르세요」. 현실에 존재하는 설국열차 꼬리칸이 이곳이다. 지하철 노선을 따라 이 큐브에서 저 큐브로 흘러 다닐 수밖에 없는 20~30대 1인 가구의 수가 늘어나고 있다.

약 3000권의 ePub 파일을 저장할 수 있다. 높이 2미터, 너비 80센티미터 크기의 책장 15개에 해당하는 공간을 노트 한 권 크기 이하로 줄일 수 있는 것이다. 한 뼘의 자리가 아쉬운 고시원 1인 가구 생활자에게 디지털 테크놀로지는 간단하고 편리한 공간 압축 기술의 보고다. 무엇보다도 스마트폰이 가장 대중적인 공간 압축 장치로 활용되고 있다. 손바닥 크기의 플라스틱 바에 라디오, 텔레비전, PC, 카메라, 내비게이션, 집 전화 등을 모조리 집어넣었다. 애플리케이션을 추가하면 더 많은 기능을 수행할 수 있다.

예전 같으면 각각의 기능을 수행할 독립된 장치를 구입하고 점유 공간을 할애해야 했다. 중산층의 소비 욕망을 부추기는 거실의 미디어스케이프 역시 구체적인 물성을 갖춘 제품과 함께 현대적 감각과 감수성의 강도가 충전되는 장소였다.[6] 2평 큐브에 살면서도 그런 일이 충분히 가능하다고 기대하기 어렵다. 노트북과 스마트폰 화면은 너무 작은 데다, 비물질화된 형태로 기능만 끌어온다고 해서 온갖 동선을 잇는 관계망을 내포한 사물의 사회성까지 온전히 대체될 리 없기 때문이다. 무엇보다도 공간은 곧 자본이며 즉각적인 반응을 일으키는 계급 표상이다. 디지털 테크놀로지는 이 문제를 해소하기는커녕 노골화한다. 다만 자기 계급에 맞춰 살 수밖에 없다는 체념에 익숙해질 수 있다면 자족적인 감각과 감수성의 조달은 융통성 있게 모색할 수 있다.

한 사람의 눈에만 보이는
증강현실의 세계

마이크로소프트의 연례행사인 '빌드 2015'에서
공개된 '홀로렌즈(HoloLens)'도 거주 공간의 제약을 디지털 기술로
극복하길 바라는 1인 가구 생활자들이 반길 만한 장치다.[7] 안경형
웨어러블 컴퓨터이자 증강현실(augmented reality) 장치인 홀로렌즈는
디스플레이 화면의 사각 틀 밖으로 정보 환경을 확장시킬 수
있다. 고시원 방에서도 그래픽 오브젝트를 눈앞에 나타나게
하고 가상공간의 겹(layer)을 원하는 만큼 덧씌울 수 있는 장치다.[8]
모니터 화면의 평면을 넘어 3차원 생활환경 전체가 디지털 유저
인터페이스로 증강되는 것이다. 프로젝터 형식으로 안구에 빔을
쏘는 구글 글래스는 홀로렌즈처럼 3D 기반 형상을 띄울 수
없었다. 고작해야 간단한 팝업 창을 눈앞에 내미는 수준이었다.
하지만 홀로렌즈는 위치 파악과 물체 인식이 가능해서 손을
움직여 그래픽 오브젝트를 직접 제어할 수 있다. 모터사이클의
3D 그래픽을 피규어처럼 이리저리 돌리고 뒤집어 볼 수도 있다.
실제 세상의 물체와 동기화되어 움직이기 때문에 비현실적인 몰입
환경을 조성하는 가상현실(virtual reality) 장치와는 확연히 다른
체험을 제공한다. 의자에 앉아 퍼즐게임을 입체로 즐길 수도 있고,
각종 전자제품의 상태를 홀로그램으로 띄워 사용할 수 있다. 담배
연기보다 얇은 대형 텔레비전 화면을 백과사전 페이지처럼 두껍게
겹쳐 올리는 일도 가능하다.

물론 이 모든 것은 홀로렌즈를 착용한 사람에게만
보이는 세계다. 그러고 보니 스마트폰을 들고 혼잣말하며 걷는
사람이 새삼스럽지 않게 된 지도 얼마 되지 않았다. 음성 및 시선,
손가락 제스처 인식을 통해 작동되는 홀로렌즈의 인터페이스를
조작하는 사람 역시 사정을 모르는 사람들이 본다면 환영을 좇아
허우적거리는 모습처럼 보일 것이다.

홀로렌즈는 아직까지 개발자용 제품만 출시된 상태다.
고시원에 사는 가난한 젊은이가 만만하게 구입할 수 있는 가격이
되려면 시간이 적잖이 걸릴 것이다. 하지만 마이크로소프트는
윈도 운영체제가 그랬던 것처럼 홀로렌즈의 대중적 보급에 대단한
야심을 품고 있다. 구글, 삼성, 애플도 증강현실과 가상현실에
기초한 신규 사업 개발에 사활을 걸고 있다. 2008년 이후 10년도

미국 샌프란시스코에서 2015년 4월 29일부터 3일간
열린 마이크로소프트의 개발자 컨퍼런스 '빌드
2015'에서 증강현실을 제공하는 안경형 웨어러블
장치인 홀로렌즈가 공개됐다.

걸리지 않아 전 세계인의 생활에 스마트폰이 필수품으로 자리 잡은 것처럼 새로운 정보 환경의 개발과 확산은 무섭도록 빠르게 전개될 것이다. 그러나 그 과정이 어떤 사회에서 구성되고 있는지 따져봐야 한다. 미래는 낙천적인 광고 영상과는 많이 다를 것이다. 가령 어떤 제품이 구체적인 물성을 잃고 비물질화될까? 내 방을 구성하는 미디어스케이프는 산업 생태계의 최말단 지대이기도 하다. 우리 시대의 방에서 쓸모를 잃고 집단적으로 사라질 운명에 처한 물건이 있다면, 그 물건을 생산하는 산업계와 그곳에서 일하는 노동자들의 삶에도 위기가 닥칠 것이다.

삶은 전기적 자극만이 아니다

나쁜 사회는 더러운 진창 같아서 탁월한 기술조차 비루한 일상의 부속품이 되게 한다. 부조리한 사회의 가장 비참한 생활의 한복판에서도 최신 스마트폰은 멀쩡히 작동된다. 최첨단 테크놀로지가 집약된 제품을 사용한다고 사회가 더 좋아지는 것은 아니다. 홀로렌즈에 비친 증강현실도 현실 도피의 수단에 지나지 않을 수 있다.

필립 K. 딕(Philip K. Dick)의 SF 소설 『안드로이드는 전기양의 꿈을 꾸는가?』에서도 비슷한 전망을 볼 수 있다. 때는 최종 세계대전 이후의 세계다. 방사능으로 황폐해진 지구에서는 종의 멸종이 차례로 이어지고 있다. 인간도 절멸의 순서를 기다리고 있기는 마찬가지다. 사람들은 느린 죽음을 견디기 위해 '기분 조절 오르간(mood organ)'에 중독된다.[9] 필립 K. 딕이 1960년대에 구상한 이 장치는 스마트폰과 홀로렌즈의 미래를 예견하고 있다. 기분 조절 오르간에 중독된 사람들은 문학, 영화, 음악, 여행, 사교에 시간을 소비할 필요가 없다. 장치의 다이얼을 맞추기만 하면 문화 체험의 순간에 경험할 수 있는 감각과 감정을 느낄 수 있기 때문이다. 서사는커녕 언어조차 필요 없다. 신경에 직접 작용하는 전기적 자극만으로 강렬한 정동을 일으킬 수 있다. 예술, 철학, 역사, 문학 그리고 인류의 역사와 함께해온 진중한 시간의 형식들이 시냅스에서 종말을 맞이한 것이다. 그러나 몸은 기분 조절 오르간과 신경망만 남은 생활을 견뎌내지 못한다. 이 장치에 중독된 사람들 대부분이 조현병에 시달리고 있다.

삶은 신경망에서 번쩍거리는 전기 화학적 작용이 아니다. 나와 타인이 함께하는 공공의 장소를 사회 곳곳에 구성하고, 이곳으로부터 더불어 행복해질 수 있는 시공간을 생산해내야 한다. 이 단순 명료하고 자연스럽기 그지없는 상식에 반하는 문화가 디지털 라이프의 실상이자 발전 방향이라면, 이제 우리는 무엇을 해야 할까? 반세기 전에 발표된 SF 소설이 아니라 지금 우리의 현실이 묻는 질문이다.

시간을 빼앗긴 사람들

시간의 생태계에서 인터넷은 인간의 '가동시간(uptime)'을 빨아들인다.[1] 페이스북과 유튜브만 하더라도 인류사에 전무후무한 시간 포획 장치로 군림하고 있다. 페이스북의 전 세계 사용자 수는 2016년 16억 5000만 명을 돌파했고,[2] 한국만 해도 월 실사용자의 수가 1600만 명에 이른다. 월평균 체류 시간은 아홉 시간이라고 한다. 매월 소비되는 누적 시간의 규모는 한국 사용자만으로 1만 5000년에 달한다.[3]

싸이의 4분 13초짜리 노래 「강남스타일」은 유튜브에서만 26억 번 조회됐다.[4] 누적 시간은 2만 년을 넘어섰다. 누군가 홀로 이 노래만 들으며 시간을 보내야 한다면, 마지막 빙하기를 지나 4대 문명의 태동과 예수와 부처, 마르크스, 이명박과 박근혜의 탄생을 지나 지금에서야 겨우 끝났을 지구사적 과업이 되었을 것이다. 숟가락 하나로 산을 강으로 바꿀 수 있는 시간이다. 사람들은 세상을 좀 더 살 만한 곳으로 바꾸는 일에는 좀처럼 시간을 할애하지 않지만, 말춤이나 광고를 쳐다보는 일에는 순순히 투항한다.

5기가의 음악을 들으려면
80시간이 필요하다

　인터넷이 우리 삶을 촘촘히 에워싸면서 사람들의 소비
습관도 변했다. 오늘날의 데이터 소비는 실제로 몸을 움직여
듣고 보고 경험하는 질적인 시간의 향유보다 검색과 다운로드를
되풀이하는 일에 치우쳐 있다. 새로운 데이터가 쉼 없이 유입되는
속도에 뒤처지지 않으려면 작품을 느긋하게 감상하기보다는
파일을 선택하고 저장하는 속도를 더 즐기게 된다. 예를 들어
애플이 서비스하는 아이클라우드(iCloud)의 기본 저장 용량은
5기가바이트다. 5분짜리 MP3 파일만으로 채운다면 1000곡가량을
업로드할 수 있다. 유료 서비스를 이용하면 50기가바이트까지
용량을 확장할 수 있다. 외부 기억장치마다 온갖 파일이 가득
채워져 있다면 한 번쯤 계산해보기 바란다. MP3 음원 1000곡을
경청하려면 80시간 이상이 필요하다. 그 데이터를 감상할 수 있는
시간이 우리에게 있긴 한 걸까?
　초고속 통신 상품의 광고 중에 "아무나 가질 수 없는
속도"라는 카피가 있었다. 더 빨라진 통신망에서 1초 만에
전자책 8권, 이미지 17장, 0.3초 만에 5메가바이트 분량의 MP3
파일을 내려받을 수 있다고 했다. 그런데 과연 다운로드 속도만큼
우리의 의식도 가속될 수 있을까? 0.3초가 음악을 듣기에 충분한
시간일까?
　언젠가 체험할 수도 있는 가능성의 차원에 데이터를

8월말 서울 통의동 보안여관에서 열렸던 '인터넷 블랙마켓'에 전시된 터무니상조회의 작품 「미디어 아귀와 천사들」. 페이스북에 올린 사진을 인쇄하여 옷을 만들었다. 아침부터 밤까지 미디어에 둘러싸여 비만이 된 인간을 표현했다.

저장하기만 한다면, 그에 할당될 시간을 0으로 압축할 수 있다. 이대로라면 어떤 가능성을 모아뒀는지 잊어버리기도 쉽다. 오늘날의 데이터 소비가 체험이 아닌 망각에 비례하는 건 당연한 일이다. 삶의 강렬함이 희미해진 기억은 뇌의 신경망에서든 외부 기억 장치를 통해서든 인간 신체의 가동시간 중에 활성화될 가능성이 작다.[5] 검색 → 다운로드 → 저장 → 망각의 고리에 묶인 우리는 디지털 네트워크의 경첩에 불과하다. 수천 편의 영화와 수만 곡의 노래를 실제로 경험하려면 그만한 경제력이 필요하다.

접속을 넘어 결속에 이르는
시간의 형식

시간은 자본이다. 작품 감상에 필요한 시간을 밥벌이의 일상으로부터 마련할 수 있을까? 대한민국에서 산다는 것은 가계부채 1500조 원, 하우스푸어 250만 가구, 장기연체자 350만 명, 10명 중에 6명이 빚을 진 사회 속에서 버티는 일이다. 가난한 사람에게는 질적 체험을 누릴 수 있는 돈과 시간이 충분하지 않다.

신기루나 마찬가지인 가능성 그 자체는 삶에 결핍된 거의 모든 것의 대체재로 남용될 수 있다. 그러니 단언컨대 가난한 사람들에게는 꿈속에 꿈을 겹겹이 쌓아 올리는 달콤한 상상력이 아니라, 꿈에서 단호하게 깨어나는 힘, 즉 파상력(破像力)이 절실히 필요하다.[6] 무엇보다도 파상력은 허황한 미래의 표상을 믿지 않는 힘이다. 우리에게 가능한 진짜 미래는 어느 사이트에서도 다운로드할 수 없다.

지금 내가 한 행동으로부터 다음 순간이 열린다. 누구라도 예측하기 쉬운 뻔한 미래는 검색 → 다운로드 → 저장 → 망각의 고리에 묶여 있는 이의 내일이다. 그렇다고 자신의 의지와 끈기가 부족해서 이 지경에 이르렀다고 자책할 필요는 없다. 자기 책임을 들먹일 만큼 문제는 간단치 않다. 아무 일도 일어나지 않았음에도 가장 빠른 속도로 체험했다고 착각하는 이 시대야말로 깨어나야 할 가장 나쁜 꿈이다. 이 꿈의 거푸집이자 삶의 실제적인 시간을 0으로 압축하는 전방위적 사회 구조를 바꿔야 한다.

그런 일이 정말로 가능하려면 '접속'을 넘어 '결속'에 이를 수 있는 시간의 형식을 지키고 더욱 풍부하게 가꿔나가야 한다. 이탈리아의 미디어 이론가이자 활동가인 프랑코 베라르디 비포에 따르면, 디지털 테크놀로지의 발달로 인해 지배적인 상호작용의 양식이 '결속'에서 '접속'으로 이동했다고 한다. 비포는 『프레카리아트를 위한 랩소디』에서 "공간이 아닌 공간, 시간이 아닌 시간 속에서 존재하는 비특이화된 신체들의 통합"을 '접속'이라고 정의했다.[7] '접속'에 온갖 긍정적인 의미를 몰아넣었던 디지털리스트들의 상투적인 접근과는 다른 방식이다. 개념은 비판적 상대화를 통해 새로운 의미와 맥락을 충전받기 마련이다. '접속'과 '결속'을 묶어 시간의 생태계를 사유하는 일도 예외일 수 없다.

인터넷 공간에서 사람들의 접속은 0과 1로 구성된 전자적 펄스로 이뤄진다. 이 시공간에선 비트로 바꿀 수 없는 것들은 호환 불가능하다. 코드들의 통사 구조 혹은 운영체제에 근거한 예측 가능한 작업을 수행할 수 없다면 접속은 성립될 수조차 없다. 나를 나일 수 있게 하고, 너를 너일 수 있게 하는 온갖 특이성도 접속의 거름망을 통과하지 못하면 신호를 방해하는 소음 취급을 받을 수밖에 없다.

　　　반대로 '결속'은 "신체들 사이의 특이하고 반복 가능하지 않은 의사소통"이다. 결속을 위해 우리는 상대가 보내는 신호의 의미를 적극적으로 해석해야 한다. 똑같은 메시지라도 신호의 맥락, 분위기, 말하지 않은 것까지 추적해야 한다. 그렇게 하려면 무엇보다도 질적 시간이 확보되어야 하지만, 디지털 신자유주의에 휩쓸린 오늘날의 시간 생태계에선 쉽지 않은 일이다. 막대한 정보를 쏟아내고 있는 인터넷은 송신 속도를 끊임없이 가속하고 있다. 이를 수신할 인간 의식의 프로세싱도 가속되며 표준화되고 있다.[8] 사람들은 메시지의 모호함과 불투명성을 몇 번이고 탐색해 의미를 찾는 대신에, 접속에 최적화된 정보를 수신해 빠른 인지 반응을 끌어내는 편을 훨씬 선호하게 되었다. 그편이 생존에 유리하기 때문이다.

빼앗긴 미래를 압축된
0의 시간에서 구해내려면

　　사유는 느리고, 느린 것은 살아남을 수 없는 야만의

시대다. 사람들은 살기 위해 빨라져야 하고, 그래서 병들고
있다. 불안정한 감정 기복, 공황, 우울증이 감기만큼이나 만연한
정신질환이 된 원인은 자신에게 닥쳐오는 물리적·감정적·문화적
리듬을 감당하지 못하기 때문이다. 오늘날의 경제 구조와 정보
환경에서는 누구라도 정신질환의 위기에서 자유로울 수 없다.

　　　　의미화의 과정을 압축하고 단축하면 흥분만 남게
된다. 신경 시냅스에서 터지는 전기 화학적 반응은 정보 환경의
가속화를 가까스로 좇을 수 있다. 지난 20여 년 동안 인터넷
전체가 포르노화되고 있는 이유도 가속화의 결과다. 생각에
몰두하지 않더라도 신경계에서 자동으로 자극을 끌어낼 수 있는
콘텐츠가 화면을 가득 채우고 있다. 어떤 노력도 공감도 필요 없는
볼거리다.

　　　　여성을 대상화한다거나, 성이 매매되는 타락을 비난하는
수준에선 오늘날 포르노 문화의 실체를 온전히 파악하기 어렵다.
음식도 포르노가 될 수 있고, 불안정한 노동의 회로도 마찬가지며,

미디어 문화이론가 레프 마노비치가 이끄는
캘리포니아 정보통신기술 연구소(Calit2)가 2010년
10월 미국 샌디에이고에서 개최한 전시회 '매핑
타임(Mapping Time)'의 한 장면. 인터넷의 시간
생태계를 시각화한 작품이다.

텔레비전 뉴스와 반려동물, 정치인의 연설문도 자극적인 포르노가 될 수 있다. 오늘날의 포르노는 타인의 기쁨과 아픔을 나의 것으로 느낄 수 있는 감성과 감수성의 무능력을 의미하며, 그로 인해 결핍되거나 말소될 수밖에 없는 언어의 빈자리가 외설적으로 드러난 현상이다. 사람들로부터 결속의 진중한 시간을 쉴 새 없이 빼앗는 폭력적인 정보 환경도 포르노 뒤에 숨어 있다. 하지만 결속에서 접속으로 밀려나는 가난뱅이들의 세계가 지겹고 괴로워서 사람들은 외려 악순환을 택한다. 미디어 환경 전체에 넘쳐흐르는 전기적 흥분이 그들을 위로하고 결국 병들게 할 것이다.[9]

그래서 어쩌란 말인가? 접속에서 결속으로 문화적 전환이 일어나려면 그 일을 할 수 있는 시간을 보장할 경제적 자원이 필요하다. 인간적 존엄과 자율적 시간의 생태계를 복원할 최소한의 안전장치인 기본소득은 언제쯤 실현될 수 있을지 까마득하기만 한데, 부채 인구는 갈수록 늘고 있다. 이대로 뭘 어쩌란 말인가? 그 질문에 되묻고 싶다. 이대로 지금 우리의 삶이 다음 세대로 이어져야 할까? 더 나쁜 미래를 막는 일에 뭐든 해야 하지 않을까. 바로 지금 내가 한 행동으로부터 다음 순간이 열린다는 사실을 기억하자. 하나씩 할 수 있는 싸움을 해나가는 수밖에 없다. 빼앗긴 미래를 압축된 0의 시간에서 구해내자.

디지털 신자유주의,
구체제의 지옥도

2016년 가장 화제가 되었던 이슈 중 하나는 인공지능 '알파고(AlphaGo)'였다. 세기의 대국이 시작되자마자 주식시장에선 알파고 테마주가 일제히 강세를 보였다.[1] 그러나 이런 종류의 쇼가 금융업계에서는 새삼스러운 일이 아니었다. 1990년대부터 오늘날에 이르기까지 컴퓨터 쇼는 개발사와 금융업계가 한패가 되어 투자 수익을 끌어 모으는 단골 레퍼토리였다.[2] 쇼에 동원된 기술 역시 과대평가되는 경우가 흔하다.

바둑으로 인간을 이기는 인공지능의 출현은 화제가 될 만한 일이긴 했다. 하지만 현대 금융업에서 인공지능 프로그램의 위상이란 알파고의 미래를 일찌감치 선취한 뒤다. 빅데이터를 분석해서 수십 초 만에 수백 페이지 분량의 보고서를 뽑아내는 일에서부터 초단타매매 기술에 이르는 온갖 금융 업무에 전용 AI 소프트웨어가 활용되고 있고, 이 분야 기술의 발전 속도는 알파고에 웃고 우는 세인의 상식을 훨씬 뛰어넘는다.

투자금융회사의
인공지능 이사님

　　일반 대중은 중세를 사는데, 정보 경제의 중심부에서
일하는 전문가들은 따라잡을 수도 없는 미래를 질주한다. 그러니
이런 뉴스도 쇼와 현실을 잘 구분해서 볼 필요가 있다. 홍콩의
투자금융회사인 '딥 날리지 벤처스(Deep Knowledge Ventures)'는
인공지능 프로그램 '바이탈(VITAL)'을 2014년 5월 13일부로 신규
이사에 임명했다.[3] 바이탈은 '에이징 애널리틱스(Aging Analytics)'라는
영국계 기업의 제품으로, 건강 분야의 시장 정보를 탁월하게
분석하기로 정평이 나 있었다.

　　먹지도 자지도 않고 스물네 시간 내내 일하는 인공지능
이사님은 전 세계에서 수집한 막대한 양의 데이터를 검토해 자금
조달 동향을 분석하고, 성공적인 투자 예측을 위한 기계학습을
반복한다. 딥 날리지 벤처스는 바이탈에게 신규 회사 투자에 대한
결정을 자동으로 승인하고 수행하는 업무 일체를 맡길 계획이라고
했다. 이 소식은 전 세계 언론에 소개되며 화제를 불러일으켰다. SF
영화에서나 봄직한 소재였던 탓에 대중의 관심이 쏠릴 만했다.

　　하지만 이번에도 금융계는 시큰둥한 반응이었다.
그들은 이 뉴스를 과장 광고로 받아들였다. 바이탈의 의사결정
알고리즘을 믿지 않기 때문이 아니었다. 더 뛰어난 프로그램이
금융계에선 이미 널리 사용되고 있었다.[4] 인공지능 이사님은 SF도
아니고 미래적인 것은 더더욱 아니었다. 오늘날의 자본주의에서는

아주 흔한 일이다. 전 세계 금융거래의 90퍼센트 이상이 전적으로 알고리즘에 의존하고 있다. 이 시스템에 이상이 생길 경우 2008년 금융위기 때처럼 세계 경제가 큰 혼란에 빠질 것이다. 자동화된 돈의 소용돌이에 전 세계인의 운명이 얹혀 있는 셈이다.[5]

디지털 신자유주의를 떠받치는 노예노동

디지털 신자유주의의 상층부에 돈밖에 모르는 호모 이코노미쿠스(homo economicus)와 인공지능 프로그램을 뒤섞어 놓은 사이보그들이 군림하고 있다면, 최하층부에는 삽과 곡괭이를 들고 광산에서 노예처럼 일해야 하는 노동자들이 있다.[6]

소셜 네트워크에서 딥 날리지 벤처스의 과장 광고가 화제에 올랐던 날, 터키 소마 석탄 광산에서 폭발 사고가 일어났다. 301명의 노동자가 목숨을 잃은 대참사였다. 사고 원인은 세월호 사태와 놀랍도록 비슷하다.

소마 광산 민영화가 2005년부터 시작되면서, 비용 절감과 이익 창출을 이유로 안전장치 설치가 무시됐다. 관리 감독을 철저히 해야 할 정부는 오히려 각종 규제를 완화했다.[7] 대참사의 징후는 이미 여러 해 전부터 광부들 사이에서 감지되었다고 한다. 그때마다 광산 경영진과 정부의 대책은 안일하기 짝이 없었고, 언제 사고가 날지 알 수 없는 갱도에서 광부들은 알아서 조심하는 수밖에 없었다.

금융 시스템에 입출력되는 숫자를 사람보다 귀하게 여기는 사회는 파국을 맞고야 만다. 윤리는 숫자로 코딩될 수 없기 때문이다. 그런 일을 할 수 있는 인공지능은 없다. 인간의 윤리마저 인공지능의 자동화 프로세스에 떠넘기는 사회라면 당장 망해도 이상할 게 없다.

소마 광산 참사 이후 터키 노동조합은 총파업을 선언했다. 터키 전역으로 거리 시위가 들불처럼 번졌다. 학생들은 광부들의 안전모를 쓰고 정부 퇴진 구호를 외쳤다. 경찰은 최루가스와 고무 총알을 난사하며 무자비한 진압에 나섰다. 터키 전역에서 17일 동안 데모가 계속됐고, 8000명 이상이 다쳤다. 사망자도 11명에 달했다. 터키 정부를 비판하는 목소리는 소셜 네트워크를 통해 전 세계로 발신됐다. 터키 정부는 자국민의 트위터와 유튜브 접속을 막고, 치안 부대를 동원해 정부 비판 글을 게재한 사람을 색출했다.[8]

소마 참사 당시엔 총리였고, 그로부터 석 달 뒤 터키 건국 이후 처음으로 시행된 대통령 직선제에 당선된 레제프 타이이프 에르도안 대통령은 이런 말을 했다고 한다. "이런 사고는 광산에서 늘 생깁니다. 사고 없는 일터라는 건 없습니다. 과거의 영국을 생각해보세요. 1862년에 광산 붕괴로 204명이 죽었습니다. 그리고 1866년에는 361명이 죽었고, 1894년에는 폭발 사고로 290명이 죽었습니다. 그러니까 이번과 같은 사고가 다른 곳에서는 결코 생기지 않았다고 말하지는 않았으면 합니다. 이런 일은 생기게 마련입니다. 그래서 우리가 이런 걸 '사고'라고 부릅니다."[9]

에르도안은 마르크스가 노동자의 비참한 삶에 경악했던 시절의 역사를 들먹이며, 그때도 그랬고 지금도 그렇듯 소마 광산 사고와 같은 일은 생기게 마련이라는 어처구니없는 논평을 내놨다.

디지털 신자유주의의 한복판에서 이 말은 곱씹어볼 필요가 있다. 우리가 사는 자본주의 사회는 인공지능 이사가 회사를 경영하는 하이테크놀로지 시대를 좇고 있다. 그런데 다른 한편에선 노동자를 잔인하게 착취하고 끝내 죽음에 이르게 하는 19세기 수준의 자본주의가 공존한다. 광산과 인공지능은 서로 다른 세계에 속한 것처럼 보이지만, 사실은 강하게 연결되어 있다. 디지털 산업은 광산 노동 없이는 유지될 수 없기 때문이다.

소마에서 생산된 석탄은 발전소로 공급된다. 그리고 모든 디지털 기술이 의존하는 기본적인 에너지 원천인 전기를 생산한다. 휴대폰의 원재료인 콜탄(columbite), 백금, 구리, 희토류 등의 지하 광물도 디지털 산업에 꼭 필요한 원천 자원이다. 소마보다 더 위험한 노동 환경에서 채굴되고 있는 광물이다. 디지털 산업에 필수적인 원료로 최근 몇 년간 수요가 폭발적으로 증가하면서 이 광물을 둘러싼 갈등도 심각한 상황이다. 돈이 되는 돌은 피를 부른다.

스마트폰을 손에 쥔 20억 명의 흡혈귀

마르크스는 『자본』에 이렇게 썼다. "자본은 죽은

노동인데, 이 죽은 노동은 흡혈귀처럼 오직 살아 있는 노동을 흡수함으로써만 활기를 띠며, 그리고 그것을 많이 흡수하면 할수록 점점 더 활기를 띤다."[10]

　　『자본』의 첫째 권이 출간된 것이 1867년이었다. 앞서 에르도안이 말했던, 361명의 사망자를 낸 영국 광산 사고가 있고 이듬해 발표된 책인 것이다. 소마 광산 2마일 지하에서 수습된 광부들의 새까맣게 탄 시체는 제자리걸음 중인 역사를 고발하고 있다.[11] 단언컨대 디지털 신자유주의는 앙시앙 레짐(ancien régime)이다. 스마트폰을 손에 쥔 20억 명의 흡혈귀가 구체제 밑바닥에서 살아가는 이들의 고혈을 빨고 있다. 자각 없는 소비는 생산 과정에 투여된 노동 가치를 쉽게 잊어버리게 하고, 소비 트렌드가 가속될수록 이런 현상은 돌이킬 수 없을 정도로 악화한다. 노동을 착취하는 자본도 문제지만, 노동이 우리 삶의 동의어라는 사실을 우리 스스로 잊어버릴 때 구체제는 한층 견고하게 연장된다.

　　쉽게 바꿀 수 없는 질서라면 이 체제의 맨 밑바닥으로만 전락하지 않으면 된다고 생각할 수 있다. 그런 일 따윈 국경 바깥 저 너머로, 일상생활을 하면서 굳이 떠올려야 할 필요성조차 느끼지 못하는 장소로 떠밀어버리고 싶을 것이다.

　　우리는 이런 사실을 잊고 살 수 있다. 어려운 일도 아니다. 탄탈룸의 원석인 콜탄은 아프리카 콩고 광산에서 채굴되는데, 어린이와 인신매매된 노예가 가혹한 노동에 동원될 뿐만 아니라 중앙아프리카 종족 분쟁과 군사 충돌의 원인이기도 하다.[12] 중국 폭스콘 공장의 100만 노동자는 스물네 시간 교대 근무를 반복하며 애플의 주력 상품을 비롯해 각종 ICT 제품을 생산해야 한다. 이곳의 노동 환경도 가혹하기 짝이 없어서 2010년엔 광둥성 선전 공장 한곳에서만 열 명 이상의 노동자가 연속으로 자살했다.[13] 디지털 문화의 매끄러운 표면 뒤에서 사람이 죽어가고 있다.

1996년부터 지금까지 콩고민주공화국의 콜탄 광산에서 사고로 죽거나 반군에게 희생된 주민은 약 500만에서 700만 명에 이를 것으로 추정된다. 콜탄 광산의 이권을 둘러싸고 벌어진 군사 충돌로 난민이 된 사람들의 수는 200만 명을 넘어섰다.[14] 사망자와 난민 규모로만 보면 중앙아프리카에서 세계대전이 벌어진 것이나 다를 게 없다. 실제로 이 지역으로 유입되는 국제 자본은 사람을 죽이는 무기나 마찬가지다. 콩고의 비극에 세계 전체가 연루된 것이다. 여기에 디지털 강국이라는 한국 기업도 직간접적으로 얽혀 있다는 사실은 수치스러운 일이다.[15]

변화의 조짐이 조금씩 생겨나고 있긴 하다. 미국은 2014년 5월 31일부터 분쟁광물 규제 법안을 발효했다.[16] 미국의 모든 상장사가 '분쟁광물 사용 여부'를 증권거래위원회에 의무적으로 보고하고 정보를 공개하게 된 것이다. 뒤이어 EU도 분쟁광물규제 도입을 추진하고 있다.[17] 그린피스는 해마다 친환경적인 IT 기업 순위를 발표하고 있다.[18] 군사 충돌 없는 지역에서 생산된 원료로 제작되었는지를 증명하는 내용이 순위를 나누는 기준에 포함되어 있다.

이런 시도가 어떤 변화를 이끌어낼 수 있을지 지켜볼 일이다. 특히 한국의 각성이 필요하다. 분쟁광물 문제를 수출 길에 방해되는 거추장스러운 규제쯤으로 여겨선 안 된다. 이 나라야말로 더 많은 노동을 빨아먹을수록 더 오래가는 구체제의 한복판에 있기 때문이다. 게다가 그 악순환은 반도의 국경에 갇혀 있지 않다. 수출만큼이나 인간의 윤리를 중요시하는 사회가 되지 못한다면, 안으로부터 깨지고 갈라지는 내파사회(內破社會)로 전락하고 말 것이다.

게이미피케이션 사회

　　기업의 마케팅 기법에서 정부 정책 홍보, 교육, 강연, 금융 거래와 군사 안보에 이르기까지 게임이 아닌 것을 게임처럼 생각하고, 재미있는 요소를 부여하여 게임처럼 만드는 것을 '게이미피케이션'이라고 한다.[1]

　　크리스토퍼 놀런의 영화 「인셉션」도 스테이지마다 정해진 미션을 수행하고 또 다른 스테이지로 이동해가는 전형적인 게이미피케이션의 형식을 따르고 있다.[2] 2014년에 개봉했던 「인터스텔라」 역시 이 계열의 변주였다. 주인공이 편집증 환자라고 느껴질 만큼 자기 행동의 목표와 의지가 분명하다는 것이 게임화된 서사물의 특징이다. 가령 A에서 B 지점까지 도달해야 한다면, 무슨 수를 쓰든 거기에 이르고야 만다. 평범한 인간을 주인공으로 내세워서는 이런 서사가 성립되기 쉽지 않다. 「인터스텔라」의 영웅인 쿠퍼가 자식들을 버리고 우주로 떠날 때 관객들이 쉽게 감정을 이입하지 못하고 억지스럽다고 느낀 까닭은, 인생은 게이미피케이션으로 서사화하기엔 훨씬 더 복잡하고 아이러니하기 때문이다. 평범한 인간은 단순하고 평면적이지 않은, 이 세계의 본래적 복잡성을 체현한 존재다. 정해진 동선과 움직임밖에 수행할 수 없는 게임 캐릭터는 인간을 닮은 척하지만, 그들이 가장 복잡하게 행동할 때조차 인간처럼 느껴지기엔 너무 단순하다.
그런데 문제는 현실이 게임을 닮고, 현실의 인간이 게임화된 세계에
적응해야 하는 사회적 조건이다.

이것은 인지노동자 스스로 자본의 신경 에너지 착취에
순응하게 되는 통치 전략의 일환이기도 하다. 게임의 승자가
되고 싶다면 게임의 규칙을 따라야 한다. 개인의 실패는 게임에
능수능란하지 못했던 자기 책임이다. 게임의 체제를 추궁할 수도
없다. 이런 게임에 몰입할수록 게이머는 시스템에 더욱 강하게
속박된다.

파친코와 전쟁이
되어버린 게임

오늘날 게임계에서 벌어지고 있는 게이미피케이션
현상은 '결제의 놀이화'로 대표된다. 게임을 잘하고 못하고를
나누는 숙련도는 플레이 경쟁이 아니라 결제 경쟁 속에서 결정된다.
게임에서 승리에 이르는 길이 결제를 통해 단순해지면서 놀이에서
배우는 경쟁의 본래적 의미는 퇴색했다.

2015년 11월 4일부터 6주에 걸쳐 진행된 게임사회학
콜로키움 '이것은 게임이 아니다'(인문학협동조합, 서울과학기술대
IT정책전문대학원 디지털문화정책 전공 공동 주최)에서 게임 비평가 이경혁은
현금 아이템 거래, 부주/대리게임, 캐시템, 확률형 아이템, 레벨업

부스터 등으로 대표되는 부분 유료결제 시스템의 문제점을 다음과 같이 비판했다. "확률형 아이템 때문에 현대 게임은 퇴보하고 있다. 과정의 서사를 확률로 압축하고 결과만을 제공한다. 경쟁의 과정이 주는 재미는 사라지고, 남보다 높은 레벨에 올라서는 권력 구조의 쾌감만 남았다. 속도의 경제, 결과 중심의 세계관이 게임을 파친코로 만들어버렸다."

파친코가 되어버린 게임에서는 플레이의 목적과 배경, 게임 속 시공간의 의미를 생각할 필요가 없다. 플레이어와 게임이 목표 달성을 위해 벌이는 상호작용도 필요 없다. 과정에 충실함으로써 느낄 수 있는 실패, 승리, 좌절의 의미는 사라지고 말초적인 흥분만 강화되는 추세다.[3]

'이것은 게임이 아니다'의 또 다른 발표자인 미디어 연구자 신현우는 우리 시대의 게임 문화를 훨씬 더 비관적으로 진단했다. 신현우는 현대의 비디오 게임은 역사적인 연원에서부터 전쟁, 자본의 기술 코드를 내재하고 있다고 분석했다. 따라서 신자유주의 사회의 무한 경쟁을 내면화하는 훈육 장치로 비디오 게임이 동원되고 있는 현상도 새삼스럽지 않다. 그는 그 흐름을 '게임이 된 전쟁, 전쟁이 된 노동, 노동이 된 게임'이라는 악순환의 구조로 정리했다. 현대전의 시각 체계는 갈수록 비디오 게임의 인지 환경을 닮아가고 있는데, 그 변화는 전장을 넘어 일상 전체에 확장돼 있다. 노동 환경 역시 전쟁화, 게임화되어 있다. 그리고 게임 플레이는 언제라도 전쟁과 자본에 동원할 수 있는 자원으로 인간 삶을 포획하는 병참 전략이 되었다.

기업 경영의 최신 트렌드도 게이미피케이션을 좇고 있다. 예를 들어, 미국의 증권 거래사 아메리 트레이드(Ameri Trade)는 고객들에게 「다윈: 적자생존(Darwin: Survival of the Fittest)」이라는 게임을 무료로 배포하고 있다. 고객들의 온라인 주식 거래를 활성화하기 위해 개발된 게임이다. 세계에서 가장 큰 화장품 회사인 로레알 그룹(L'Oreal Group)도 온라인 게임을 회사 경영에 적극적으로 활용하고 있는 곳으로 유명한데, 연구 개발과 마케팅 비용 산출, 생산 비용 절감 방법에 이르는 경영 전반의 과제를 비디오 게임을 활용한 시뮬레이션 실험으로 모색한다. 캐논(Canon)은 애프터서비스 직원들을 수리 게임을 통해 훈련하고, 시스코(CISCO)는 모래 폭풍이 몰아치는 화성에서 네트워크 전산망을 정비하는 게임으로 직원들을 교육하고 있다. 고객과 노동자 모두 이런 게임을 꽤 즐거워한다고 한다. 하지만 그

「더 스탠리 패러블」은 1인칭 탐험 게임이다. 게임의 주인공 스탠리는 거대 빌딩에 입점한 회사에서 지령대로 키보드 버튼을 누르는 게 임무였다. 그런데 어느 날 아무런 지령도 없이 동료도 사장도 사라진다.

즐거움의 정체를 묻는 일이 노동 소외의 현실을 각성하는 문제와 다르지 않다는 걸 자각한 이들은 많지 않아 보인다.

신현우는 게이미피케이션 사회에 대응할 방법으로 "게임 기술에 대한 항구적인 재발명을 통해 자본화된 지각-인지-육체의 변화"가 이뤄져야 한다고 주장했다. 게임이라는 기계에 내재한 전쟁, 자본의 기술 코드를 재설계해서 게이미피케이션 사회를 재발명하자는 비전이다.

미약하나마 변화의 씨앗은 게임에서 찾을 수 있다. 2010년대에 접어들면서 게임계는 형편없이 타락하고 있지만, 또 한편으론 놀라운 미학적 갱신을 거듭하고 있다. 문학계가 수 세기에 거쳐 서서히 이뤄온 성취를 무서운 속도로 추격하고 있다. 조지 오웰의 디스토피아를 퍼즐 게임의 문법을 빌려 재창조한 「페이퍼 플리즈(Papers, Please)」, 음악과 그래픽, 스토리 모두 총체 예술의 경지에 도달한 「저니(Journey)」, 에셔의 패러독스를 게임화한 「모뉴먼트밸리(Monument Valley)」, 카프카가 게임 제작자가 되었다면 만들었을 법한 「더 스탠리 패러블(The Stanley Parable)」[4]은 어느 분야의 평론가든 관심을 갖고 음미할 만한 이 시대의 걸작이다. 빼어난 작품성과 오락성을 두루 갖춘 다양한 게임이 일일이 다 열거할 수 없을 만큼 꾸준히 발표되고 있다. 이 중 「더 스탠리 패러블」은 게임이 진중한 독서나 사색에 버금가는 가치 있는 습관이 될 수 있음을 필자에게 깨닫게 해준 작품이다. 이 작품들은 모두 2010년대에 발표되었다. 우리가 살아가고 있는 2010년대적인 것을 대표할 무언가를 꼽는다면 이 작품들은 마땅히 유력한 후보군이 되어야 한다.

서바이벌 게임을
끝없이 반복하는 사회

'게임 중독'이라는 프레임에 대해서도 근본적인 문제 제기가 필요하다.[5] 많은 이들이 편견과 무지에 사로잡혀 우리 시대의 문화가 어디에 도달해 있는지 알아볼 눈을 스스로 가리고 있다. 물론 새로울 게 없는 시시한 게임도 부지기수다. 판매량이 월등하고 접속자 수가 급증하고 있다고 한들, 언젠가 보았던 것의 재조합에 불과하다면 게임이 아니라 블록버스터 영화나 유명 작가의 소설이라 해도 비루한 가치에 준하는 대우를 받게 될 것이다. 냉정히 말해 매년 발표되는 게임의 7할 이상은 굳이 몇 문장을 할애해 가타부타 평하는 일조차 허망할 지경이다. 그러나 이 정도의 게임을 논할 때조차 '게임 중독'이라는 프레임은 가혹하고 부당하다. 왜냐하면 게임계에서 진정 주목받아야 할 새로운 문화적 가능성조차 억압하고 외면받게 하는 뒤틀린 시선이기 때문이다. 다른 분야에서도 이 문제를 남의 일처럼 대해서는 곤란하다. 지금이야 만만해 보이는 게임을 걸고넘어지지만, 그다음엔 문학과 철학, 예술의 자율성을 위협하는 일로 확전될 가능성이 다분하다.

의식주에서 텔레비전 오디션 프로그램, 진학, 취업에

이르기까지 서바이벌 게임을 끝없이 반복하는 사회가 우리가 사는 현실 세계다. 게임화된 스테이지를 지나 또 다른 스테이지로 옮겨가는 일의 쳇바퀴를 벗어날 수가 없다. 그러니 게임 중독에 대한 논란은 문제의 핵심은 외면하고 엉뚱한 방향으로 시선을 돌리게 만드는 기만적인 소실점이다. 사회 전반의 게임화가 신자유주의의 지구적 확장과 궤를 같이하고 있음을 직시해야 한다. 플레이스테이션이나 X박스를 구입해서 하루에 몇 시간이고 게임에 빠져 살지 않더라도 우리는 늘 게임 플레이어의 삶을 살 수밖에 없는 형편이다. 따라서 어떤 이가 게임에 문외한이고, 게임의 영향을 의식해본 적 없더라도 '게임'과 무관할 수 없는 세계에 갇혀 있기는 마찬가지다.

게임 중독자가 일종의 정신질환을 앓고 있어서 삶을 게임에 탕진한다는 진단은 문제의 본질을 단순화한다. 게임 중독자는 게임 밖의 게임을 포기하는 사람들이다. 현실 세계에서 겹겹으로 수행해야 하는 게임의 룰(노동자 되기, 국민 되기, 납세자 되기 등) 중에서 오직 하나에만 집중하기 때문에, 이들은 게임 세계의 룰을 한층 더 강박적으로 따르게 된다. 이 세계의 규칙에도 능숙해지지 못하면 게임 세계에서조차 낙오된다. 모든 책임은 게임 바깥의 세계에서와 마찬가지로 자기 자신에게 쏠린다. 이들의 진짜 문제점은 뇌에 이상이 생겼다거나 생활 습관이 나쁜 것이 아니라, 게임의 룰을 비판적으로 상대화할 능력을 상실했다는 데 있다. 자기계발 이데올로기를 숭앙하는 체제 순응자와 게임 중독자는 쌍생아처럼 닮았다.

게이미피케이션 사회는 신자유주의 사회의 최종

진화형이다. 신자유주의에 최적화된 게임형 인간의 탄생은 이미
도래한 현실이다. 게임 중독자를 손가락질하기 전에 우리가 놓인
삶의 비참함에 눈떠야 한다. 더 나쁜 게임을 그만두는 실천이
절실히 필요한 시대다.

디지털 테크놀로지와
문학의 협업

    2016년 10월 17일, 스탠퍼드 문학 연구소(Stanford Literary Lab) 홈페이지에 「런던의 정서들(The Emotions of London)」 프로젝트의 팸플릿이 공개됐다.[1] 스탠퍼드 대학교는 데이터 채굴을 통한 '신경험주의(neo-empiricism)' 방법론을 디지털 인문학의 대세로 끌어올린 주역 중 하나다.

    공개된 프로젝트는 라이언 하우저(Ryan Heuser), 에릭 스타이너(Erik Steiner) 그리고 비교적 한국에 잘 알려진 프랑코 모레티(Franco Moretti)의 공동 연구물이었다.[2] 이들은 18~19세기 영미 소설이 풍부한 감정 표현으로 가득 차 있다는 사실에 주목했고, 소설 속 등장인물이 분노, 슬픔, 두려움 등의 감정을 느낀 구체적인 장소를 찾았다. 이 연구를 위해 1700년부터 1900년까지 영국에서 발표된 5000편의 소설과 각종 지리학 텍스트 자원이 동원됐다.

    이 프로젝트 팀은 소설에 언급된 수천 개의 장소 이름과 정서적 중요성을 도표화하기 위해 디지털 크라우드소싱(digital crowd souring) 기술을 적극적으로 활용했다.[3] 막대한 문서 자원을 디지털 데이터로 변환해 데이터베이스를 구축하고, 데이터 마이닝과 패턴 분석, 데이터 시각화 과정을 거쳤다. 작업은 여러

대의 컴퓨터에 나눠서 진행했지만, 클라우드 시스템이 지원하는
가상화(visualization)와 분산 처리 기술(distributed processing)에 힘입어
불과 수개월 만에 결과물을 내놓을 수 있었다. 컴퓨터 없이 일일이
수작업으로 했다면 이런 속도는 불가능했다.

　　이 연구는 문학에 묘사된 감정 지리와 사회적 공간의
불균등한 발전 과정을 다양한 인포그래픽으로 사상(寫像)한다. 이를
통해 희로애락의 정서(emotion)와 계급 간의 장기적 연관성을 추적할
새로운 방법론을 제시했다. 디지털 기술을 활용해 한국 문학

「런던의 정서들」 팸플릿에 포함된 인포그래픽. 18세기부터
19세기에 이르는 영미 소설에 나타난 감정의 균형과 강도를
시각화했다.

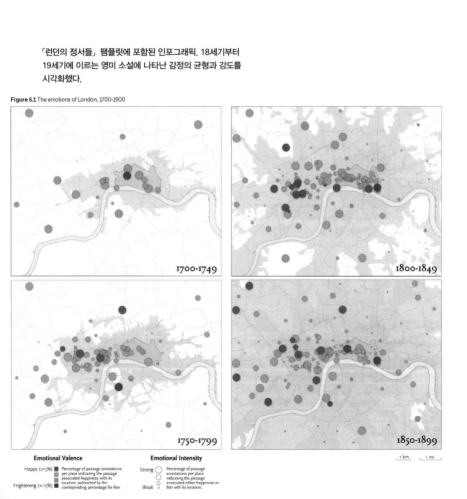

Figure 6.1 The emotions of London, 1700-1900

연구를 갱신하려는 이들이라면 반드시 참고해야 할 성과다.

마음의 역사를 밝히는
인간과 컴퓨터의 협업

스탠퍼드 문학 연구소에서는 「런던의 정서들」의 성과를 한 단계 더 심화할 프로젝트로 「서스펜스: 언어, 내러티브, 정동(Suspense: Language, Narrative, Affect)」을 진행하고 있다.[4] 이 연구에는 1750년부터 현재까지의 영미 소설 텍스트가 총동원된다고 한다. 앞선 연구와 마찬가지로 대량의 정보를 효과적으로 저장하기 위한 분산 파일 시스템, 대용량 데이터를 효과적으로 읽고 쓸 수 있도록 돕는 분산 스토리지 시스템, 분산 데이터 처리를 위한 기술이 활용된다. 그리고 언어, 서사, 심리학의 교차점에서 소설 속 서스펜스 상황이 시대와 장르에 따라 독자의 반응을 일으키는 다양한 양상을 상세히 비교한다. '긴장감을 불러일으키는 텍스트'의 역사적, 지정학적, 장르적 변이 과정을 추적하는 정량적 문학사 연구의 중대한 성취가 기대된다.

스탠퍼드 문학 연구소는 컴퓨터 기술을 문학 비평과 연구에 활용하는 다양한 방법을 선도적으로 실험하고 있다.[5] 문학 연구에 사용할 각종 하드웨어와 소프트웨어 프로그램을 개발·응용할 뿐만 아니라, 이 둘을 활용해서 새로운 연구 방법론을 창안한다. 이 연구소는 매우 흥미롭게도, 문학 텍스트의 정량적

분석을 바탕으로 '마음의 역사'를 추적하고 있다. 디지털 데이터로
온전히 전환하는 게 불가능할지 모르는 '마음'을 디지털 테크놀로지와
문학 연구의 융합이 지향할 궁극의 목표로 정한 것이다.[6]

　　이 지난한 과제를 푸는 데 인간과 컴퓨터가 협업할 수
있는 까닭은 '문학'이라는 말뭉치(corpus)가 연구 자원이자 매개로
활용되기 때문이다.[7] 다만 문학 텍스트를 인간과 컴퓨터 모두가 읽을
수 있는 데이터로 가공하는 일이란 까다로운 과제다. 연구자 개인의
노력도 필요하지만 교육 시스템이 충분히 뒷받침되어야 한다. 이런

스탠퍼드 문학 연구소에서 사용하는 신경망 분석 및
시각화 툴.

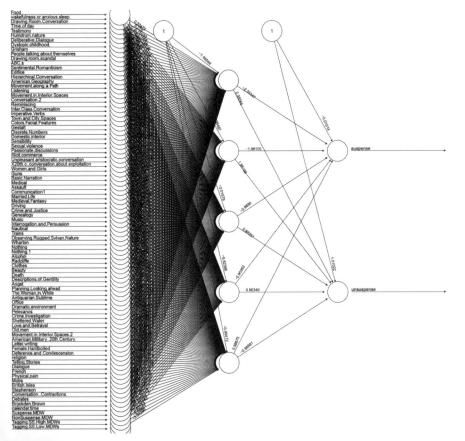

방식의 연구를 수행하려면 전통적 문학 연구자가 배우지 않았던 C++ 언어, 파이선(Python) 등의 코딩어를 익혀야 하고, 대형 컴퓨팅 그리드에서 프로그램을 확산시키는 MPI(Message Passing Interface) 기술도 훈련해야 한다.[8] 스탠퍼드 문학 연구소에서도 구성원들의 연구 역량 강화를 위해 관련 교육 프로그램을 지속적으로 운영하고 있다.[9] 한국 디지털 인문학이 건실한 성과를 내기 위한 선결 과제도 기초 연구 역량 강화임은 아무리 강조해도 지나치지 않다.

컴퓨터 모델을 사용해 수백 개의 서로 다른 문헌과 역사적 기간의 수백 가지 극적인 네트워크를 체계적으로 비교하고, 패턴 간의 일치와 여러 범주 간의 관계를 고찰하는 일은 '마음의 역사'를 발굴하는 기본 공정이다. 이것은 상당 부분 기상학의 방법론을 닮았다. 인간의 마음이 모여들고 교차할 때마다 생겨나는 충돌과 분출, 힘과 강도(剛度), 그 폭풍 전선과 기압계를 시각화하고 지정학적, 역사적 의미를 밝히는 일이기 때문이다. 문학 텍스트만으로 가능한 연구는 아니지만, 물질성의 표면 아래에서 소용돌이치는 비물질성의 카오스모스에 접근하는 데 문학만이 기여할 수 있는 특수성이 있다.

융합과 횡단을 위한 질문

인터넷 시대 이후의 문학 텍스트도 스탠퍼드 문학

연구소가 주목하는 연구 주제 중 하나다. 작품 편수로만 따지면, 인터넷 시대에 이르러서야 인류는 본격적으로 소설을 쓰기 시작했다고 착각할 만큼 텍스트 생산이 폭발적으로 늘어났다. 1998년부터 운영되고 있는 가장 큰 팬픽 아카이브인 팬픽션닷넷(FanFiction.net)에도 현재까지 600만 건이 넘는 이야기가 업로드되어 있다. 이곳을 연구하는 「팬픽션: 기원과 진화(Fanfiction: Generic Genesis and Evolution)」 프로젝트는 지난 20년 동안의 팬픽 문화의 역사, 인터넷 시대와 함께 새롭게 형성된 저자와 독자의 영향력, 혁신적 발전의 패턴들, 스타일의 원형과 문체 협약의 기원, 진화를 추적한다. 이 연구는 이전 시대의 문학 텍스트를 정리한 데이터베이스와 연동해 산문 문화의 궤적을 수세기에 걸쳐 연결한다. 그리고 마음의 역사를 밝히는 더 큰 동심원의 기획에 합류하게 된다.

이 기획에서는 문학뿐만 아니라 경제와 관련된 텍스트도 야심차게 분석되고 있다. 프랑코 모레티가 참여한 또 다른 프로젝트인 「은행 용어: 세계은행 보고서의 언어, 1946-2012(Bankspeak: The Language of World Bank Reports, 1946-2012)」는 1946년부터 2012년까지의 세계은행 보고서를 분석한다.[10] 금융계의 제도화된 언어에 드러난 문법적 패턴과 '은행'의 의미 변화, 그 속에서 드러나는 신자유주의적 수사학의 흐름을 파헤쳤다.

정부가 추진하는 대학 구조조정의 명분이자, 구조조정의 파고에서 살아남기 위한 한국 인문학계의 생존 전략으로 '디지털 인문학'이 모색되고 있는 시점이다. 규모와 연구 능력 면에서 한국 대학과 비교가 되지 않는 스탠퍼드 대학교의 사례는 부러움을 넘어 한탄을 자아낼 지경이다.

　　　여기저기서 융합과 횡단을 강조하고 있다. 우선 원칙부터 확실히 정해야 한다. 문학과 공학의 융합은 문학도 공학도 아닌 어정쩡한 것으로 퇴화해서는 안 된다. 지금 여기에서 '문학'을 왜 연구해야 하고, 여전히 찾을 수 있는 문학만의 특이성이 무엇인가를 필사적으로 구하려는 과업이기 때문이다. 기존 문학 연구가 해왔던 장단과 기조를 지속하려는 것도 아니다. 오히려 한 번도 도전한 적 없는 질문 앞에 문학을 몰아넣기 위한 모험이다. 지난 수백 년 동안 변화해온 마음의 역사를 문학을 통해 밝혀내려는 스탠퍼드 문학 연구소의 질문도 무척 인상적이었다. 부러워해야 할 것은 예산이나 시설, 명성, 규모가 아니라 문학을 향해 물을 때 한층 강렬해지는 질문의 유무일 것이다. 학제 융합도 서로 다른 학문이 함께 궁금해 할 수 있는 질문을 기초로 시작돼야 한다. 학계 내부의 자생적 반성과 사유, 연대 없이 기계적 구조조정만으로 강제해서는 될 일도 안 된다.

디지털 인문학이라는 연대의 실험

　　　디지털 인문학은 연구 결과물의 문제이기에 앞서 엔지니어, 프로그래머, 연구자 그룹의 관계망을 새롭게 구성하는 실험이기도 하다. 모든 연구 환경은 노동 환경으로서 지속가능해야 한다. 전문가들 각자가 자기 위치에서 온전히 역량을 발휘하며 관계망을 유지하려면 그들의 노동에 값하는 임금이 지불돼야 한다. 일례로 수십 년에서 수백 년 된 인쇄물을 디지털 데이터로 전환하려면 광학 문자 인식(optical character recognition, OCR) 기술이 뒷받침되어야 하는데, 한국의 기술력이 이 분야에서 걸음마 수준을 벗어나지 못하는 이유가 뭘까?[11] 시간과 돈이 드는 기술 개발보다는 값싼 인건비로 수동 입력을 하는 편이 당장의 이익에 부합하기 때문이다.[12] 한국 IT 개발 정책은 철저히 상업성에 기울어져 있어서 사업성 없는 순수 연구 목적의 기술 개발에는 인색하기 그지없다. 정부의 예산 지원이 부실하니 관련 기술을 개발할 인력을 육성할 수조차 없다. 이러고도 디지털 인문학 육성이라니, 기지도 못하는데 날아보라고 부추기는 꼴이다.

그럼에도 문학만큼은 다른 분야와 만나 연대하는 일에 가장 적극적이어야 한다. 문학 연구자들이 엔지니어와 프로그래머들과 탄탄히 연계되어야 내실 있는 디지털 인문학이 가능할 텐데, 이 나라에서는 고등학교 때부터 문과와 이과를 나눠 사실상 다른 종의 인간으로 자라게 한다. 21세기의 두 번째 10년이 끝나가는 마당에 교육계는 아직도 19세기 패러다임에 갇혀 있는 것이다. 한국 문학계의 가장 젊고 열정적인 세대가 급진적으로 변화를 주도해야 한다. 낯선 분야의 텍스트를 읽는 일을 두려워하지 않고, 새로운 분야와 사람들을 만날 기회를 마다치 않아야 한다.

문학은 네트워크이기 때문이다. 비정형 데이터가

컴퓨터에서 이리저리 선을 이어가며 복잡한 패턴을 형성하지만, 결국 인간들의 오랜 궤적을 쫓는 일에 불과하다. 세상과 더욱 더 복잡하게 얽힌 질문거리가 되자. 까다롭고 거대한 질문이 되는 일, 질문을 풀 답을 찾는 일 모두 문학의 숙명이다. 그리고 이 일을 위한 꽤 쓸 만한 도구가 디지털 테크놀로지다.

무엇을 배울 것인가?

일상생활의 거의 모든 영역에서 진행되고 있는 자동화 경향은 무지와 무책임, 무능력을 확산시키고 있다.[1] 디지털 테크놀로지의 발전과 함께 날로 가속되고 있는 현상이다. 대부분 사람들은 묻지도 따지지도 않고 이 시스템을 기업과 정부가 알아서 잘 운영해주길 바란다. 성직자 도움 없이는 성경을 읽지 못했던 중세의 문맹자들이 꼭 이런 신세였다.[2] 이대로라면 2000년대와 2010년대는 디지털 중세기로 기억될 것이다. 앞으로도 꽤 오랫동안 정보통신기술 기업들의 기만적인 마케팅에 대중은 속수무책으로 당할 것이다. 그들에게 나의 정보 자산이 착취당하고 있다는 사실을 알아채기도 쉽지 않은 현실이다.

이것이 이 시대의 대중들이 처한 무식의 비참함이다. 디지털 테크놀로지 전반에서 지식의 하방(下枋)이 이뤄져야 한다.[3] 국가 교육 정책의 변화만 기다려서는 될 일도 안 된다. 시민사회가 역량을 모아 디지털 중세기에서 벗어나기 위한 계몽의 기획을 준비해야 한다.

'스펙'으로 한정된
오늘날의 디지털 리터러시

IT 자문 기관인 가트너(Gartner, Inc.)의 2016년 전망
보고서에 따르면,[4] 모든 사물이 인터넷에 연결되는 사물인터넷
시대에는 정보의 홍수에 대응하기 위한 '만물정보(Information of
Everything, IoE)' 기술이 주목받게 될 거라고 한다. 사물인터넷의
접속 환경은 공기나 중력처럼 지구 어디에나 편재하는 제2의
자연으로 확장될 것이며, 여기로 유입되는 정보의 양은 우주적
단위로 폭증해서 비트화된 정보만이 실재하는 모든 정보의 총체로
인식될 시대가 머지않았다. 밀레니엄의 두 번째 10년이 끝나기 전,
인터넷은 '정보'의 동의어가 되고 있다.

의미 있는 정보와 그렇지 못한 것을 신속하게 판별하고,
부스러기 정보에 불과한 것을 재구성해서 새로운 가치를
창출하려면 폭주하는 정보 환경에 대응할 인지 능력의 증강이
요구된다. 이를 돕는 각종 스마트 장치 개발과 비트화된 정보에
좀 더 직접적이고 투명하게 접근하기 위한 프로그래밍 언어의
중요성도 날로 주목받고 있다.

전통적 문자해독 능력에서 디지털 리터러시에
이르기까지, 산업 생태계의 격변기마다 국가적 기획으로 새로운
앎과 배움의 과제가 장려 또는 강제됐다. '리터러시(literacy)'는
언어를 매개로 앎과 무지를 가늠하는 공통 범주이면서, 국가와
자본이 노동자에게 주문하는 인지노동의 목록이기도 하다. 코딩어

능력을 비롯해 디지털 리터러시에 능숙한 인구가 늘어날수록 집단지성, 접속지성이라 불리는 사회적 역량은 점차 강화될 것이다. 일찍이 마르크스가 그의 저작 『정치경제학 비판 요강』 중 「기계에 관한 단상」으로 알려진 장에서 '일반지성'이라는 표현으로 정의내린 그 형태를 의미한다.

> 자연은 기계, 기관차, 철도, 전보, 자동 방직기 등을 제작하지 않는다. 이들은 인간의 근면의 사물이다. 자연을 지배하는 인간 의지의 기관이거나 자연에서의 인간 의지의 활동 기관으로 전환된 자연적 재료이다. 그것들은 인간의 손으로 창출된 인간 두뇌의 기관들이다. 대상화된 지력이다. 고정자본의 발전은 일반적인 사회적 지식이 어느 정도까지 직접적인 생산력으로 됐고, 따라서 사회적 생활 과정 자체의 조건들이 어느 정도까지 일반지성의 통제 아래 놓였으며, 이 지성에 따라 개조되는가를 가리킨다. 사회적 생산력이 지식의 형태로뿐만 아니라 사회적 실천의 기관들, 현실적 생활 과정의 직접적인 기관들로서 어느 정도까지 생산됐는가를 가리킨다.[5]

지금 우리 사회는 어린 세대에게 미래의 일자리를 미끼로 디지털 리터러시 학습을 강요하고 있다. 초등학교 자녀를 둔 학부모 사이에선 코딩어 교육 붐이 한창이다. 이들을 상대로 수백만 원짜리 수업료를 받는 컴퓨터 학원도 성업 중이다.[6] 하지만 이렇게 배우고 익힌 디지털 리터러시는 정보통신 산업에 회수될

인적 자원 수준으로 제한될 가능성이 다분하다.

오늘날 우리는 무엇인가를 배워서 익힐 때마다 구직 활동이나 승진에 대비한 스펙 쌓기를 의식하지 않을 수 없고, 상품이나 돈이 되지 못하는 지식을 시대에 뒤처진 경쟁력 없는 것으로 괄시하는 세태에 익숙하다. 디지털 기술의 역사적 연원에는 보수적 체제에 도전해 변화와 혁신을 꿈꿨던 비주류 문화운동의 접점이 있었지만, 오늘날의 디지털 테크놀로지는 디지털 신자유주의의 수익 모델에 철저히 구속돼 있다. 경제 체제에 복무하는 리터러시는 앎과 무지의 경계선에서 교육 그 자체를 질문하지 않는다. 먹고살려면 돈을 벌어야 하고, 이를 위해선 비트를 돈처럼 다루는 법을 배워야 한다는 논리만 강고하다. 이 기준에선 지식의 효용가치 역시 판매 기간 대비 수익성을 따지는 상품으로 평가된다. 취업률 저하를 이유로 대학에서 퇴출되고 있는 기초 학문의 비참한 현실도 디지털 신자유주의가 주문하는 리터러시의 성격을 반증한다.

테크놀로지에 대한
테크네의 모색

근대적 교양의 삼각편대였던 문(文), 사(史), 철(哲)을 비롯해 기초 학문의 본령은 앎과 배움에 대한 근본적 질문을 끈질기게 되묻고 성찰하는 것에 있다. 왜 배워야 하는가? 무엇

때문에 알아야 하는가? 지금 내가 서 있는 앎과 무지의 경계는 어제와 어떻게 다른가? 배움에서 얻고자 하는 것이 돈만이 아니라면 우리는 무엇을 더 구할 수 있을까? 경제 논리를 앞세워 이러한 질문을 말소해선 안 된다. 디지털 리터러시의 기획 역시 환전될 수 있는 앎의 부가가치를 좇는 일만이 아니라, 테크놀로지와 삶의 관계를 숙고하는 질문들로 리셋(reset)할 수 있다. 이때 무지는 앎만큼이나 값진 성취다. 무엇을 모르고 있는지 알기 위한 적극적인 질문과 사유 없이는 무지의 소중함을 깨달을 수 없기 때문이다. 오히려 경계해야 할 것은 질문하지 않는 자동화된 지식이다.

디지털 리터러시의 의미를 성찰함에 있어 '테크놀로지'의 그리스어 어원 '테크네(τέχνη)'를 상기하는 일 또한 근본적 질문에 닿으려는 시도다. 기술에 입각한 인간의 제작 활동 일반을 일컫는 테크네는 예술(art), 숙련기술(skill), 공예(craft)를 포괄할 뿐만 아니라 테크놀로지와 예술의 관계를 근대 자본주의의 도구적 테크놀로지 너머로 이끈다.[7] 하이데거는 테크네의 본질이 세계를 비도구적 측면에 풀어놓고, 탈은폐(unsecuring)하는 것이며, 밖으로 내어놓는 것이라고 해석한 바 있다.[8] 또 그 움직임은 역동적이고 지속적이라는 특징이 있다.

시장 경쟁에서 살아남을 상품과 서비스 제조에 정주할 뿐인 테크놀로지는 그 이상의 잠재적 역량을 발휘할 변화의 기회를 찾기 어렵다. 신자유주의에 복속된 디지털 테크놀로지에는 이 같은 사례가 허다하다. 가령 사회적 배치를 바꾸는 강력한 전기충격일 수 있었던 사회연결망(social network)은 광고 대행업, 정보 가공업으로 퇴행했고, 카카오톡 감청 사건에서 보듯 스마트폰은 국가와 기업이 시민을 감시하는 장치로 공공연히 악용되고 있다. 비루한 권력의 도구가 된 기술을 어떻게 해야 다른 사회적 배치에 풀어놓을 수 있을까? 이 질문은 테크네의 본질에 다가가려는 노력과 다르지 않다. 다시 말해, 테크놀로지에 대한 테크네의 모색이야말로 우리 시대에 절실한 기술 리터러시의 핵심 요건이다.

기업과 국가 너머의
기술 리터러시와 페다고지

하지만 그 일을 누가 가르치고 배울 수 있을까? 100여 년 전, 식민지 지식인들이 근대적 문해 능력을 키웠던 때를 상상해본다. 이 땅에서 근대 문학이 태동하던 장면이기도 하다. 그때 그들이 수행했던 리터러시는 근대의 총체에 다가서려는 모든 기획에 맞닿아 있었다.[9] 그 시절의 기개에 비하면 오늘날 대학 학제의 교육 역량이란 한심하기 이를 데 없다. 새로운 테크놀로지에서 가능한 시민사회의 가능성을 육성하고 창의성을 촉진하기는커녕 기업이 요구하는 인적자원 공급에만 매달리는 OEM(주문자상표부착생산) 공장이 이 시대의 대학이기 때문이다.[10] 이것은 두말할 것도 없이 정부가 추진해온 교육 정책의 폐해이기도 하다. 대학만이 아니라 사회 어디에서나 돈을 버는 기술을

프로토룸의 멤버 김승범이 2014년 아트센터 나비에서 연 '로봇공방 워크숍_화개보드(Fa.Ke.Board) 2: 오토맞다' 제작 장면. 화개보드는 누구나 쉽게 제작할 수 있는 오픈소스 하드웨어 플랫폼으로, 컴퓨팅 기술의 원리와 철학을 이해하도록 돕는 장치다.

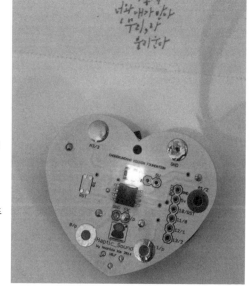

김승범과 후니다 킴으로 구성된 프로토룸은 컴퓨팅 매체를 이해하고 창작하는 방법을 가르치는 교육팀이자 미디어 아티스트 집단이다. 사진은 후니다 킴이 개발한 '햅틱사운드 카드 0.7'. 카드에 전도성 실을 연결하면 소리가 나는데, 연결 방법을 달리할 때마다 다른 소리가 나온다. 이 장치를 여러 개 연결하면 합주도 가능하다.

숭앙하고 그렇지 못한 기술을 경멸하는 분위기는 노골적이다. 반대로 어째서 이토록 돈에 강박된 채 살 수밖에 없는 것인지 이유를 묻는 일은 갈수록 위축되고 있다.

　　제도권 교육 바깥에서 자본과 테크놀로지 그리고 우리 삶의 관계를 면밀히 이해하고 대안적 삶의 실천을 이끌어낼 기술 리터러시와 이를 교육할 페다고지를 창안해야 한다. 기업과 국가가 주문하는 방식과는 다른 리터러시의 기획은 어디에서 찾을 수 있을까? 한 사람이라도 더 많은 이들이 더불어 행복할 수 있는 공생(共生)의 기술을 디지털 테크놀로지에서 끌어올릴 수 있을까? 시민사회가 이 질문에 응답할 준비를 해야 한다.

　　언메이크랩(unmakelab.org, 구 청개구리제작소)과 프로토룸(PROTOROOM) 스튜디오처럼 규모와 인력은 미미하지만 열정적으로 활동을 이어가고 있는 자생적 교육 단체가 하나둘 생겨나고 있다.[11] 물론 이것만으로는 당장에 변화가 생겨나지 않는다. 하지만 벼락이 떨어지기 직전, 구름 속에선 전자(電子)들이 어지러운 공명을 일으킨다고 했다. 들뢰즈는 이를 '어두운 전조'라고 불렀다.[12] 디지털 신자유주의에 맞서 시민사회가 만들어야 할 기술 리터러시에는 다양한 분야의 협업과 교류가 필요하다. 그 과정에서 전통적 교양의 삼각편대는 어두운 전조에 새롭게 동참할 수 있을 것이다.

　　사물인터넷 시대의 문학, 역사, 철학은 언어 환경에서 비트로 전환될 수 없는 영역을 지키는 마지노선이 되어야 한다. 아무것도 결정되어 있지 않고 예측할 수 없어서 궁금증을 불러일으키는 언어는 풍부한 노이즈로 가득 차 있다. 소음과 함께 피어오르는 적운 아래서 우리는 서로에게 번개와 피뢰침 역할을 할 수 있다.

　　무엇보다도 정보통신기술 담론이 입에 올리려 하지 않는 주제를 탈은폐시키는 일에 머뭇거려선 안 된다. 디지털 신자유주의가 사회, 문화, 신경체제에 가한 영구적 손상과 인간적 존엄을 짓밟는 노동 착취의 비참함을 직시하자.

　　절망을 넘어 미래를 발명하는 일. 지금부터 우리가 배워야 할 과제다.

2012년 언메이크랩의 일곱 번째 워크숍 '약한 자급을 위한 생활의 4종 기예'의 포스터. 송수현, 최빛나 활동가로 구성된 언메이크랩은 "소비를 넘어 직접 제작하는 활동은 사물을 통한 지각의 확장을 가능케 한다."고 강조한다.

인터넷 바깥의 인터넷

1. Dave Smith, "GOOGLE CHAIRMAN: 'The Internet Will Disappear'", *Business Insider*(2015.1.25), https://goo.gl/YCi3cM.

2. 미래창조과학부, 「IPTV 인터넷 주소 부족 무제한 인터넷주소(IPv6)로 해결」(2015.10.8).

3. 강장묵, 「망중립성 기술의 원리와 DPI」, 망중립성이용자포럼 엮음, 『망중립성을 말하다』(블로터앤미디어, 2013), 206쪽.

4. Sebastian Olma, "Never Mind the Sharing Economy: Here's Platform Capitalism, Institute of network cultures," *institute of network cultures*(2014.10.16), https://goo.gl/VkCl4T.

5. 드미트리 클라이너, 권범철 옮김, 『텔레코뮤니스트 선언』(갈무리, 2014), 58쪽 참고. 제한된 컴퓨터만 연결되어 있었던 군사 네트워크 ARPANET이 광범위한 네트워크로 연결하는 인터넷으로 발전할 수 있었던 것은 '개방형 구조의 네트워크화(Open Architecture Networking)'라는 아이디어가 1972년부터 시도되면서부터였다. 이재현, 『인터넷과 사이버사회』(커뮤니케이션북스, 2000), 58~62쪽 참고.

6. 드미트리 클라이너, 앞의 책, 22쪽.

7. Nick Srnicek·Alex Williams, *Inventing the Future: Postcapitalism and a World Without Work*(Verso, 2015), pp. 148~149.

8. 빈센트 모스코, 백영민 옮김, 『클라우드와 빅데이터의 정치경제학』(커뮤니케이션북스, 2015), 46~48쪽.

9. 아옌데 정권이 피노체트 군부 쿠데타에 무너지는 과정은 파트리시오 구스만(Patricio Guzman) 감독의 「칠레 전투(La Batalla De Chile)」 3부작에 소상히 기록되어 있다. 「칠레 전투 제1부: 부르주아지의 봉기」(1975), 「칠레 전투 제2부:

쿠데타」(1976), 「칠레 전투 제3부: 민중의 힘」(1979).

10. 1973년 9월 11일에 있었던 일이다. 아옌데 정권의 종말을 기억하는 이들에게 '9·11'은 2001년 뉴욕만이 아니라 1973년 산티아고의 비극을 이르는 숫자다. 빅터 피게로아 클라크, 정인환 옮김, 『살바도르 아옌데: 혁명적 민주주의자』(서해문집, 2016) 참고.

11. 카카오톡 문제의 기술적 쟁점을 정리한 책으로는 박지훈·펜타시큐리티, 『IT보안의 정석』(매일경제신문사, 2015)를 참고할 것.

12. 유승희 의원실, 「국감보도자료/20141012 : 최근 10년 인터넷 패킷 감청설비 9배 증가」(2014.10.12), https://goo.gl/LtXGgL.

13. 이한석, 「우리 국민 의료정보 25억 건, 미국에 팔렸다」, 《SBS 뉴스》(2015.4.8).

14. 드미트리 클라이너, 앞의 책, 25~26쪽 참고.

15. 이더리움 백서의 주소는 http://bit.ly/ethereumwp이다.(한글판은 http://bit.ly/ethereumwpkr에서 볼 수 있다.)

16. 이더리움에서 유통되는 화폐는 비트코인처럼 화폐로서의 교환 기능뿐만 아니라 프로그램 실행을 위한 기능도 추가되어 있다. 이더리움 네트워크에서는 이 화폐를 '이더(Ether)'라고 부른다. 금융보안원 보안연구부 보안기술팀, 금융보안원, 「이더리움(Ethereum) 소개 및 특징 분석」(2016.3.4) 참고.

17. 자유 소프트웨어의 성지로 불리는 깃허브(github)에 이더리움의 오픈소스가 공개되어 있다. https://github.com/ethereum.

블록체인과 분산형 네트워크의 도전

1. 장부의 페이지 중앙에 수직선을 그어 차변(借邊)과 대변(貸邊)을 구분하는 복식부기 회계가 없었다면 근대 자본주의도 근대 국가도 존재할 수 없었을 것이다. 제이컵 솔, 정해영 옮김, 『회계는 어떻게 역사를 지배해왔는가』(메멘토, 2016), 17쪽.

2. 예를 들어 프리드리히 폰 하이에크는 1976년에 간행된 『화폐의 비국유화(Denationalisation of Money)』에서 화폐 발행의 자유화, 중앙은행 없는 화폐

제도의 가능성을 논했다.

3. 역사적으로 정부의 통화 독점권에 도전하고 통화 관리에 장애가 되는 시도는 강력한 제재를 받아왔다. 비트코인 이전의 디지털 화폐였고 한때 페이팔(PayPal)에 이어 전 세계 전자결제 시장규모 2위였던 이골드(E-Gold)가 미국 정부에 의해 강제 청산된 이유 역시 정부 독점에 도전했기 때문이었다. Kim Zetter, "Bullion and Bandits: The Improbable Rise and Fall of E-Gold", *Wired*(2009.6.9), https://goo.gl/UztYL1 참고.

4. 한석주, 『핀테크』(커뮤니케이션북스, 2015), v.

5. 한국 금융연구원, 「비트코인의 진화와 핀테크 산업의 활성화」, 『주간금융브리프』 25권 40호(2016) 참고.

6. 안드레아스 M. 안토노폴로스, 최은실·김도훈·송주한 옮김, 『비트코인, 블록체인과 금융의 혁신』(고려대학교출판문화원, 2015), 203~204쪽.

7. 이윤희 외, 『비토코인 쉽게 배우기』(한스미디어, 2014), 100~103쪽.

8. 노구치 유키오, 김정환 옮김, 『가상통화 혁명』(한스미디어, 2015), 171~176쪽.

9. 같은 책, 238~240쪽.

10. http://blockchainos.org 참고.

11. http://opennet.or.kr/9737 참고.

인더스트리 4.0과
부스러기 노동을 넘어

1. 이토 게이카쿠·엔조 도, 김수현 옮김, 『죽은 자의 제국』(민음사, 2015).

2. 조정환, 『인지자본주의』(갈무리, 2011) 참고.

3. 한국정보화진흥원, 《IT&Future Strategy—인더스트리 4.0과 제조업 창조경제 전략》 제2호(2014.5.30) 참고.

4. Communication Promoters Group of the Industry-Science Research Alliance, "Recommendations for implementing the strategic initiative INDUSTRIE 4.0," (acatech 2013.4).

5. 한국노총, 「중규직은 또 다른 비정규직 양산 정책이다」(2014.12.1) 참고, https://

goo.gl/7KAyZF.

6. 한국고용노사학회, 「경제협력개발기구 회원국의 노동시장 지표 비교연구」(고용노동부, 2014).

7. 프랑코 베라르디 비포, 정유리 옮김, 『프레카리아트를 위한 랩소디』(난장, 2013), 86쪽.

8. 에릭 브린올프슨·앤드루 맥아피, 이한음 옮김, 『제2의 기계시대』(청림출판, 2014) 참고.

암호전쟁과 국정원

1. 이탈리아 업체인 '해킹팀(Hacking Team)'은 컴퓨터와 스마트폰 운영체제에 사용할 수 있는 해킹 시스템을 전 세계 정부를 상대로 판매하고 있다. 모바일 악성 소프트웨어를 타깃 기계에 원격으로 설치해서 이메일, 문자 메시지, 통화 내역, 주소록, 검색 내역 데이터, 키보드 입력 정보(키스트로크) 정보를 수집한다. 화면 캡처 이미지를 찍고, 음성을 녹음하여 통화나 주변 소음을 기록하고, 전화기의 GPS 좌표도 모니터링 할 수 있다. 브루스 슈나이어, 이현주 옮김, 『당신은 데이터의 주인이 아니다』(반비, 2016), 121쪽.

2. '바스테크'에 대한 정보는 http://buggedplanet.info/index.php?title=VASTECH에서 확인할 수 있다.

3. 이 회사의 공식 홈페이지 www.vastech.co.za에는 누구나 들어갈 수 있다.

4. 강장묵, 앞의 글, 197~202쪽 참고.

5. Ben Wagner, "Exporting Censorship and Surveillance Technology," (Humanist Institute for Cooperation with Developing Countries(Hivos), 2012).

6. 나치 독일 시절에 천공카드 시스템을 판매하던 회사는 IBM의 독일 자회사인 데호마그(Dehomag)와 불(BullL) 두 곳이었다. 아메시스는 불 그룹 자회사다. Edwin Black, *IBM and the Holocaust: The Strategic Alliance Between Nazi Germany and America's Most Powerful Corporation*(Dialog Press, 2012) 참고.

7. "Exclusive: How Gaddafi Spied on the Fathers of the New Libya," *wikileaks-forum*(2011. 12.1), https://goo.gl/K3Ki7Q.

8. Reporters Without Borders, "Enemies of the Internet 2014: entities at the heart of censorship and surveillance," (2014), https://goo.gl/Z45FFa.

9. The Citizen Lab, "Behind Blue Coat: Commercial Filtering in Syria and Burma," (2014.12.24.), http://surveillance.rsf.org/en/blue-coat-2.

10. 바세나르 협약 웹사이트 http://www.wassenaar.org.

11. 심성근, 「수출통제의 국제규범화 최근 동향과 과제」, 《慶熙法學》 제42권 제3호(2007) 참고.

12. Pam Dixon Executive Director ed., *Surveillance in America* (ABC-CLIO, 2016), p.101.

13. Simson Garfinkel, *PGP: Pretty Good Privacy* (O'Reilly Media, 1994), pp.102~105.

14. 요하이 벤클러, 최은경 옮김, 『네트워크의 부』(커뮤니케이션북스, 2015), 738쪽 참고.

15. 사이퍼펑크의 전통적 모토는 다음과 같다. "약자에게 프라이버시를, 강자에게 투명성을.(Privacy for the weak and transparency for the powerful.)"

16. 브루스 슈나이어, 앞의 책, 187~189쪽.

17. 마르셀 로젠바흐·홀거 슈타르크, 박규호 옮김, 『위키리크스』(21세기북스, 2011), 31쪽.

18. 루크 하딩, 이은경 옮김, 『스노든의 위험한 폭로』(프롬북스, 2014).

19. 로버트 W. 맥체스니, 전규찬 옮김, 『디지털 디스커넥트』(삼천리, 2014), 282쪽.

20. 줄리언 어산지 외, 박세연 옮김, 『사이퍼펑크』(열린책들, 2014), 9~16쪽.

21. 정유경, 「당신이 궁금했던 '국정원 해킹사건' 핵심만 추렸습니다」, 《한겨레》(2015.7.16.), https://goo.gl/QydQra.

1인 가구를 위한 미디어스케이프

1. 사회통계국 인구동향과, 「장래가구추계: 2010년~2035년」(통계청, 2012.4.26).

2. 변미리, 「서울특별시 1인가구 대책 정책연구」(서울특별시의회, 2015), 5쪽.

서울연구원, 『데이터로 그리는 서울』(서울연구원, 2015), 24쪽.

3. OECD, 「한 눈에 보는 연금 2013」(OECD 대한민국 정책센터, 2015.12.1.).

4. 박해천, 『아파트 게임』(휴머니스트, 2013).

5. 30대 이하 청년층의 현 주택 거주 기간은 2년이 채 되지 않는다. 이에 비해 60대 이상 고령층은 평균 11년이다. 서울연구원, 앞의 책, 22쪽.

6. 박완서는 아파트에 사는 중산층의 생활상, 그중에서도 거실의 미디어스케이프를 정교하게 묘사하기로 정평이 난 작가다. 강인숙, 『박완서 소설에 나타난 도시와 모성』(둥지, 1997), 151~155쪽 참고.

7. https://www.microsoft.com/microsoft-hololens/en-us.

8. 가난한 청년의 고시원 2평짜리 방뿐만 아니라 도시의 거리 곳곳에서 데이터는 물리적 건축물의 철근과 콘크리트만큼이나 중요한 요소가 된 지 오래다. 콜린 앨러드, 문희경 옮김, 『공간이 사람을 움직인다』(더퀘스트, 2016), 284쪽.

9. 필립 K 딕, 박중서 옮김, 『안드로이드는 전기양의 꿈을 꾸는가?』(황금가지, 2013), 13~19쪽.

시간을 빼앗긴 사람들

1. 디지털 혁명과 함께 변화된 인지자본주의의 시공간적 특성에 대한 이해는 맛떼오 파스퀴넬리의 『동물혼』(갈무리, 2013)의 분석에서 영향받은 바가 크다. 조너선 크레리는 『24/7 잠의 종말』(문학동네, 2014)에서 오늘날의 시간 체제를 밤낮 없이 돌아가는 시장 체제인 '24/7'로 개념화한다. "모든 종류의 전자적 교류를 위한 기회가 편재하게 됨에 따라, 과거에 기업의 손이 미치지 않는 일상생활이었던 것은 흔적 없이 사라졌다. 주목경제가 개인적인 것과 직업적인 것, 오락과 정보 사이의 분리를 없애버리는 바, 본질적으로, 그리고 불가피하게 24/7인 통신의 필수적 기능성이 모든 것을 압도하는 것이다."(122쪽) 시공간 압축 개념과 포스트/모더니티의 문제에 대해서는 데이비드 하비의 『포스트모더니티의 조건』(한울, 2008)이 파스퀴넬리와 조너선 크레리의 연구를 포함해 후대에 지대한 영향을 끼쳤다.

2. 마크 저커버그 페이스북 최고운영자(CEO)가 2016년 1월 28일(한국 시간) 자신의

페이스북 페이지에 밝힌 내용(https://goo.gl/7nvK5R)에 따르면, 2015년 4/4분기 활동 사용자는 페이스북 월간 활성 이용자는 15억 9000만 명, 페이스북에 연동된 자사 서비스인 와츠앱은 9억 명, 페이스북 메신저 8억 명, 인스타그램 4억 명, 안전 체크 이용자는 9억 5000만 명, 그룹 MAU는 10억 명, 페이지를 통한 스몰 비즈니스 운영은 5000만 명, 인터넷 오알지 이용자는 1900만 명에 달한다고 한다. 2016년 4월 28일에 발표된 2016 1분기 실적은 월간 사용자가 16억 5000만 명으로 더 증가했다.

3. 2015년 12월 14일 페이스북 코리아 기자간담회 자료. 「설립 5주년 페이스북 코리아 "2016년 비즈니스 역량 강화 초점"」, 《부산일보》(2015.12.14.), https://goo.gl/ LVZzkX

4. 4년 전에 공개된 이 영상은 2016년 10월 15일을 기준으로 누적 조회 수가 26억 6146만 6487회를 기록하고 있다.

5. 만프레드 슈퍼처, 김세나 옮김, 『디지털 치매』(북로드, 2013), 122~124쪽.

6. 김홍중, 『마음의 사회학』(문학동네, 2009), 194쪽.

7. 프랑코 베라르디 비포, 앞의 책, 177쪽.

8. 위의 책, 180~181쪽 참고.

9. '일베'로 대표되는 일련의 문제적 인터넷 커뮤니티들은 포르노 콘텐츠를 대량 생산 소비 전파하는 플랫폼이다. 이곳에선 성(性)뿐만 아니라 모든 주제를 포르노화한다. 그렇게 함으로써 이용자들의 사이트 체류 시간을 늘리고 광고 노출 빈도를 높일 수 있다. 인터넷을 매개로 어떤 주제를 두고 진중한 논쟁을 거듭해 성숙한 집단지성을 형성한다는 미담은 옛날 일이 되었다. 그런 인터넷은 더 이상 없다. 일베의 반사회성을 미러링해 비판적인 스탠스를 취하는 쪽조차 일베 코드에 직간접적으로 오염되어 있긴 마찬가지다. 자극을 위해 자극을 추구하는 반사회적 포르노와 그것을 뒤집어놓고 비판하는 포르노라는 흥행 코드 없이도 2010년대 인터넷 커뮤니티는 지속될 수 있을까? 접속을 넘어 결속이 가능한 커뮤니티는 인터넷이 아니라 몸과 몸을 맞댈 수 있는 현실에서 찾아야 한다.

디지털 신자유주의,
구체제의 지옥도

1. 박태근, 「인공지능 알파고 이세돌에 1승 힘입어 AI·로봇 관련주 강세」, 《동아일보》(2016.3.10.), https://goo.gl/JXHUC.

2. 장석권, 「구글 알파고의 '비즈니스 기획력'」, 《디지털타임스》(2016.3.14.), https://goo.gl/ZEENqr.

3. "Algorithm appointed board director," *BBC News*(2014.5.16.), https://goo.gl/n9TsyO.

4. 이와 관련된 '사이보그 금융'에 대해서는 프랭크 파스콸레, 이시은 옮김, 『블랙박스 사회』(안티고네, 2016), 166쪽 참고. '알고리즘 트레이딩'은 같은 책 206~207쪽 참고할 것.

5. 위의 책, 217~220쪽.

6. Nick Dyer Witheford, *Cyber-Proletariat: Global Labour in the Digital Vortex*(Pluto Press, 2015), pp.2~3.

7. 이명박 정부 시절의 규제 완화와 민영화가 어떻게 세월호의 비극으로 연결되었는가를 추적한 작업으로는 우석훈의 『내릴 수 없는 배』(웅진지식하우스, 2014)가 있다.

8. Nick Dyer Witheford, op. cit, p.2 참고.

9. 이상현, 「제네바에서 온 편지: 터키 광산에서 세월호를 만나다」, 《슬로우뉴스》(2014.5.19.), http://slownews.kr/25315.

10. 카를 마르크스, 김수행 옮김, 『자본론 I 상』(비봉출판사, 2015), 310쪽.

11. Harriet Alexander, "Turkey mine explosion: rescuers search for trapped workers as death toll rises further," *The Telegraph*(2014.5.14.), https://goo.gl/ayJDcT.

12. 레이먼드 W. 베이커, 강혜정 옮김, 『자본주의의 아킬레스건』(지식의숲, 2007), 227~228쪽 참고.

13. 빈센트 모스코, 앞의 책, 291~293쪽 참고.

14. 강나리, 「당신의 스마트폰에도 '블러드 콜탄'이 들어있나요?」, *benefit.is*(2014.3.7), https://goo.gl/mzEuvv.

15. 조미현, 「'분쟁광물 시한폭탄' 안은 삼성·LG」, 《한국경제》(2014.1.14), https://

goo.gl/Tsyq8h.

16. 산업통상자원부,『무역장벽보고서』(2014), 5~6쪽.

17. 한국무역협회,「분쟁광물규제 대응센터: EU 규제」참고, https://goo.gl/j9yuWO.

18. Green peace, "Guide to Greener Electronics," https://goo.gl/7SPnpS.

게이미피케이션 사회

1. 이노우에 아키토, 이용택 옮김,『게임경제학』(스펙트럼북스, 2012), 31쪽 참고.

2. Robert Capps, "Q&A: Christopher Nolan on Dreams, Architecture, and Ambiguity," *wired*(2010.11.29), http://goo.gl/10ajMb.

3. 이경혁,『게임, 세상을 보는 또 하나의 창』(로고폴리스, 2016), 309~318쪽 참고.

4. 「더 스탠리 패러블」(2013)은 2011년에 나온 동명의 소스 엔진 모드를 리메이크한 1인칭 탐험 게임이다. 게임의 주인공 '스탠리'는 거대 빌딩에 입점한 회사에서 '직원 427'로 근무하고 있다. 427번 사무실에서 컴퓨터를 통해 내려오는 지령대로 키보드 버튼을 누르는 게 스탠리의 임무였다. 그런데 어느 날 갑자기 아무런 지령도 내려오지 않고, 동료도 사장도 사라져버린다. 스탠리는 그때부터 이 모든 사태의 원인을 찾기 위해 회사를 탐험한다. 개발자 데이비 렌든(Davey Wreden)은《에스컬레이팅 레지스터스(*Escalating Registers*)》와의 인터뷰에서 이 게임을 이렇게 설명했다. "스탠리 패러블은 정말로 말하기 어렵고 게임 플레이로만 설명될 수 있는 어떤 것을 만들기 위해 제작한 게임입니다. 이 게임이 어떤 것이고 어떻게 설명될지는 모르겠지만 이 게임은 다른 포맷으로는 이루어질 수 없는, 게임이라는 방법을 통해 제 생각과 감정을 얼마나 심오하게 전달할 수 있느냐 하는 자기 성찰의 편린이며 게임성(gameness) 자체에 대한 명상입니다." Maurice Grela, "An Interview with Davey Wreden, Developer of 'The Stanley Parable'," *Escalating Registers*(2013.10.18), http://goo.gl/P6q82Y.

5. 불과 200여 년 전인 18세기 말 유럽에서는 독서 유해론이 논문으로 발표되기도 했다. "감기, 두통, 시력 감퇴, 발진, 구토, 관절염, 빈혈, 현기증, 뇌일혈, 폐질환, 소화 장애, 변비, 신경 착란, 간질, 우울증 등을 유발하기 쉽다."는 이유에서였다. 2015년 한국 사회의 게임 유해론과 비교해보기 바란다. 시대를 막론하고 부당한 무지와 편견에 맞서는 일은

외면할 수 없는 지성인의 과제이며, '게임'이라고 예외일 수 없다. Robert Darnton, *The Kiss of Lamourette: Reflections in Cultural History*(New York: W.W. Norton, 1990), pp. 171~172 참고.

디지털 테크놀로지와
문학의 협업

1. Ryan Heuser · Franco Moretti · Erik Steiner, "The Emotions of London", *Pamphlets of the Stanford Literary Lab* 13(2016. 10). 이 자료의 온라인 PDF판은 다음 링크에서 다운받을 수 있다. https://goo.gl/kyrkVu.

2. 신경험주의의 열렬한 옹호자로 알려진 프랑코 모레티는 디지털 인문학 운동에 비판적인 입장을 견지하는 그룹들로부터 '악마적(diabolical)'이라는 원색적인 비난을 받고 있다. 텍스트를 꼼꼼하게 읽는 대신에 숫자나 세고 있다는 오해 때문이다. 모레티는 2013년에 발표한 『원거리 읽기(*Distant Reading*)』를 기점으로 문학 연구의 정량적 분석 방법을 적극적으로 시도하고 있다.

3. 아웃소싱과 크라우드소싱은 외부의 능력을 활용한다는 의미에서 그 경계가 명확하지 않다. 아웃소싱이 소수 전문가의 도움에 중점을 두었다면 크라우드소싱은 외부의 다수 비전문가에게까지 그 영역을 확장한다는 점이 다르다. 아웃소싱은 전문가를 찾아서 활용하는 파레토 법칙에 근거한 경영 방법이고 크라우드소싱은 다수의 참여자와 협력하는 롱테일 현상에 근거한 경영 방법이다. 또 아웃소싱은 결과의 질을 높이기 위한 것이고 크라우드소싱은 결과의 양을 늘리기 위한 것이다. 비용을 제공하고 결과를 받는다는 개념에서 벗어나 지식을 공유하고 상호 광범위하게 협력하는 개념으로 발전된다. 크리스토퍼 버냇, 윤성호·이경환 옮김, 『클라우드 컴퓨팅』(미래의창, 2011) 참고.

4. http://litlab.stanford.edu/projects 참고.

5. http://litlab.stanford.edu.

6. 이 글에서 '마음'이란 지각, 기억, 상상, 감정, 감각, 정동(affect), 개념, 판단, 추리 등의 인지 활동과 이를 의식적·무의식적으로 언어화하려는 기제들을 총칭한다.

7. 말뭉치 또는 코퍼스(corpus, 복수형은 corpora)는 자연언어 연구를 위해 특정한

목적을 가지고 언어의 표본을 추출한 집합이다. 컴퓨터의 발달로 말뭉치 분석이 용이해졌으며 분석의 정확성을 위해 해당 자연언어를 형태소 분석하는 경우가 많다. 확률·통계적 기법과 시계열적인 접근으로 전체를 파악한다. 언어의 빈도와 분포를 확인할 수 있는 자료이며, 현대 언어학 연구에 필수적인 자료이다. 인문학에 자연과학적 방법론이 가장 성공적으로 적용된 경우로 볼 수 있다. 강범구,『언어, 컴퓨터, 코퍼스 언어학』(고려대학교출판부, 2011) 참고.

8. 이식 외,『멀티코어 시대에 꼭 알아야 할 MPI 병렬 프로그래밍』(어드북스(한솜), 2010) 참고.

9. https://litlab.stanford.edu/techne.

10. Franco Moretti · Dominique Pestre, "Bankspeak: The Language of World Bank Reports, 1946-2012", *Pamphlets of the Stanford Literary Lab* 13(2015. 3.), https://goo.gl/iaRnf7.

11. 영문서를 OCR로 인식하는 일은 상용화된 OCR 프로그램 대부분에서 거의 완벽하게 처리된다. 하지만 한글, 한자, 가나 문자는 오자가 상당량 발생한다. 필기체 한글, 세로쓰기 된 옛날 인쇄물, 한자, 한자와 한글이 병기된 문서, 표와 그림, 수식 등의 경우는 인식률이 가장 나쁘다. 식민지기 자료를 비롯해 한자 텍스트가 대부분인 구한말 이전 시대의 텍스트를 디지털화하기가 어려운 이유이기도 하다.

12. 최영철, 「살인적 다단계 하도급에 무너지는 IT 근로자들」,『신동아』 641호(2013년 2월), 236~245쪽 참고.

무엇을 배울 것인가?

1. 루이스 멈포드, 김종달 옮김,『기계의 신화 2: 권력의 펜타곤』(경북대학교출판부, 2013), 245~251쪽. 1964년에 발표한 이 책에서 멈포드는 컴퓨터 기술의 미래는 필연적으로 "자동화된 공정을 묵인하고 순종하는 인간 자동 장치라는 전체 인종을 창출"하게 될 거라고 전망했다. 그로부터 반세기 뒤에 발표된 프랑코 베라르디 비포의『미래 이후』(난장, 2013)는 멈포드의 전망이 임계점을 지난 지 오래되었으며, 오늘날의 인간은 사회적 기대를 재형성하고

미래를 새롭게 생각할 수 있는 능력마저 상실하고 있다고 진단했다.

2. 제이 데이비드 볼터, 김익현 옮김, 『글쓰기의 공간』(커뮤니케이션북스, 2010), 83쪽.

3. 신영복은 『노자』의 상선약수를 예로 들어 '하방연대(下枋連帶)'의 교훈을 다음과 같이 전한 바 있다. "연대는 위로 하는 것이 아닙니다. 그것은 추종이고 영합일 뿐입니다. 연대는 물처럼 낮은 곳과 하는 것입니다. 잠들지 않는 강물이 되어 바다에 이르는 것입니다. 바다를 만들어내는 것입니다." 신영복, 『담론: 신영복의 마지막 강의』(돌베개, 2015).

4. "Gartner Identifies the Top 10 Strategic Technology Trends for 2016," *Gartner*(2015.10.6), http://goo.gl/aB8M0q

5. 칼 마르크스, 김호균 옮김, 『정치경제학 비판 요강 Ⅱ』(그린비, 2000), p.382.

6. 최예나, 「유치원까지 코딩 사교육 열풍… 초등학교엔 전문 교사 없어」, 《동아일보》(2016.9.29). 유오상, 「'코딩=취업'…대학가 '코딩강좌' 과열 양상」, 《헤럴드경제》(2016.8.10).

7. R. L. 러츠키, 김상민·윤원화 옮김, 『하이테크네』(시공사, 2004), 171쪽.

8. 마르틴 하이데거, 이기상 외 옮김, 『강연과 논문』(이학사, 2008), 34~38쪽.

9. 근대 초기 민중들이 앎을 전취하는 역사적 과정과 열정을 살핀 책으로는 천정환의 『대중지성의 시대』(푸른역사, 2008)를 참고할 것.

10. 임태훈, 「협력과 공생을 위한 디지털 인문학」, 《문화/과학》 87호(2016).

11. 미디어 아티스트 후니다 킴, 뉴미디어 교육자이자 오프 하드웨어 해커인 김승범이 주축이 된 프로토룸과 미디어 활동가 송수연, 최빛나로 구성된 언메이크랩은 한국의 자생적 제작자 문화에서 가장 중요한 단체로 손꼽힌다. 이 두 곳은 2015년 8월 29일에 '월드와이드 인터넷 야미이치'의 서울 행사 오거나이저를 맡은 바 있다.

12. 질 들뢰즈, 김상환 옮김, 『차이와 반복』(민음사, 2008), 268쪽.

온몸으로 기계를 이해하기

기계비평

이영준

이영준

미술사 박사이자 사진비평가로 국내에서 처음 기계비평 장르를 개척해
인문학계에 팬덤을 형성했다. 계원예술대학교 아트계열 융합예술과 교수로
재직 중이다. 저서로『기계비평』,『초조한 도시』,『페가서스 10000마일』,
『기계산책자』가 있다.

인간과 기계의 궁극의 각축장,
잠실야구장

　　　오늘날 중요한 일들은 대부분 시스템을 통해서
이루어진다. 한 사람의 결정과 행위로 결과가 나오지 않는 것이다.
운동경기도 마찬가지다. 수많은 사람이 무대 뒤에서 조직적으로
움직여야 한 편의 오페라가 상연되듯이, 운동경기도 수많은 보이지
않는 손들이 움직여야 이루어진다. 기계비평의 관점에서 야구
경기가 이뤄지기 위해 어떤 요소들이 움직여야 하는지 궁금해졌다.
그래서 잠실야구장을 찾아갔다. 기대대로 거기에는 우리가 볼
수 없었던 시설들과 사람들이 있었다. 전광판은 저절로 정보를
보여주는 것이 아니라 진행 상황에 맞춰 미리 잘 짜놓은 프로그램을
차례대로 클릭해야 작동하고, 조명탑은 저절로 켜지는 것이 아니라
전기가 제대로 들어오는지 항상 모니터링 해야 불을 밝힌다. 그 모든
시스템의 오케스트레이션이 야구 경기로 나타나는 것이다.

결코 끊어지는 법이 없는
야구장의 전기

야구장을 하나의 거대한 기계라고 보면 두 가지

투수들이 몸을 푸는 불펜(bull pen). 투우장에서
소가 경기장에 나가기 전에 가둬두는 우리를
닮았다고 해서 불펜이라고 한다.

동력원을 필요로 한다고 볼 수 있다. 하나는 관중의 에너지, 또 하나는 전기다. 야구장에는 항상 흥분 에너지가 넘쳐난다. 심지어 경기가 열리기 몇 시간 전부터 팬들이 모여들기 시작하면 흥분한 분위기가 감지될 정도다. 선수들도 환호하는 관중들 덕분에 힘이 난다. 물론 야구장의 모든 부분이 흥분 에너지로 가득 차 있는 것은 아니다.

야구장은 흥분하는 부분과 흥분하지 않는 부분으로 나뉘어 있다. 흥분하는 부분은 우리가 볼 수 있는 그라운드와 관중석, 더그아웃 등이다. 관중들은 항상 흥분해 있다. 그들이 야구장에 오는 이유는 흥분하기 위해서기 때문이다. 선수들은 때때로 흥분하지만 대체로 흥분하지 않는 편이다. 홈런을 호쾌하게 날리고도 묵묵히 무표정으로 베이스를 도는 타자나 몸을 날려 환상적인 호수비를 해놓고도 내가 언제 뭘 했느냐는 표정으로 다시 자기 자리를 지키는 수비수를 보면 '멘탈 스포츠'라는 야구가 참 냉정하다는 생각이 든다.

한편 야구장에서 흥분하지 않는 부분은 대개 관중석 아래에 있으면서 경기를 이끌고 가지만 우리 눈에는 보이지 않는 시설과 인원이다. 대회 본부, 구단 사무실, 경기 감독관실, 방송실, 응급구조사실, 심판실, 사진기자실이 그것이다. 거기서 일하는 사람들이 기계처럼 잘 움직여주니까 야구가 진행되는 것이다. 반면 진짜로 순수한 기계는 지하에 있다. 전기실이다. 전기실은 잠실야구장에서 제일 깊숙한 지하에 있기 때문에 가장 비밀스러운 시설처럼 보인다. 야구에는 대체 가능한 요소들이 많다. 선수가

3300볼트의 전기를 관리하는 전기실.

컨디션이 안 좋으면 바꾸고, 감독이 퇴장당하면 코치가 대신
지휘하고, 아나운서가 목이 아파서 말을 못 하게 되면 해설자가
대신하기도 한다. 그러나 대체할 수 없는 것이 있으니, 그게 바로
전기다. 전기는 끊어지면 다른 수단으로 대체할 수가 없다. 그래서
전기 시설은 제일 깊숙한 지하에 숨어 있다. 야구장에서 쓰는
전기는 3300볼트의 산업용이다.

　　　전기에서 가장 중요한 점은 끊어지면 안 된다는 것이다.
요즘이야 정전이 아주 드문 일이 됐지만 필자가 어린 시절,
1970년대만 해도 정전이 참 흔했다. 그래서 가정마다 비상용으로
양초를 구비해뒀다. 야구장에서 전기가 나가는 일이 위중한

수술실에서 정전이 되는 일처럼 사람이 죽고 사는 문제는 아니다. 그러나 야구 경기는 수많은 사람의 관심이 쏠린 일이기 때문에 전기가 나가는 일이 있어서는 안 된다. 잠실야구장은 2013년 4월 경기 도중 정전이 된 후로 정전 대비가 철저히 돼 있다. '플라이휠 UPS(Flywheel UPS)'라는 간판이 붙은 방이 그 핵심이다. UPS란 uninterruptible power supply의 약자로, 우리말로 하면 비상전원장치 정도가 되겠다. 플라이휠 비상전원장치는 고속으로 회전하는 플라이휠의 운동에너지를 이용하여 만일의 사태에 전력을 공급하는 장치다. 원리는 이렇다. 플라이휠은 평소에 전원을 공급받아 항상 돌고 있다. 잠실야구장의 거대한 플라이휠 UPS도 계속해서 윙윙 소리를 내며 돌고 있었다. 그러다 갑자기 전원이 나가도 플라이휠은 관성력 때문에 여전히 돈다. 그때 플라이휠에 연결된 발전기가 작동하여 전원을 공급한다.

정전에 대비한 비상전원장치인 플라이휠 UPS.

기계와 사람 사이의 긴장이
만들어내는 마력의 공간

야구장에서 제일 전기를 많이 소모하는 것은 조명이다.
대부분의 프로야구 경기가 평일 저녁 6시 30분에 시작되기 때문에
조명은 필수다. 잠실야구장에는 1498개의 메탈 할라이드 등이 있고
각 등의 전력소비량은 1500와트다. 다 곱하면 2247킬로와트가
된다. 50와트 형광등을 4만 4500개 켤 수 있는 전력이다. 4월 초에
시작된 정규 리그가 끝나고 마지막 남은 팀들이 결승전을 벌이는
이른바 '가을야구' 때가 되면 잠실야구장의 환한 조명은 불나방을
부르는 불꽃처럼 빛난다. 조명을 받은 공은 우주 공간에 떠 있는
행성처럼 희게 빛나기 때문에 눈에 잘 띄고, 잠실야구장을 덮고
있는 켄터키 블루그래스 잔디는 밤에 색이 더 짙어지기 때문에
공이 더 잘 보인다. 선수가 던지는 밤의 야구공은 광선검처럼
일직선으로 꽂힌다. 거기서 야구 선수의 근육과 유연성과 판단력이
혼합된 아름다움을 볼 수 있다.

경기를 진행하는 데 전기만 필요한 것은 아니다.
전기는 모든 것을 움직이는 힘의 원천이지만 그 힘을 조절하는
것은 정보다. 야구장의 종합정보센터는 방송실이라 할 수 있다.
야구장에서 선수들 다음으로 관중들의 이목이 집중된 곳이
전광판일 텐데, 거기 뜨는 정보를 조정하는 것이 방송실의
컴퓨터다. 방송실의 컴퓨터에는 전광판에 표시할 온갖 메뉴들이
빼곡히 들어 있다. 선수들의 이름은 기본이고 중간중간 틀어줄

전광판에 띄울 화면이 준비돼 있다. 창문 너머 한 선수가 연습하는 모습이 보인다.

방송실 컴퓨터에 전광판에 띄워야 할 정보들이 나타나 있다.

음악의 제목, '홈런'이나 '합의판정 중' 같은 경기 진행에 관련된
문구에서부터 '파울볼 주의', '소지품 제한' 같은 주의사항까지
온갖 자잘한 정보들이 표시돼 있다. 상황에 맞게 그 정보들을
디스플레이해줘야 한다. 이런 정보는 경기의 중요한 일부분이며
재미도 하다. 관중들이 전광판에 바뀐 투수 이름을 보고
환호하기도 하기 때문이다.

　　　야구는 데이터의 스포츠라고 한다. 타율이 얼마고
방어율이 얼마고 하는 기본적인 수치 외에도 OPS(출루율과 장타율을
더한 수치)니 WHIP(이닝당 출루 허용률)이니 하는 복잡한 수치들이
등장하면서, 그런 수치를 따지는 것도 야구를 보는 재미의 일부가
되어가고 있다. 타자의 출루율만 놓고 봐도 주자가 있을 때와

없을 때, 역전 주자가 있을 때와 없을 때, 특정 투수를 상대로 한 출루율 등 조합하기에 따라서는 무한대의 데이터가 나올 수 있는 스포츠가 야구다. 그런데 더그아웃에는 전자기기를 가지고 들어갈 수 없게 돼 있다. 핸드폰, 노트북 컴퓨터, PDA 단말기 다 안 된다. 만일 더그아웃에 앉아 있는 감독이 PDA 단말기를 보면서 데이터에만 의존하여 경기를 지휘한다면 재미가 없을 것이다. 결단과 용기, 분노와 환희 등 데이터화할 수 없는 요인들이 감독의 인간적 매력이자 경기를 이끌고 나가는 힘이니 말이다.

기계에 점령당한 신체를
되찾으려는 욕망

그러고 보면 야구라는 일은 인간과 데이터, 혹은 기계와의 힘겨루기이기도 하다. 몇 해 전부터 심판의 오심이 문제가 되면서 비디오 화면에 의존할 것인가 말 것인가로 논란이 있었다. 비디오 화면에 의존하면 심판의 권위는 땅에 떨어질 것이라는 우려가 컸다. 그래서 심판의 권위도 떨어뜨리지 않고 오심에 대한 논란도 줄이기 위해 2013년부터 비디오 화면을 이용한 합의판정이라는 제도가 쓰이고 있다. 감독이 합의판정을 요청하면 심판실에 있는 중계 화면을 보며 판단한다. 흥미로운 점은 합의판정을 위한 영상은 방송 화면을 그대로 쓴다는 것이다. 그 덕에 방송사는 합의판정이 있을 때마다 긴장한다. 결정적이고 중요한 그 순간의 영상이 없거나 잘못 잡아서 판정에 도움이 안 될까 봐 진땀이 나는 것이다. 하지만 울트라 슈퍼슬로우 카메라 세 대, 슈퍼슬로우 카메라가 한 대 배치돼 있어서 어떤 것도 놓치지 않는 매의 눈처럼 영상을 잡아내는 덕분에 합의판정이 가능하다. 이 고성능 카메라들은 넓은 야구장 곳곳에서 벌어지는 일을 외과의사처럼 정밀하게 들여다보며 미세한 동작을 잡아낸다.

　　　이걸 보면 기계와 사람의 싸움에서 기계가 승리한 듯이 보인다. 하지만 야구는 결국 사람이 하는 것이다. 어느 투수의 구속이 시속 156킬로미터로 전광판에 찍혔을 때 관중들은 흥분했다. 하지만 그 투수는 제구력이 안 좋아 2군으로 내려갔다. 선수에게는 공으로 156이라는 숫자를 만들어내는 것이 중요한 것이 아니라 인간인 타자를 상대하여 이기는 것이 더 중요했던 것이다. 물리적인 능력에서 인간과 기계의 대결은 1776년 증기기관이 발명됐을 때 이미 판가름났다. 작은 연필깎이든 막강한 제트 엔진이든 기계는 모두 인간보다 능력이 뛰어나기 때문이다. 기계문명이 인간의 역할을 많이 대체해버린 요즘도 여전히 근육을 써서 땀 흘리며 하는 운동이 인기 있는 이유는 기계에 의해 점령당한 신체를 되찾으려는 욕구가 아닐까? 야구 선수의 궁극적인 상대는 기계인지도 모른다.

수술실,
인간이 기계로 환생하는 방

　　　　수술은 사람을 기계로 취급한다. 그 사람의 감정, 취향, 사상, 인간 됨됨이 등은 필요 없고 오로지 맥박, 혈압 등 기계적인 데이터만 필요로 한다. 그리고 기계의 부속을 분해하여 갈아 끼우듯이 신체의 부분들을 해체하여 갈아 끼우고 맞지 않는 부분은 깎아서 맞추기도 한다. 사실 인간과 자동차는 닮은 점이 참 많다. 둘 다 뼈대와 근육과 껍질과 심장과 신경과 호흡기와 체액이 있다. 사람에게 혈액과 림프액, 타액, 눈물 등 다양한 체액이 있듯이 자동차에도 연료, 윤활유, 엔진 냉각용 부동액, 변속기 오일, 파워 스티어링 액, 유리창 청소제 등의 체액이 있고 각 체액은 역할이 다 다르다. 자동차 사고로 부동액이 길바닥에 흘러내린 것을 보면 출혈이 생각난다. 사람에게 호흡기가 있어서 겨울에 찬 공기를 갑자기 들이마시면 기침을 하듯이, 자동차 엔진에도 갑자기 찬 공기가 들어가면 시동이 꺼질 때도 있다. 사람이 노쇠하면 관절이 삐걱거리듯이 자동차의 관절인 쇼크 업소버도 낡으면 삐거덕거리며 둔덕 넘기를 힘들어한다. 사람의 수술도 마찬가지다. 엑스레이나 MRI, CT 등의 영상을 통하여 진단하여 문제가 되는 부위를 찾은 후 잘라내거나 대체하거나 깎아 맞춘다. 자동차 엔진을 고칠 때 엔진을 조절해주는 ECU(engine control unit)에 검사기를 연결하여

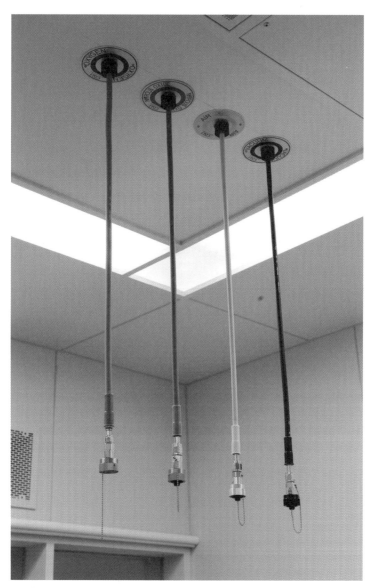

천장에서 산소, 질소 등이 내려오는 호스는
영락없는 카센터를 연상시킨다. 수술실은 인간의
몸이 기계처럼 취급되는 곳이다.

엔진의 상태를 보듯이, 수술받는 사람의 심전도, 혈압, 맥박 등의 상태도 전자기기를 통하여 모니터링 한다. 수술실에는 카센터에 있는 것과 대단히 흡사한 장비가 있다. 천장에서 산소, 마취제로 쓰는 아산화질소, 공기를 공급하는 호스들이 줄줄 내려와 있는 모습이 카센터에 있는 윤활유, 부동액 호스를 꼭 닮았다. 겉보기에 수술실과 카센터의 차이라면 전자는 위생이 아주 중요한 반면 후자는 덜 중요하고, 수술을 할 수 있는 사람은 고도의 훈련을 받은 의사인 반면 카센터에는 수리공이 있다는 점 정도다.

기계론적 신체관이 완성되는 곳

하지만 수술실과 카센터의 차이는 좀 더 심오한 데 있다. 수술실은 극단적인 배제의 공간이다. 거기는 해로운 박테리아나 바이러스가 들어오면 안 되는 곳이다. 물론 사람도 의사, 간호사, 환자 외에는 들어올 수 없는 곳이다. 아마도 근대가 만들어놓은 배제의 시스템이 가장 과학적으로 작용하는 곳이 수술실일 것이다. 엄격한 배제로 인해 수술실에는 경건한 분위기가 가득 들어차 있다. 수술하는 장면은 흡사 절의 가장 깊숙한 곳에 모셔진 부처님 진신사리를 꺼내오듯이 엄숙한 종교적인 분위기마저 풍긴다. 그런 분위기 속에서 여러 기계들, 그리고 기계만큼이나 정교하고 주의 깊은 사람의 손놀림과 판단력이 결합하여 수술이 이루어진다. 한마디로 서양철학이 계몽기 이후로 발전시켜온 기계론적 신체관의 궁극의 완성이라고 할 수 있다. 사람 몸을 철저하게 기계로 취급하여 고장 난 곳은 갈아 끼우고, 막힌 곳은 뚫어주니 말이다.

영어에 surgical precision이라는 표현이 있다. 번역하자면 '외과의사적 정밀성'이다. 외과의사가 수술을 할 때 그만큼 정밀하게 한다는 뜻이기도 하다. 한편 외과의사는 정밀할 뿐 아니라 정확하기도 해야 한다. 원래 precision이라는 단어에 정확하다는 뜻은 없다. 정확은 accurate다. 그런데 외과의사에 대해 말할 때는 정확성이라는 의미가 추가된다. 외과의사가 조치를 정확하게 하지 않으면 탈이 날 수 있기 때문이다. 혈관은 정확히 묶어줘야 하고, 안 좋은 부분은 정확히 절제해내야 한다. 정확성의 핵심은 사람의 목숨이다. 동양의학에서는 인간의 신체 부위들이 유기적으로 연결돼 있는 것으로 본다. 예를 들어 폐와 대장은 연결돼 있으므로 폐가 안 좋아서 찬 공기를 쐬면 기침을 하는 경우에는 장을 덥게 해주라고 한다. 그렇지만 기계론적 신체관에 의존하고 있는 서양의학에서 그런 고려는 없다. 폐는 공기 중의 산소를 혈액 안의 적혈구로 옮겨주는 장치일 뿐이다. 폐에 연결된 혈관들을 잘라내고 나면 자동차 정비업체에서 갈아 끼우는 기계부속일 뿐이다. 장기 이식이 그런 식으로 이루어진다.

그런데 수술실과 카센터를 비교하다 보면 한 가지 고민이 생긴다. 카센터에 가면 정비공이 고치라고 하는 것을 과연 다 고쳐야 할까 고민과 의심이 되는 순간이 있다. 같은 문제를 가지고 여러 카센터를 돌아보면 진단이 다 다른 경우도 있다.

병원도 같은 증상에 대해 진단이 다른 경우가 있다. 어떤 사람은 이가 아파서 두 곳의 다른 치과에 갔는데 각 치과에서 썩었다고 진단한 이가 다 달랐다고 한다. 도대체 둘 중 어디가 맞는 것일까? 영국의 시인 알렉산더 포프(Alexander Pope)는 "인간은 실수를 하고 신은 그것을 용서한다.(To err is human; to forgive, divine.)"고 했다. 좀 더 정확히 번역하면 "잘못을 저지르는 것은 인간적인 일이고 용서하는 것은 신적인 일이다."가 될 것이다. 인간은 본래 잘못을 저지르는 존재라는 것이다. 산업혁명 이후로 기계가 대지를 지배해온 중요한 이유 중의 하나가 인간의 실수를 배제하기 위해서다. 그리고 실제로 요즘의 산업현장에는 인간이 많이 배제돼 있다. 기껏해야 실수나 하는 존재는 필요가 없는 것이다. 그렇다면 실수를 할 수밖에 없는 존재인 인간은 기계가 지배하는 세상에 바이러스 같은 존재인가?

비밀의 언어로 이루어진 비밀의 방

의학의 역사는 실수와 실패로 점철돼 있다. 세계 최초로 심장 이식 수술에 성공한 크리스티안 바너드(Christiaan Barnard)가 겪은 비참한 실패담은 의학의 발전이 어떤 대가 위에 이루어졌는지 잘 보여준다. 1950년대에서 1960년대 사이 어느 날, 바너드는 일곱 살 난 아이의 심장을 수술하면서 보조 의사에게 하대정맥 부근의 작은 조직을 잘라내라는 지시를 한다. 그런데 조직을 잘라내다가 심장에 구멍을 내는 바람에 피는 걷잡을 수 없이 흘러나오고

심장은 온통 피범벅이 되어 어떤 조치도 할 수 없게 됐다. 심장
수술의 권위자 월턴 릴러하이(Walton Lillehei)가 와서 마무리하려
했지만 그도 손쓰지 못했다. 소년의 생명은 인공심폐기에 연결돼
유지되고 있었지만 장치를 떼자 숨을 거두고 말았다. 의사들이
패닉에 빠져 이리 뛰고 저리 뛰는 모든 장면을 소년의 아버지는
위에서 내려다보고 있었다.[1] 심장 수술의 역사에는 이런 비참한
실수와 실패가 많이 있었다. 새로운 심장 수술 방법이 나올
때마다 많은 수의 환자들이 수술 실패로 죽었다. 그러나 불굴의
의지로 문제들을 해결하여 이제는 복잡하고 까다로운 수술 끝에
많은 사람의 목숨을 살릴 수 있게 됐다. 수술에서 실수와 실패는
극복돼야 할 어떤 것이지만, 더 나은 단계로 나아가기 위한 필수
단계라고도 할 수 있다. 환자가 죽는 것을 두려워해서 새로운
수술을 시도하지 않았다면 환자는 여전히 같은 병으로 죽었을
것이고 의학의 발전은 없었을 것이다. 죽음을 눈앞에 둔 제로섬
게임에서는 실수와 실패를 택하는 것이 그나마 해결책을 찾는
최선책, 혹은 차선책이 될 수 있다.

　　　　수술실에서 인간은 불완전하지만 완전을 향해 끊임없이
성찰하며 노력하는 존재다. 그런 인간 앞에 온갖 기계들이 잔뜩
놓여 있다. 그것들을 크게 분류하자면 생명 유지 장치, 가공
처리 장치, 보는 장치로 나눠볼 수 있을 것이다. 실제로 의학에서
그렇게 나누는지는 모르겠고 나 같은 외부인이 봤을 때 그렇게
나눌 수 있다는 것이다. 생명 유지 장치 중 제일 중요한 것이
마취 장치다. 수술은 마취에서 시작해서 마취로 끝난다. 그것은

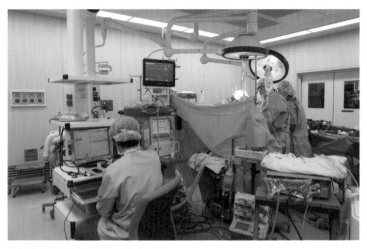

수술하는 동안 왼쪽에 앉아 있는 마취과 의사가
환자의 상태를 계속 주시하고 있다.

잠과 죽음 사이의 상태에 인간을 놓는 정교한 서커스라고 할
수 있다. 드래거 프리무스(Dräger Primus)는 마취되어 정신을 놓은
사람의 호흡과 생명을 대신 유지해주는 중요한 장치다. 이 장치는
인공생명 그 자체라고 해도 과언이 아닐 것이다. 매끈하게 생긴
기계는 아니고 여러 가지 모듈들을 쌓아놓은 모양새가 마치 탑같이
생겼다. 위쪽의 모니터에는 엑스선 사진이 나타나고 그 아래의
모니터에는 환자의 심전도와 혈압, 맥박 등이 표시된다. 두 개의
눈을 가진 거인 같은 모습이다. 위에 얼굴이 달려서 자신의 상태를
표정으로 나타내주고 아래에는 몸통이 달려 실제 반응을 보이는
인간의 몸을 어느 정도 닮아 있는 장치이기도 하다. 그리 멋있게
생긴 장비는 아니지만 사람의 생명을 책임져주는 장치라고 하니

괜히 숙연한 마음이 된다. 마취는 주사로 시작한 다음 가스로 지속시킨다. 사실 주사로 넣는 것은 마취제가 아니라 마취를 유도하기 위한 수면제다. 환자가 살짝 잠이 들면 산소와 섞인 아산화질소가 호흡기를 통해 들어가 마취 상태를 유지해준다. 이때 드래거 프리무스가 혈압, 맥박 등 환자의 몸 상태에 대한 데이터를 제공하고 적절한 농도의 마취약을 계속 넣어준다. 신통하고 고마운 기계. 생명 유지 장치가 작동하려면 전원과 산소, 공기, 마취제로 쓰이는 아산화질소와 환자가 내뱉는 체액들을 빨아낼 진공이 공급돼야 한다. 그런 것들을 공급하는 호스가 천장에서 내려와 있기 때문에 수술실이 카센터와 비슷하게 보였던 것이다.

　　　1847년 클로로포름이 발명되기 전의 수술은 그냥 자르고 째는 것이었다. 고통에 몸부림치는 환자를 제압하기 위해 너댓 명의 보조자가 있어야 했고, 비명과 몸부림 속에 수술을 끝내면 의사도 트라우마에 빠질 지경이었다고 한다.[2] 대개는 죽기 직전, 아주 심각한 상태에 있는 사람만 수술을 받았다. 물론 통증과 감염으로 인한 사망률은 아주 높았다. 요즘 수술에서 마취와 위생은 기본인데 옛날에는 왜 그런 것도 갖추지 않은 채 무모한 수술을 했던 것일까? 시간을 미래로 옮겨보자. 오늘날의 수술 도구들을 본 200년 후의 인간들은 혀를 끌끌 찰 것이다. "옛날에는 어떻게 살에 바늘을 찔러서 약을 넣었다지? 정말 원시적이었군."이라고 하거나, "피를 뽑다가 병에 넣어서 보관한 다음 수혈했다고? 무슨 선지해장국집도 아니고 말이야. 혈관 속에 혈액 생성 마이크로 칩만 넣어주면 피는 알아서 새로 만들어질

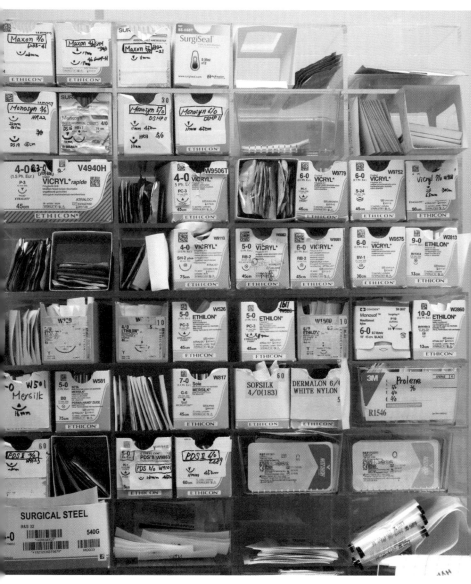

각종 봉합사들. 소재로는 나일론이 가장 생체반응이
적어서 좋다고 한다.

텐데, 쯧쯧." 할지도 모른다. 마찬가지로 오늘날의 인간이 200년 전의 수술 풍경을 보고 놀라는 것도 당연하다. 다만 과학의 패러다임이 계속 발전하고 바뀌고 있는 만큼 옛날에 과학이었던 것이 지금은 과학이 아니고, 지금의 첨단 과학이 미래에는 구닥다리 과학 혹은 틀린 과학이 될 수 있음을 잊지 말아야겠다.

　　　가공 처리 장치는 환부를 절개하고 봉합하는 각종 도구들, 즉 수술칼, 환부를 전기로 태워서 출혈을 막는 전기수술기, 봉합사로 구성돼 있다. 오늘날 수술실에서 쓰는 장치들이 죄다 첨단으로 보이지만 사실 역사적인 연원이 생각보다 긴 것들도 있다. 전기수술기가 그런 예다. 상처를 태워서 수술하거나 출혈을 막는 소작술은 꽤 옛날부터 사용되던 방법이다. 요즘의 소작술이 정밀한 기기를 사용하여 태워야 할 부분만 태워 상처를 치료하고 출혈을 막는 것이라면, 옛날의 소작술은 사람을 잡는 일이었다. 옛날에 행해진 소작술에 대한 서술을 보면 한마디로 끔찍할 뿐이다. "이 소작술은 뻘겋게 달군 인두나 녹인 금속, 또는 끓는 기름으로 상처 부위를 태우는 방법이었다. 전장이나 기타 응급한 상황에서는 상처 부위에 끓는 기름을 부었고, 커다란 인두를 달구어 그 위에 올려놓았다. 이런 치료법은 너무 과격해서 이미 부상을 당하면서 큰 충격을 받은 환자들이 다시 소작술의 충격을 받으며 사망하는 일이 빈번히 발생했다. [……] 소작기법은 히포크라테스 시대부터 종양을 치료하는 데도 사용됐다. 소작술은 군인들이나 선원들에게는 부상 그 자체보다도 더 끔찍한 악몽과도 같았다. 이런 충격적인 치료법은 프랑스 출신의 위대한 의사 앙브루아즈

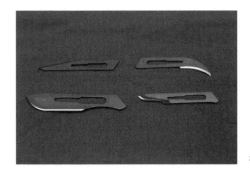

각종 수술용 칼날들.

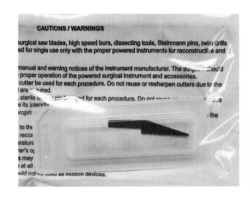

성형외과에서 쓰는
왕복톱(reciprocating saw).
목공소의 톱과 용도가 비슷하다.
성형외과에서는 광대축소술에 주로
쓴다. 두개골을 반으로 나눌 때도
쓴다.

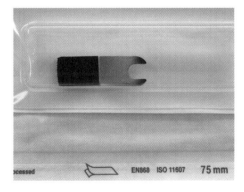

절개 부위에서 깊은 곳을 절골할
때 쓰는 진동톱(oscillating saw).
턱뼈를 깎을 때(하악각) 주로
쓴다. 톱날의 용도가 딱히 정해져
있다기보다는 수술 분야나 방향에
따라, 그리고 수술자의 선호도에
따라 다양하게 쓰인다.

파레가 보다 완화된 방법을 개발함으로써 유럽에서 마침내 자취를 감추게 됐다."[3]

수술실의 한쪽 벽에는 수술에 쓸 도구들을 소독된 천으로 싼 패키지가 차곡차곡 정리돼 있다. 수술마다 필요한 도구들이 다르기 때문에 미리 다 포장을 해놨다가 풀어서 쓰는 것이다. 'Two Jaw*3', 'Palate Fiberoptic Ret', 'Biosorb S&P' 등 알 수 없는 암호들이 잔뜩 쓰여 있다. 어느 분야든 그 안에서만 통용되는 은어들이 있다. 의학에서 쓰이는 은어는 일반인은 알 수도 없는 비밀의 언어다. 수술이 비밀의 방에서 이루어지는 만큼 용어들도 비밀투성이다.

갤러리처럼 보고 공장처럼 고친다

수술실에서 가장 돋보이는 부분은 보는 장치들이 참 많다는 것이다. 옛날에는 수술실을 극장으로 불렀다. 그도 그럴 것이, 명의가 수술하면 다른 의사들이나 제자들이 와서 다 구경했기 때문이다. 의학의 역사는 그런 광경을 서술하고 있다. "인공심폐기, 즉 펌프는 정말로 수술실(operation theater)을 극장으로, 일대 장관으로 만들어놓았다. 칸막이 창 뒤에 앉아 수술대 위의 드라마를 지켜봤던 이들도 기번의 뒤를 열심히 따랐다. 그들은 왜 그렇게 흥분했을까? 어떤 의사도 그전까지는 살아 있는 심장의 내부를 들여다본 적이 없었기 때문이다. [……] 이 드라마는 말

그대로 수술대 위에서 일어나는 생사의 투쟁이었다."**4**(일부 어색한 번역은 인용자가 수정)

　　의사가 하는 일을 한마디로 줄이면 '보는 일'이라고 할 수 있다. 의사가 환자를 진찰하고 진단을 내려서 병을 낫게 해주는 것을 우리는 줄여서 '의사가 환자를 본다.'고 말한다. 그는 진찰(診察)하고 관찰(觀察)한다. 그의 일과 행동에는 '살필 찰(察)'이 항상 따라다닌다. 혹시 실수가 생기면 "본인의 불찰입니다."라고 말한다. 제대로 살피지 못했다는 얘기다. 하지만 의사뿐 아니라 요즘 전문직은 보는 것을 육안에만 의지하지 않는다. 그는 다양한 장치를 필요로 한다. 가시광선만 아니라 엑스선, MRI, CT, 초음파 등 사물의 윤곽을 들여다볼 수 있는 다양한 스펙트럼의 소스들을 쓴다. 의사의 보는 범위는 해당 수술실 너머로까지 미치기도 한다. 수술은 때로는 중계되기도 한다. 라이브 서저리(live surgery)는 의사가 수술하는 장면을 비디오카메라로 찍어서 옆방에서 실시간으로 보는 수술이다. 영화 촬영할 때 쓰는, 카메라를 지탱해주는 거대한 강철 팔인 지미 집이 수술실에 들어와 있기도 하다.

　　하지만 오늘날의 수술실은 극장보다는 실험실을 더 닮았다. 스펙터클은 모두를 위해서가 아니라 의사에게만 제공된다. 수술이 의사의 손끝에 달린 만큼, 수술할 부분을 집중적으로 봐야 하는 사람은 의사지 수술실 안의 모든 사람은 아니기 때문이다. 마취과 의사는 줄곧 환자 옆에서 상태를 체크하고 있지만 그가 관심 있는 것은 수술 부위가 아니라 호흡, 맥박 등의 바이탈 사인 같은 추상적인, 그러나 생명에 직결되는 것들이다.

수술하는 의사에게 필요한 시선은 시계 수리공같이 미세한 곳에
집중하는 시선이다. 세브란스병원 성형외과 수술실에는 미세한
수술을 위해 독일의 광학회사 카를 자이스가 만든 현미경인
자이스 OPMI 바리오(Zeiss OPMI Vario)가 쓰이고 있었다. 양손으로
그립을 잡고 조종할 수 있는 이 현미경의 배율은 6배로, 실험용이
아니기 때문에 고배율은 아니다. 주광색(daylight) 광원을 제공하는
크세논램프가 달린 이 현미경의 특징은 무게가 225킬로그램이나
나가는 몸체를 의사가 핸드그립에 달린 스위치만 누르면 가볍게
조절할 수 있다는 점이다. 영화 「에일리언」에서 시거니 위버가 타고
조작하는 로봇과 비슷한 구조다. 유압을 통하여 손끝의 미세한
움직임을 기계에 전달하여 쉽게 조절할 수 있게 해주는 장치다.
이런 유압장치는 산업 현장에서 매우 흔하게 볼 수 있다.

　　　　의사는 환부를 더 잘 들여다보기 위해 머리에

카를 자이스가 만든 수술용 현미경. 양손으로 스위치를
잡고 조작하면 무거운 현미경을 가볍게 미세 조절할 수
있다. 왼쪽에는 촬영용 디지털 카메라가 달려 있다.

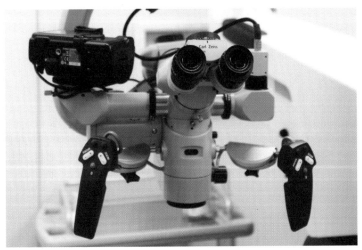

헤드램프를 쓰고 있다. 헤드램프를 쓴 모습은 광부나 등산가를
닮았다. 의사가 광부와 닮은 점은 땅속에 있는 광물을 캐듯 환자의
몸 깊은 곳에 숨어 있는 환부를 찾아 도려내야 한다는 점이다.
목표에 이르기 위해 극한의 어려움도 이겨내야 한다는 점은
등산가를 닮았다. 의사, 광부, 등산가는 모두 자신의 목표를 이루기
위해 남들은 가지 않는 곳에서 남들이 알 수 없는 고통을 견딘다.

　　　이 모든 것을 비춰주는 수술실의 태양은 무영등(無影燈,
astral lamp)이다. 본래 astral이란 말은 '별 모양의', '별로
이루어진'이라는 뜻이다. 마치 여러 개의 별이 하나의 대상을
비추듯 그림자가 생기지 않게 하는 등이란 뜻이다. 실제로 본
무영등은 그림자를 완벽하게 없애주지는 않았다. 하지만 여러
각도에서 온 빛은 환부를 정확하게 봐야 하는 수술의 목적에
맞도록 밝게 비추고 있었다.　이런 장치들로 하여, 수술실은

의사가 쓰는 헤드램프의 불빛은 이곳에서 나와서
광섬유를 따라 전달된다.

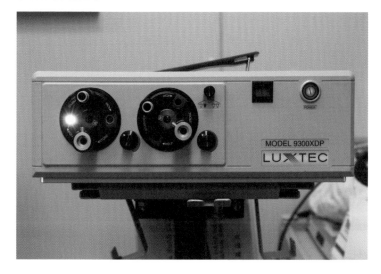

영어로는 'astral lamp'라는 멋진 이름을 가진 무영등.

갤러리와 공장을 합쳐놓은 장소라고 할 수 있다. 거기에 극한의 청정이 더해진 곳이 수술실이다. 그런데 계속 새로운 첨단 의료기기들이 쏟아져 나오는데 그 안전과 효능은 누가 책임지는 것일까? 의약품과 의료기기는 식품의약품안전처의 승인을 받아야 쓸 수 있다. 홈페이지(www.mfds.go.kr)에 가면 각종 의료기구의 정보를 볼 수 있다.

마침 방문한 성형외과 수술실 옆방에서는 뇌사자의 장기를 다른 사람에게 이식하기 위한 수술이 한창이었다. 생전 처음 보는 수술 장면은 숭고했다. 의사들은 땅속 깊숙이 숨겨진 보물을 꺼내듯 대단히 신중했다. 신중한 절개 끝에 몸속 깊숙이 파묻힌 채 평생 빛을 보지 못하던 장기가 드러났다. 장기들은 밝은 무영등 아래 비밀스러운 빛을 발하는 보석처럼 빛나고 있었다.

장기는 정말로 소중한 보물이었다. 뇌사자의 몸에서 꺼낸 심장, 간, 허파, 콩팥, 소장 등의 장기는 수많은 사람의 목숨을 살릴 수 있기 때문이었다. 장기에 붙은 모든 혈관을 잘라서 봉합하고 모든 장기에 대한 박리(혈관을 끊어서 묶어주는 것)가 끝나면 수술실 바깥에 대기하고 있던 아이스박스에 담겨 장기들을 필요로 하는 곳들로 보내진다. 심장은 아산병원, 간은 성모병원, 콩팥은 삼성병원 하는 식으로 앰뷸런스에 실려 이동한다. 몸 바깥으로 꺼낸 장기는 되도록 빨리 이식해야 한다. 얼마나 빨리해야 할까? 장기를 보관할 수 있는 시간을 '이스케이프 타임'이라고 한다. 우리말로 '탈출 시간' 정도 되겠다. 장기의 이스케이프 타임은 두 시간 정도다. 그전에 빨리 다른 사람의 몸속으로 들어가 안착해야 한다. 신촌에 있는 세브란스병원에서 풍납동에 있는 아산병원으로 보낼 경우, 만일 강변북로가 막히면 두 시간이 아슬아슬하다. 그러므로 앰뷸런스가 보이면 무조건 비켜줘야 한다. 요란한 경적과 불빛을 내는 앰뷸런스 안에는 위급한 환자가 타고 있는 경우도 있지만 1초라도 빨리 누군가에게 이식되어 생명을 살릴 장기가 실려 있는 경우도 있다.

인간의 신체는 더 이상
단순해질 수 없는 기계

사람의 장기를 다 꺼내서 여기저기 보내는 장면을 보면

뇌사자의 장기를 이식하는 수술실 바깥. 장기를
담아갈 아이스박스들이 기다리고 있다.

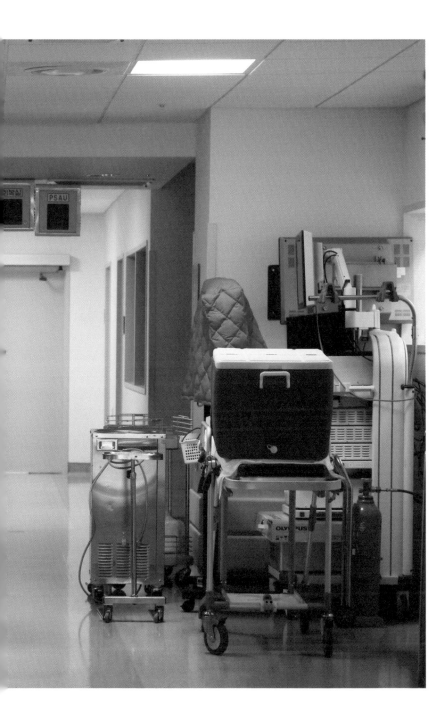

인간의 신체는 철저히 기계가 된 것처럼 보인다. 그렇다면 수술은 얼마나 기계에 의존하는 일일까? 미세한 수술은 현미경을 보지 않으면 아예 불가능하기 때문에 기계에 대한 의존도가 높다고 할 수 있다. 하지만 수술은 궁극적으로 인간의 섬세한 능력을 필요로 하는 분야다.

수술실에서 기계와 인간의 관계는 항공기 조립과 비교할 수 있을 것이다. 항공기는 형상이 복잡하고 까다로워서 생산라인에서 찍어내듯이 일괄 공정으로 만들어낼 수 없다. 일일이 인간의 손으로 조립하고 검사해야 한다. 항공기가 아무리 첨단화되어도 그런 사실은 변하지 않을 것이다. 아무리 세월이 흘러도 항공기에는 주날개가 있어야 하고, 동체 끝에는 수평꼬리날개와 수직꼬리날개가 있어야 하며, 어딘가에는 엔진이 붙어야 한다는 사실은 변하지 않는다. 날개는 미묘한 각도와 곡선을 이루며 동체에 붙어야 한다. 항공기는 근본적으로 공기역학적인 기계이면서 그 자체로 공기역학적인 현상이기 때문에 결코 단순화할 수 없는 장치이므로 항공기 조립은 기계적으로 단순화할 수 없고 일일이 사람 손으로 해야 하는 일이다.

수술실에서 의사의 역할도 마찬가지다. 요즘은 로봇의 힘을 빌려 수술하기도 하지만 그 로봇 역시 인간이 조종해야 한다. 그 인간은 손끝이 대단히 발달한, 숙련된 의사다. 프랑스의 의사 알렉시 카렐(Alexis Carrel)은 정교한 봉합술을 익히기 위해 처음에는 어머니에게 바느질을 배우고, 이어 리옹 최고의 자수 전문가 마담 르로이디어를 찾아가 자수를 배웠다고 한다. 오늘날 미세한 혈관을 봉합하는 수술은 그 덕분에 발전할 수 있었다.

사람의 신체가 지금보다 단순해지고 모든 신체가 규격화되지 않는 이상 수술은 자동화하기 어렵다. 인간의 신체는 더 이상 단순해질 수 없는 기계다. 따라서 아무리 첨단 의료기계가 발달한다 해도 수술은 철저히 사람의 손과 판단력으로 해야 하는 일이다. 수술실에서 온갖 기계들과 기계만큼 정교하고 정확하게 움직이는 사람들을 보면서 생명을 다루는 의학이야말로 숭고한 과학이라는 생각이 들었다.

수술실, 인간이 기계로 환생하는 방

지하철역, 21세기 도시인의
생활 리듬을 책임지는 곳

지하철 4호선 이수역. 많은 사람이 바쁘게 오가는 평범한 공간이다. 지하철역에는 많은 설비가 있고 그것을 조작하고 관리하는 많은 사람의 피땀 어린 노고가 있지만 이용객 중 누구도 그런 것에는 관심이 없는 것 같다. 그저 자신의 목적지를 향해 바삐 걸어갈 뿐이다. 가장 아쉬운 점은 지하철을 이용하는 시간은 '죽은 시간'으로 친다는 점이다. 지하철을 이용하는 시간과 공간은 의미 없는, 빨리 보내버려야 하는 것으로 치부된다. 지하철에서의 시간은 정말로 의미 없는 것일까? 지하철 공간을 어떻게 체험하느냐에 따라 이 질문에 대한 답은 달라질 수 있다.

전동차를 움직이는 4차원 세계

이수역에서 문을 하나 열면 완전히 다른 세계가 펼쳐진다. 정말 놀랍게도 문 하나를 열었을 뿐인데 4차원의 세계로 넘어가는 통로가 열리는 듯했다. 바로 지하철의 심장부라 할 수 있는 전기실이다. 직류 1500볼트의 전기로 달리는 지하철에 전기를 공급하는 전기실은 생각보다 컸다. 학교 교실 열 개 이상 되어

보이는 넓이의 방에 변압기와 정류기가 열과 함께 윙윙 소리를 내며 전기를 공급하고 있었다. 한전에서 공급받은 교류 2만 5000볼트의 특고압은 이 방에 있는 변압기를 통과하면서 1500볼트로 전압이 낮춰지고, 정류기를 통과하면서 직류로 바뀐다. 온도계를 보니 전기실은 28도. 좀 덥다는 느낌이 든다. 그래서 방 한쪽에 아주 큰 냉방장치가 있다. 커다란 팬이 달린 이 냉방장치는 방 온도가 너무 높아지는 것을 막아준다. 막대한 에너지가 변신하는 곳이라 열이 많이 나는 것 같다. 지하철에게 전기는 밥이다. 1863년 런던에 세계 최초로 지하철이 개통됐을 때 열차의 밥은 석탄이었다. 지하에서 석탄을 때면 많은 연기가 나오기 때문에 대용량의 환기 시설을 설치했다고 한다. 이수역에도 아주 큰 환기 시설이 있어서 항상 팬을 돌리며 역 안에 맑은 공기를 불어넣고 있었다. 사람이 살려면 밥만 먹어서 되는 것이 아니라 숨도 쉬어야 하니 맑은 공기는 항상 필요한 것이다.

교류 2만 3000볼트의 특고압을 6600볼트로
낮춰주는 변압기. 이 변압기 덕에 전동차가 달린다.

지하철의 설비를 점검할 때 발전소에서 오는
전기를 차단할 수 있게 해주는 단로기. 빨간색의
소화기가 꼭대기에 달려 있는 것이 이채롭다.

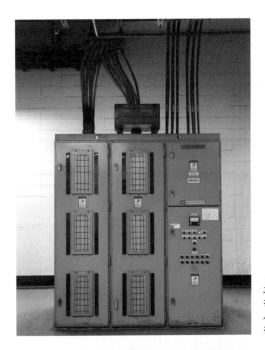

교류를 직류로 바꿔주는
정류기. 전동차는 직류 전기를
사용하므로 발전소에서 온 교류
전기는 직류로 바꿔줘야 한다.

이수역 변전소의 변압기.
발생하는 열을 식혀주는
라디에이터가 달렸다.

역사 내부에 맑은 공기를 불어 넣어주는 송풍장치.
모터 수십 대가 계속 돌아가며 공기를 불어넣는다.
저 문을 열면 바로 이수역 구내다.

이수역 변전실에서 나는 열을 식혀줄
대형 송풍기.

1863년의 런던에서부터 2015년의 이수역까지, 지하철은 먼 길을 달려왔다. 1974년 지하철 1호선이 개통됐을 때는 전기를 공급하는 전차선과 전기를 받아들이는 집전기(펜터그래프) 사이에 스파크가 많이 일어났다. 당시의 전동차는 시내버스를 닮은 지금의 차량보다는 좀 더 철도차량 같은 터프한 느낌이 강했는데, 지하철이 어두운 터널 속으로 굉음과 스파크를 일으키며 사라지는 모습은 무서우면서도 매력적이었다. 개통 후 40년이 흐른 요즘 지하철 차량은 스파크를 내지 않는다. 1974년 당시는 전차선을 일정한 높이로 유지해주는 기술이 오늘날처럼 발달하지 않았기 때문에 전차선과 집전기의 간격이 일정치 않아 스파크가 일어났다. 요즘은 전차선이 일정한 높이로 설치돼 있어 불꽃은 나지 않는다.

게다가 승객의 안전을 위해 스크린도어가 설치돼 있기 때문에 지하철은 더 이상 철도라는 느낌을 주지 않는다. 오랫동안 철도 마니아였던 필자로서는 힘차게 달리는 열차와 기찻길을 직접 볼 수 없게 되었다는 게 아쉽다. 어차피 인터넷으로 많은 일들이 이루어지는 21세기는 사물의 직접성과는 거리가 먼 시대다. 대부분의 사람이 원하는 것은 철도의 체험이 아니라 편리하고 안전한 수송이니 스크린도어는 사람들의 요구를 충족시켜주는 산뜻한 장치일 것이다. 스크린도어는 실로 여러 사람을 살린 구세주기도 하다. 우선 사람이 선로에 떨어지는 사고를 완벽히 막아준다. 사람이 선로에 떨어지는 사고는 기관사에게 엄청난 트라우마를 가져다준다. 스크린도어는 사고를 당했을지도 모르는 사람과 기관사 모두를 구한 것이다. 선로와 승강장을 어느 정도

이수역에 있는 모든 팬과 펌프의 작동 상태를 알려주는 패널. 사람으로 치면 호흡기 같은 역할을 한다.

차단해주기 때문에 난방 효과도 있다. 또 선로를 달리는 차량은 항상 먼지를 일으키는데, 스크린도어가 먼지를 막아주므로 승강장의 공기 질을 획기적으로 개선하는 효과가 있다. 일석삼조의 효과다.

지하철의 두뇌

지하철 차량은 전기를 밥처럼 먹으며 달리지만 사람이 밥만 먹고는 살 수 없듯이 지하철도 전기만 대준다고 마냥 달리는

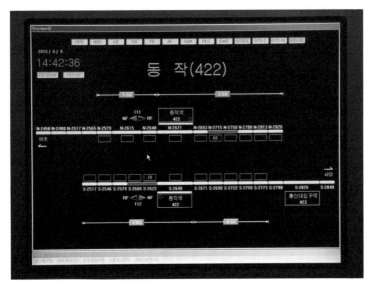

차량의 운행 상황을 모니터링 할 수 있는 화면.
빨간색 블록이 차량이며 그 아래 네모칸에 있는
숫자는 지켜야 할 속도다.

것은 아니다. 밥을 먹은 사람은 그걸 소화시키기 위해 움직여야
하고 그 움직임은 뇌의 지령을 받아야 하듯이, 지하철에서도
지령을 내리고 그 지령이 잘 실행되고 있는지 살피는 시스템이
중요하다. 이수역에 이웃한 동작역에 가보니 지하철의 두뇌가
있었다. 모든 지하철 차량의 운행 상태를 보여주는 모니터였다.
모니터에는 동작역 앞뒤로 어떤 차량이 어떤 위치에 있는지,
200미터씩 끊어진 폐색구간에서 적정 속도는 얼마인지 보여준다.
폐색구간이란 열차의 추돌사고를 막기 위해 다른 열차가
들어와서는 안 되는 구간이다. 한 열차로부터 200미터 거리 안에

기계비평 ───── 온몸으로 기계를 이해하기

다른 열차는 들어오면 안 된다. 열차가 폐색구간에 접근하고 있으면 신호기에 빨간 불이 들어온다. 그러면 즉시 멈춰야 한다. 제동거리가 긴 열차의 특성상 앞 열차를 봤을 때는 이미 늦는다.

폐색구간의 개념을 놓고 보면 철도는 시베리아 호랑이를 닮았다는 느낌이 든다. 시베리아 호랑이는 행동 반경이 넓기도 하지만 자신의 구역 안에 다른 호랑이가 들어오는 것을 아주 싫어한다. 그래서 구역을 침범한 다른 호랑이는 반드시 격퇴해버리는데, 철도차량이 딱 이런 팔자다. 하긴 철도나 호랑이나 다 기가 센 존재들이니 서로 닮은 것도 무리는 아니다. 호랑이의 눈이라 할 수 있는 모니터는 모든 열차에 대한 정보를 손금 보듯이 보여준다. 보여줄 뿐 아니라 명령도 하고 제어도 한다. 각 폐색구간에는 그 구간을 통과할 수 있는 최대 속도가 표시된다. 역에서 가까우면 속도가 느리고 멀어질수록 빨라진다. 그 수치는 열차의 운전실에 보내지고 기관사는 그 수치에 맞춰서 속도를 조절하게 된다.

400여 개의 역을 관장하는 신의 눈

갑자기 이 모든 상황을 다 보고 있는 존재가 있을까 궁금해졌다. 4호선에는 동시에 여러 차량들이 달리고 있으며 차량들은 서로 적절한 간격과 속도를 유지해야 한다. 그래서 누군가는 전 노선의 상황을 살피고 있어야 한다. 동작역에 있는

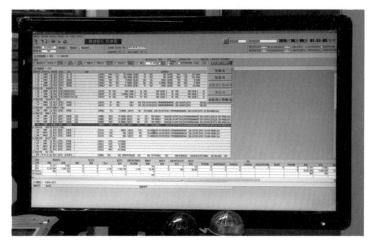

역에서 승객들이 승차권을 찍고 지나가는 모든 발매
상황을 자세히 보여주는 모니터.

모니터는 동작역 중심으로 보여줄 뿐이다. 모든 차량들의 상황을
보여주는 모니터는 방배동 서울메트로 본사 상황실에 있다고
하는데 보안등급이 높아서 들어가보지 못했다. 서울시라는
신체의 신경망 혹은 동맥 같은 곳이므로 극히 민감한 곳이다.
짧은 방문으로 다 알 수는 없었지만 지하철의 운행을 지시하고
판단하는 프로그램은 꽤나 복잡할 것 같다. 한 일본 만화에서
도쿄의 지하철이 하도 복잡하니까 어딘가에는 4차원의 다른
세계로 통하는 비밀의 통로가 있다고 했는데, 서울 지하철도 그
복잡도가 만만치 않다. 서울 전체에 400여 개의 역이 있다고 하니
말이다. 그 모든 것을 관장하는 신의 눈이 서울메트로 본사에 있는
것이다.

사람들은 철도의 추억이라고 하면 철커덕철커덕하며 규칙적으로 나는 바퀴 소리를 떠올린다. 그런데 수도권 전철에서는 그런 바퀴 소리를 들을 수 없다. 추억을 되새기려고 타는 것이 아니기 때문이기도 하지만, 기술 발전의 결과로 그런 소리가 나지 않는 것이다. 철도의 바퀴 소리는 레일의 이음매를 차륜이 지나갈 때 나는 충격음이다. 엔지니어링의 관점에서 보면 그 소리는 없애야 할 장애물일 뿐이다. 그래서 요즘의 철도에서는 그 소리가 많이 제거됐다. 길이가 최대 2500미터에 이르는 초장대 레일을 쓰기 때문이다. 공장에서 생산하는 철도 레일은 길이가 20미터다. 장대 레일이란 그걸 용접으로 이어 붙여서 이음매를 없앤 것이다. 그리고 레일과 레일 사이의 이음매로는 신축이음매라는 것을 쓴다. 레일이 뚝 끊겨 있는 기존의 이음매와 달리 칼날같이 길고 가는 두 개의 레일이 서로 엇비슷하게 맞물려 있다. 그래서 이음매를 지날 때 충격음이 나지 않는다. 그 덕에 지하철을 이용하는 승객들은 철커덕거리는 추억의 열차를 타는 대신 아무 생각 없이 스마트폰에 집중할 수 있는 21세기의 첨단 운송수단을 경험하게 되었다. 사실은 경험하는 것조차 아니라 자신이 운송되고 있다는 사실마저 잊게 된다고 해야 정확할 것이다. 기계의 편리함이 기계를 잊게 만드는 아이러니가 21세기 기계의 운명이다. 전혀 모르는 사이 우리는 새로운 기계의 패러다임을 겪고 있는지도 모른다.

2호선 용답역에 있는 서울메트로
군자차량사업소. 쉽게 말하면 차량기지다.
전동차들이 점검받는 곳이다. 오른쪽에 청계천과
내부순환도로가 달리고 멀리 강남의 빌딩들이
보이는 모습이 도시의 복잡성을 잘 보여준다.

기계 연못의 전설,
강북아리수정수장

　　사람들은 물을 참 쉽게 생각한다. '물 흐르듯'이라는 말은 힘들이지 않고 어떤 일이 자연스레 풀려갈 때 쓰는 말이다. '맹물 같은 사람'이란 특색도 없고 강단도 없어서 매가리가 없는 사람을 가리키는 말이다. 물이란 그렇게 힘도 없고 내용도 없는 무의미한 것일까? 경기도 남양주시 삼패동에 있는 강북아리수정수장에 가보면 물을 얻는다는 게 그리 간단치도, 쉽지도 않다는 사실을 알 수 있다.

　　자연에서 맑은 물을 얻으려면 산 하나가 필요하다.

팔당댐 아래의 한강에서 퍼 올린 물은 탁하고 부유물이 있으며 냄새가 나서 먹을 수 있는 상태는 아니다. 이 물을 먹을 수 있는 물로 만드는 데 여러 단계의 화학적 마술이 작용한다.

산에 있는 나무와 돌과 흙이 힘을 합쳐야 맑은 물을 만들 수
있는 것이다. 산이 더 이상 가까이 있지 않은 요즘, 산 하나가
하는 일을 인공적으로 하려면 많은 시설과 자원이 필요하다.
강북아리수정수장에는 산 하나의 일을 떠맡는 많은 장치가 있다.
수돗물을 만들려면 강물을 퍼서 염소 등의 약품을 섞고 휘저으면
된다고 단순하게 알고 있었는데, 직접 정수장을 방문해서 보니
그리 간단한 일이 아니었다.

한강 물의 재탄생

'맑은 물'이 무엇인지 물으면 상식적으로 그저 불순물이
없이 맑고 투명한 물이라고 생각할 것이다. 막상 정수장에 가보니
맑은 물은 그리 간단한 것이 아니었다. 완전히 맑은 물, 즉 증류수는
인간이 마시기에 적합하지 않다. 우리가 마실 수 있는 이상적인
물은 1리터에 용존산소 5밀리그램 이상, 칼슘 3~37밀리그램, 칼륨
1~5밀리그램, 마그네슘 1~6밀리그램, 나트륨 3~30밀리그램 등의
수치만큼 미네랄이 녹아 있는 물이다. 강북아리수정수장에서는
이런 이상적인 물을 만들어내기 위해 기계들이 쉼 없이 돌아간다.
아리수는 생수 맛과 별로 차이가 없는, 먹기 좋은 물이다. 하지만
수돗물이 마냥 영광의 역사만 가진 것은 아니다. 1980년대 중반
주한미군이 한국의 상수돗물을 먹지 않고 미국에서 가져온

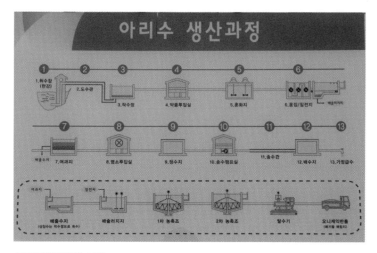

수돗물이 만들어지는 과정.

병에 든 물을 먹는다는 사실이 알려졌을 때 사람들은 분개했다. 우방인 한국을 후진국으로 생각하기에 수돗물을 먹지 않는다고 생각해서 반미 감정이 커졌다. 당시에는 많은 사람들이 수돗물을 직접 마셨기 때문에 더욱 분개했던 것이다. 그로부터 30여 년이 지난 지금 대부분의 사람이 병에 든 물을 사 먹는다. 세월이 흐르면서 물에 대한 생각도 바뀐 것이다. 그러나 서울시는 지난 10년간 수돗물의 질을 개선하기 위해 1조 원의 돈을 썼고, 강북아리수정수장에서는 1500억 원을 들여 만든 최신의 고도정수처리장이 이상적인 물을 만들어내고 있다. 이제는 다시 수돗물을 마셔도 되는 시대가 온 것이다.

수돗물의 원료는 팔당댐에서 7.5킬로미터 아래에 있는

부유물을 가라앉히기 위한 약품을 투입하는 시설.

취수장에서 퍼 올린 한강 물이다. 이곳은 아무리 가뭄이 들어도 물 걱정이 없는 곳이다. 취수장에서 퍼 올린 물은 4킬로미터 아래에 있는 정수장에서 수돗물로 가공된다. '재탄생'이라는 표현이 맞는지도 모르겠다. 물은 원래 맑은 상태로 있다가 인간의 세계를 거치면서 더러워진 것이니, 정수장이란 그것을 자연의 상태로 되돌려 재탄생시키는 곳이라 할 수 있다. 강물을 퍼다 처리해서 팔아먹는다니, 현대의 봉이 김선달인 걸까? 그러나 물은 공짜가 아니었다. 강물의 수질을 관리하는 곳은 한국수자원공사다. 강북아리수정수장은 한강 물을 쓰는 대가로 한국수자원공사에 물 1톤당 53원의 물값을 지급하고 있다. 1년에 2억 8000톤 정도의 물을 쓰니 1500억 원 정도가 드는 셈이다.

화학, 유체역학, 환경공학이 만들어낸
전설의 연못들

그 비싼 강물은 직경 2400밀리미터의 큰 강철관을
통해 정수장으로 옮겨진다. 취수장에서 끌어올린 강물은 혼화지,
응집침전지, 여과지, 정수지, 배수지, 오존접촉지, 활성탄흡착지 등
수많은 지(池), 즉 연못들을 지나면서 맑은 물이 된다. 그러고 보니
예로부터 연못은 전설의 장소가 아니던가. 금도끼, 은도끼의 전설도
그렇고, 태백시의 황지와 제주도에 있는 혼인지 등 여러 전설이
얽힌 연못들도 있다. 그렇다면 강북아리수정수장의 연못들에는
어떤 전설이 있을까? 그것은 화학과 유체역학과 환경공학이 합쳐서
만들어낸 물 관리 기술의 전설이라 할 수 있을 것이다.

전설은 화학에서 시작한다. 강물에는 부유물이 있는데
이것들을 한데 뭉쳐 가라앉혀야 한다. 이 전설이 이루어지는

슬러지(찌꺼기)를 걸러내는 장치가 있는 침전지.

연못이 혼화지다. 여기서는 강물에다 응집제를 섞는다. 응집제란 물에 들어 있는 불순물들을 응집시켜 가라앉도록 만들어주는 화학물질이다. 응집제로는 PAC, 즉 폴리염화알루미늄을 쓴다. $[Al(OH)_mCl_{6-m}]_n$의 조성을 갖고 있는 염기성 중합알루미늄이다. 이 복잡한 분자식이 어떻게 응집 작용을 일으키는지는 화학 전문가가 아니고서는 알 수 없으므로 전설로 남겨두기로 하자. 분명한 것은 응집제를 섞은 물은 개념적으로나 물질적으로나 더 이상 강물이 아니라는 사실이다. 색이 탁하고 부유물이 떠돌던 강물은 응집침전지를 거치면서 대폭 맑아지고 색은 푸르러진다. 느낌으로는 반쯤은 수돗물이 된 것 같다.

　　　물론 응집제를 섞었다고 해서 바로 수돗물이 되는 것은 아니다. 소독약인 염소를 투입해야 수돗물이 된다. 수영장 냄새가 나는 바로 그 물질이 염소다. 염소는 대부분의 세균을 죽이는 역할을 한다. 염소 투입의 전설은 그 양에 있다. 가정의 수도꼭지에서도 어느 정도의 염소가 검출되어야 끝까지 살균 작용을 한다. 긴 수도관을 통해 전달되는 과정에서 세균이 유입될 수도 있기 때문이다. 이를 위해 정수장에서는 염소의 양을 잘 맞춰야 한다. 수도꼭지에서 너무 많은 염소가 나와도 안 되고 너무 적은 염소가 나와도 안 된다. 40피피엠 정도가 적당하다. 하루에 100만 톤의 물을 처리하는데 수많은 사용자들의 수도꼭지에서 항상 적정량의 염소가 나오게 농도를 조절하는 기술이 전설이 아니고 무엇이겠는가?

침전지에서 부유물을 걸러낸 물은 이제 제법
맑아서 수돗물 같은 투명도를 띤다. 그러나 우리가
먹을 수 있는 수돗물이 되려면 아직 멀었다.

맑은 물을 완성하는
21세기다운 시설

염소만으로 살균이 될까? 보다 확실한 살균을 위해
반쯤 완성된 수돗물은 고도정수처리장을 거친다. 작년에 완공된
이 시설에는 두 가지 연못이 있다. 하나는 오존접촉지고 또
하나는 활성탄흡착지다. 오존접촉지는 오존을 발생시켜 물속에
섞어 넣는 시설이다. 50피피엠의 오존에 사람이 30분간 노출되면
사망할 수 있는 독성이 있으므로(오존의 대기환경기준은 1시간 평균
0.1피피엠 이하다.) 오존접촉지는 안전 관리가 철저한 곳이다. 앞에서
본 혼화지, 여과지, 응집침전지 등의 연못들이 개방되고 노출돼

정수 처리 과정의 최종 단계인 활성탄흡착지.

있었던 것과는 달리, 오존접촉지는 완전히 폐쇄돼 있어서 볼
수가 없다. 이제 연못은 눈으로 볼 수 없도록 탱크에 싸여
완전히 비밀의 장소가 된다. 이곳의 오존 발생 장치나 오존 투입
장치는 앞서의 시설들과는 안전 기준도, 설계 방식도, 이미지도
완전히 다르다. 앞서 본 연못들이 20세기에 만들어진 시설들인
데 반해 고도정수처리장은 21세기의 시설다운 특징과 느낌을
강하게 풍긴다. 소위 말하는 '기계의 포스'가 아주 강한 곳이다.
수돗물을 만드는 곳이라기보다는 핵발전소를 연상시키는
이곳은 대단히 정밀하고 철저하게 설계되고 시공된 느낌이 든다.
강북아리수정수장의 모든 시설에는 센서가 있어서 중앙제어실에서
모든 상황을 볼 수 있지만, 고도정수처리장의 센서들은 생김새가

고도정수처리장의 오존접촉지. 작은 창을 통해
오존이 물과 섞이는 모습을 볼 수 있다.

만들어진 수돗물을 배수지로 보내는 강력한
펌프가 있는 송수펌프실.

부리부리한 것이 더 예리해 보인다. 20세기가 생산의 시대라면 21세기는 모니터링의 시대라는 것을 알 수 있다. 여기서 오존 처리와 활성탄 흡착을 거치면 비로소 우리가 먹을 수 있는 수돗물이 된다. 이곳에서는 전부 폐쇄된 상태에서 처리되기 때문에 물을 볼 수 없다. 전설은 우리 눈으로 볼 수 없는 깊고 어두운 곳에서 완성되고 있었다. 이제 먹을 수 없는 탁한 한강물은 이곳에서 먹을 수 있는 맑은 물로 다시 태어난다.

전설의 발단이 화학이었다면 그 끝은 모터의 힘이다. 아무리 좋은 물건을 만들어도 사용자에게 배송되지 않으면 아무 소용이 없다. 완성된 수돗물은 송수펌프실에 있는 강력한 펌프에 의해 각 지역에 있는 배수지로 옮겨진다. 시간당 7000톤의 물을 퍼낼 수 있는 2300마력짜리 모터 펌프 일곱 대, 시간당 4000톤의 물을 퍼낼 수 있는 1200마력짜리 모터 펌프 두 대가 쉼 없이 물을 퍼서 배수지로 보낸다. 디젤 기관차의 힘이 3000마력이니 2300마력의 모터라면 대단한 힘이다. 그 모터들이 굉음을 내며 하루에 100만 톤의 물을 배수지로 보낸다. 배수지에 모인 물이 각 가정으로 전달되면 수돗물의 전설은 완성된다. 우리는 매일 전설의 물을 먹고 있는 것이었다.

빌딩은 나무다,
그랑서울 빌딩

24층의 철근콘크리트 빌딩, 18대의 변압기, 발전기 4대, 엘리베이터 29대, 냉각탑 7세트, 공조기 57대, 급배기팬 158대, 무인주차정산소 17개소, 주차위치확인기 310대.

한국 빌딩의 역사에 길이 남을 빌딩으로 흔히 김중업이 설계하여 1971년 완공된 삼일빌딩을 꼽는다. 한국 역사상 최초로 높이 100미터가 넘는 빌딩이었기에 당시 센세이셔널했던 기억이 난다. 지금도 삼일빌딩은 청계천 입구에 당당히 서 있다. 그러나 삼일빌딩에 대한 기록을 읽어보면 건물의 크기와 외양에 관한 이야기만 있지 건물의 알맹이를 다룬 기록은 없다. 어떤 전원 공급 체계를 가지고 있었고 냉난방 등 공조 시설은 어떠하며, 조명과 주차 시설 등은 어떻게 돼 있었는지 하는, 빌딩의 생명을 이루는 근간에 관한 설명은 없었던 것이다. 그것은 흡사 사람을 말할 때 겉모습만 설명할 뿐 몸속에 어떤 장기들이 있으며 그것은 어떤 역할을 하는지 말하지 않는 것과 같다. 그래서 빌딩의 속 모습을 보기 위해 종로구 청진동에 있는, GS건설 본사가 위치한 그랑서울을 찾아가봤다.

빌딩은 나무를 닮았다

흔히들 도시를 빌딩의 숲이라고 한다. 피상적인
은유라고만 생각했는데 그랑서울 빌딩의 속을 깊이 들여다보고는
그 말이 사실이라는 것을 알았다. 빌딩은 나무와 같았기 때문이다.
땅에 뿌리를 깊이 박고 온갖 양분을 빨아들이고 수직으로 서서
햇빛을 받으며 온갖 작용을 해내는 나무처럼, 빌딩도 땅속 깊은
곳에 뿌리를 박고 땅속에서부터 다양한 양분들을 받아들인다.
나무둥치 안에 수많은 벌레들이 살고 있는 것처럼 빌딩도 그
둥치 안에 수많은 사람들을 품고 있다. 나무가 거대하고 활발한
신진대사의 체계이듯 빌딩도 에너지와 정보와 사람과 물자, 공기,
공기에 실린 냄새까지도 활발하게 신진대사를 일으키는 체계다.
　　숲의 땅바닥이 부드러운 이끼로 덮여 있듯 빌딩의
바닥에는 부드러운 카펫이 깔려 있다. 많은 사람이 바깥에서
걸어 들어와서 오가는 빌딩 바닥에는 엄청난 먼지가 있을 것이고,
먼지는 각종 알레르기 등 질환의 주범으로 악명이 높은데 이걸
어쩌나 하는 걱정이 덜컥 들었다. 하지만 첨단 기술은 기우를
잠재웠으니, 그랑서울에 깔린 카펫은 놀랍게도 집진성(集塵性), 즉
먼지를 모으는 특성을 띤 카펫이었다. 첨단 섬유공학의 결과로
만들어진 극세 나노구조 덕분이다. 카펫을 이루는 섬유의 올들이
현미경적으로 독특한 구조를 가지고 있어서 먼지들이 날아다니지
않게 잡아준다는 것이다. 덕분에 고층 빌딩 안에서도 숲속을 걷듯
평화롭게 걸을 수 있다.

스티브 매퀸이 출연한 영화 「타워링(Towering Inferno)」(1974)은 대표적인 재난영화로, 중학교 때 지금의 광화문 동화면세점 자리에 있던 국제극장에서 이 영화를 본 기억이 난다. 규격 미달의 전기배선 탓에 합선에 의한 화재가 발생해 세계 최고의 건물이 잿더미로 변한다는 이 영화의 내용은 40년이 지난 요즘의 빌딩에는 통하지 않는 얘기다. 빌딩은 나무일 뿐 아니라 온갖 감각기관을 가진 동물이기도 하기 때문이다. 그랑서울에는 3072개의 화재 감지 센서가 있고, 420대의 폐쇄회로 카메라가 있어서 24층의 꼭대기에서부터 지하 7층의 주차장과 기계실에 이르는 빌딩 전체가 항상 모니터링 되고 있다. 현대의 빌딩은 스스로를 철저히 관찰하고 있기 때문에 자신이 알지 못하는 일은

폐쇄회로 화면으로 본 엘리베이터 안. 점심 먹으러
나가는 사람들이 가득 있는 모습이 왠지 답답하고
안타까워 보였다.

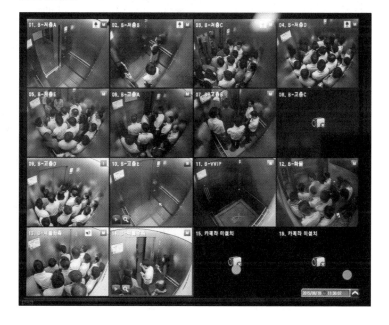

맨 왼쪽에 있는 그랑서울은 최첨단 빌딩들과 옛날
건물들이 마주하고 있는 접경지대에 있다.

벌어질 수 없는 구조로 돼 있다.

숨 쉬고 양분을 빨아들이고
심장박동이 뛰는 기계

동물의 신체에서 끝없이 공기가 순환하듯이 빌딩
전체에도 공기가 끝없이 순환하고 있다. 그중에는 냉난방같이
빌딩이 원하는 순환도 있지만 원치 않은 공기의 순환도 있다. 요즘
빌딩들은 왜 창문이 거의 열리지 않는 답답한 구조로 돼 있는지
내심 불만이었는데, 빌딩의 내장 속을 다 들여다보고는 이해가
됐다. 맨 꼭대기 층에 있는 사무실의 창을 약간 열자 강력한
바람이 아래에서 치고 올라왔다. 상쾌함과는 거리가 먼, 습하고
무더운 8월의 바람이었다. 그 바람에 실려서 강력한 음식 냄새도
같이 올라왔다. 1층 상가 음식점에서 24층까지 음식 냄새가 치고
올라온 것이었다. 김치찌개, 짬뽕, 파스타, 냉면이 한꺼번에 달려드는
듯한 냄새의 감각적 습격은 감당하기 어려웠다. 그리고 소음도 함께
올라왔다. 그래서 창문은 닫혀 있어야 하는 것이었다.

빌딩은 단순한 구조가 아니지만, 단순화하자면 맨
아래 출입구가 열려 있고 위쪽으로 창문들이 열려 있으므로
아래에서 위로 공기가 순환하게 된다. 그러면서 공기가 연통을 타고
올라가듯이 빌딩을 타고 올라가는 연돌(煙突, 굴뚝이라는 뜻)현상이
일어난다. 연돌현상은 빌딩 내외부의 온도 차가 큰 겨울에 특히

심해서 바람에 밀려 출입문이 안 닫히는 경우도 있고 내부에서 휘파람 소리나 피리 소리가 나는 경우도 있다. 빌딩을 완전히 기밀로 하면 연돌현상을 막을 수 있겠지만 그건 기술적으로 불가능하다. 수많은 사람들이 드나들며 빌딩 어딘가는 항상 열려 있기 때문이다. 이 세상에 바깥과 소통하지 않는 생물체란 없지 않은가. 어쨌든 흥미로운 사실은 기계가 첨단화될수록 점점 생물체의 형상을 닮아간다는 점이다.

　　　빌딩과 나무는 땅에서 양분을 받아들인다는 점에서도 닮았다. 빌딩을 돌아가게 하는 전기, 물, 가스연료 같은 물질뿐 아니라 열과 정보 같은 비물질도 땅에서 들어온다. 종로는 전력선이 모두 땅속으로 묻혀 있어서 하늘을 뒤덮은 어지러운 전깃줄을 볼 수 없다. 그랑서울에서 전기는 냉방 수요가 많은 여름에는 한 달에 2000메가와트 정도, 수돗물은 1만 톤에서 2만 톤 사이를 쓴다.

지하 7층에 있는 기계실은 온갖 파이프라인으로
얽힌, 생명체의 내부 같은 느낌을 준다.

가스는 난방 수요가 많은 겨울에 14만 노멀입방미터(Nm³), 여름에 2만 5000노멀입방미터 정도 쓴다.

빌딩이 나무의 성질만 가지고 있는 것은 아니다. 빌딩은 나무이면서 동물인 신기한 존재다. 동물이란 움직이는 생명체다. 빌딩도 움직일까? 겉보기에 빌딩은 가만히 있는 것처럼 보인다. 이번 취재의 중요한 목적이 빌딩의 깊은 곳에 숨어서 움직이는 부분을 보는 것이다. 그래서 빌딩의 제일 깊은 곳을 가봤다. 심장이 몸속 깊숙이 숨어 있듯이 빌딩의 심장, 기계실도 지하 7층 구중심처에 깊이 숨어 있었다. 기계실에 가자 맨 먼저 필자를 반기는 것은 두 대의 노란색 발전용 디젤 엔진이었다. 이 엔진들은 전원이 나갔을 때 비상전력을 공급하는 역할을 한다. 발전기를 이리저리 살펴보고 있을 때 1분 후에 엔진이 켜질 거라는 무전 보고가 들어왔다. 전원이 나간 것은 아니고 점검 차원의

만일의 정전에 대비해 언제든지 가동할 준비가 돼 있는 발전용 디젤 엔진.

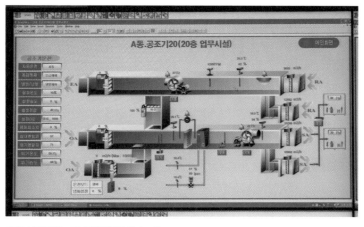

기계통제실에 있는 모니터에 냉방용 공기 조절
장치의 작동 구조가 일목요연하게 나와 있다.
21세기는 모니터링의 시대다.

운전이었다. 시동이 걸리자 출력 2000마력의 디젤 엔진은 요란한
소리와 열, 진동을 내며 돌아갔다.(디젤 기관차 엔진이 3000마력이니
발전기 엔진이 꽤 센 편이다.) 그것은 살아 뛰는 심장이었다. 빌딩은 살아
있었다. 그것도 격렬하게. 다만 위쪽 사무실에 앉아서 프로젝트
보고서에 집중하고 있는 사원들은 자신이 살아 있는 거대한
생물체의 몸속에 있다는 사실을 까맣게 모르고 있을 뿐이었다.

　　　수많은 업체들이 입점해 있는 빌딩에서는 동력이
나가버리면 생명도 끝난다. 심장이 멎으면 생물체가 죽듯이
말이다. 그래서 빌딩의 전력은 여러 방법으로 백업이 돼 있다.
전력도 한 군데에서 받는 것이 아니라 세종로변전소를 주로 하고
종로변전소를 부로 하여 2만 2900볼트의 고압전류를 받고 있다.

만일 세종로변전소에 무슨 일이 생기면 종로변전소에서 받을 수 있도록 말이다. 모든 대형 빌딩들은 2만 2900볼트의 고압전류를 쓴다는 것도 이번에 처음 알았다. 공기 조절, 발전, 조명 등 수많은 설비들이 있기 때문에 전력 소모가 많아서 고압전류를 받는 것이다. 참고로 철도는 2만 5000볼트의 교류전류를 쓴다.

거대한 빌딩은
어떻게 온도를 유지할까

에너지원이 공급되어 기관들이 작동하는 것 외에도 생물체가 생명을 유지하려면 또 뭐가 필요할까? 적절한 온도를 유지해야 한다. 옛날 건물에서는 추우면 난로 때고 더우면 창문 열고 선풍기를 틀어서 온도를 유지했지만 21세기의 빌딩은 훨씬 복잡한 방법을 쓴다. 보일러로 난방을 하고 외부 전력을 받아들여 냉방을 하는 것 외에도 그랑서울에서는 세 가지 시스템이 쓰이고 있다. 그것은 ⑴ 지열을 이용한 히트 펌프, ⑵ 열병합 발전, ⑶ 빙축열(氷畜熱, 얼음을 얼려서 열을 축적하는 방식) 시설이다. 우선 지열을 이용한 히트 펌프는 땅속의 따뜻한 온도를 이용하는 장치다. 지하 100미터의 온도는 연중 일정하게 섭씨 23~24도를 유지하므로 그 온도를 이용하면 여름에는 시원한 공기를, 겨울에는 따뜻한 공기를 공급받을 수 있다. 히트 펌프는 땅속의 열을 액체에 실어 땅 위로 끌어 올린 다음 열교환기를 이용하여 빌딩에서 필요한 시설들에 전달하는 일을 한다. 열교환기는 서로 다른 액체끼리 직접 닿지 않고도 열을 전달할 수 있게 해주므로 땅속의 열을 빌딩의 여러 시설에서 쓸 수 있게 해준다. 여름에 23~24도의 온도를 열교환기를 거쳐 빌딩 각 부분에 전달하면 시원한 냉방 공기가 되고, 겨울에 그 온도를 전달하면 같은 온도지만 난방 효과를 내게 된다. 지열을 쓰면 여러 가지 장점이 있다. 우선 땅속에 있는 열은 때와 장소와 무관하게 무한정 무료로 제공된다. 땅속에는 인류가 필요로 하는 열량의 다섯 배의 열이 있다고 한다. 지열은 화석연료를 쓰지 않는 대체에너지 시스템이므로 이산화탄소를 발생시키지 않는다. 냉방 시에 전기 요금이 45~55퍼센트 절감되고, 난방 시 65~75퍼센트의 가스연료를 절감할 수 있다.

두 번째로 열병합 발전 시설이 있다. 기계실에는 노란색의 캐터필러 디젤 발전기 옆에 초록색의 제너럴 일렉트릭 발전기가 한 대 더 있었다. 열병합 발전을 담당하는 엔진이다. 열병합 발전이란 하나의 에너지원으로부터 전력과 열을 동시에 발생시키는 시스템이다. 열병합 발전은 발전기에서 우선 전력을 생산한 후 배출되는 열을 회수하여 이용하는 식이라서 기존 방식보다 30~40퍼센트의 에너지 절약 효과를 거둘 수 있다. 발전에 수반하여 발생하는 배열을 회수하여 이용하므로 에너지의 종합 열이용 효율을 높이는 것이다. 지역의 대단위 아파트 단지에 전기와 난방열을 공급하기 위해 열병합 발전 시설이 있는 것은 많이 봤지만 개별 건물에서 쓰이는 것은 그랑서울에서 처음 봤다.

빌딩의 온도를 유지해주는 세 번째 방식은 빙축열

왼쪽의 파이프들은 난방용 온수 순환 펌프,
오른쪽의 붉은 밸브가 있는 파이프들은 빙축열
냉동기용 냉각수 순환 펌프의 일부다.

시설이다. 문자 그대로 얼음을 얼려서 에너지를 저장하는 방식이다. 즉 낮의 전기에 비해 요금이 25퍼센트밖에 되지 않는 심야 전기를 이용하여 얼음을 얼려 저장한 후, 열교환기에서 차가운 냉수로 냉기를 전달하여 냉방하는 시스템이다. 빙축열 시스템을 사용하면 냉동기의 용량을 작게 할 수 있고 고효율로 운전할 수 있는 장점이 있다. 빙축열은 0도에서 물이 얼음으로 상변화(phase change)할 때 킬로그램당 80킬로칼로리의 냉열을 저장하는 현상을 이용한 것으로, 작은 체적으로도 효율적으로 냉열을 저장해둘 수 있다는 장점이 있다. 이 시스템을 쓰면 냉방에 쓰이는 전기가 대폭 절약되며 전기를 받아들이는 설비 용량이 작아도 되는 이점이 있다. 한국전력은 빙축열 시설을 설치할 경우 킬로와트당 35만 원의 지원금을 주고 있다.(감소 전력이 401킬로와트를 초과하는 경우.)

도시와 인간을 버텨내는 빌딩

빌딩의 온도를 제어하는 여러 가지 방식들을 보니 빌딩이란 결국 환경에 노출된 인터페이스라는 생각이 들었다. 더우면 열을 낮추고 추우면 열을 내줘야 하는데 환경이란 항상 변한다. 게다가 빌딩은 도심 한복판에 있으므로 자연만큼이나 변덕이 심한 인위적 환경에도 노출돼 있다. 사람들은 항상 건물을 오염시키고, 안전을 위협하는 일들은 끝없이 일어난다. 그럼에도 빌딩을 믿어보는 것은 어떨까. 예를 들어 엘리베이터가 고장 나서

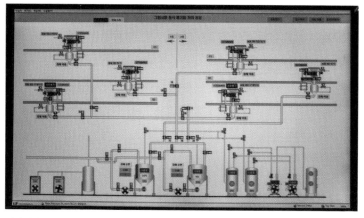

입점 업체들이 많으니 음식물 쓰레기도 많이 나온다.
그것들도 일관된 시스템으로 처리된다.

간혔다고 해도 걱정할 일은 없다. 관제실에는 엘리베이터를 고칠
기술 전문가도 있지만 폐소공포증이 있는 사람을 달래줄 심리
전문가도 있다고 하니 말이다. 그리고 지하주차장에서 누가 내
차에 상처를 내고 달아났다고 해도 걱정할 필요가 없다. 지하
7층에 이르는 주차장의 모든 곳을 어떤 사각지대도 없이 기록하는
폐쇄회로 카메라가 있어서 주차된 모든 차들의 상황이 녹화되기
때문이다.(녹화된 화면을 제공받는 절차는 실제로는 약간 복잡하다. 개인정보보호법
때문에 경찰의 도움을 받아야 하기 때문이다.) 사무실의 냉방 온도가 너무
낮을 때는 관제실에 연락하면 바로 대처해준다. 냉방 공기가 나오는
배출구의 위치를 쉽게 바꿀 수 있는 구조로 돼 있기 때문이다.
그동안 고층 빌딩을 보면 무서워 보이는 경비원들이 입구에 버티고
서 있고 맨 꼭대기에는 회장님이 계실 것 같아서 왠지 두려웠다.

하지만 속속들이 들여다본 빌딩은 생각보다 유연했다. 그렇지 않으면 서울 도심의 복잡한 환경을 버티기 힘들었을 것이다. 지하철 1호선 종각역은 아마도 한국에서 가장 복잡한 곳일 것이다. 물리적으로나 문화적·역사적으로나 말이다. 그곳에서 빌딩은 아낌없이 주는 나무처럼 오늘도 버티고 서서 수많은 사람들의 복잡한 사연들을 받아주고 있다.

종이책에서 의미의 근원을 찾다,
문성인쇄

요즘은 굳이 책을 보지 않아도 많은 정보를 얻을 수
있다. 한국말로 나온 책들은 인터넷에 전문이 올라와 있는 경우가
많지 않지만 『자본』에서 『돈키호테』까지 철학, 역사, 문학, 과학을
망라하는 서양의 유명한 고전들은 다 원문이 인터넷에 올라와 있다.
따라서 학생들에게 '책을 많이 보라'고 말하기보다는 '인터넷에서
PDF 파일을 많이 찾아보라'고 얘기하는 것이 더 맞는 듯하다.
그럼에도 여전히 수많은 책들이 만들어진다. 아마도 책이 종이와
잉크라는 물질로 된, 의미의 고향이기 때문일 것이다. 인터넷에서
내려받은 정보는 쉽게 없앨 수 있고 쉽게 소비되지만 종이에 인쇄된
글씨는 그 종이가 존재하는 한 남는다. 종이는 결국 숲에서 온
것인데, 종이에 인쇄된 글씨를 읽는다는 행위는 숲과 문명의 연계를
체험한다는 심오한 차원도 있는 것 아닐까? 그 책이 하이데거의
철학책 『숲길』이 아니라 싸구려 통속소설이라 할지라도 말이다.

소수의 사람들만 아는 고독한 기계

인터넷의 발달이 종이책을 위협하고 있는 것은 사실이다.

기장이 맨 왼쪽에 잉크를 넣어주면 바로 옆의
롤러를 통해 그 옆의 롤러로 전달되고, 이어 수많은
롤러들을 거치면서 골고루 종이에 묻게 된다.

네 개의 유닛이 노란색, 붉은색, 푸른색,
검은색의 순서로 색을 찍게 된다.

실제로 출판계는 장기적인 불황에 시달리고 있고 책의 제작과 판매 부수는 매년 줄고 있다. 하지만 아무리 좋은 약이나 에너지드링크가 나온다고 해도 사람은 밥을 먹어야 살 수 있듯이, 인쇄는 사라지지 않을 것이다. 컴퓨터에 실체가 뭔지도 알 수 없는 0과 1의 조합으로 된 허깨비 같은 기호들을 입력하는 것에 비하면 종이에 잉크를 꾹 눌러 찍는 것은 비교할 수 없을 정도로 확실한 의미의 근거가 돼주기 때문이다. 그래서 인쇄소 방문은 의미의 근원을 찾아서 산속 깊이 숨어 있는 절을 찾아가는 것과 같은 느낌이었다. 문성인쇄는 남산 밑 깊은 골목에 숨어 있다. 아무리 인쇄소가 책 찍어내는 공장이라지만 무조건 기계적으로 찍어내는 곳은 아니다. 특히 원색 인쇄를 전문으로 하는 문성인쇄는 사진이나 그림이 가진 민감한 색채를 재현해내기 위해 정성스럽게 수작업 하듯이 인쇄하는 곳이다. 인쇄기계의 메커니즘은 어느 인쇄소나 다 비슷하지만, 인쇄 공정을 관리하는 마스터라 할 수 있는 기장이 얼마나 세심하게 손을 쓰느냐에 따라 인쇄의 질은 천차만별 달라진다. 그래서 문성인쇄는 색감을 아주 까다롭게 따지는 전시회 도록이나 작품집을 많이 만든다. 아마 인쇄업만큼 작업자의 숙련도나 감각이 좌우하는 분야도 드물 것이다. 같은 자동차도 누가 모느냐에 따라 전혀 다른 성질의 기계가 되듯이, 인쇄도 기장이 어떤 사람이냐에 따라 완전히 다른 결과물이 나온다.

인쇄소의 핵심은 당연히 인쇄기계다. 문성인쇄에는 'Komori Lithrone 40'이라는 인쇄기가 있다. 이 기계에 관해

구글에 검색하자 오로지 인쇄기 회사 코모리(Komori)의 홈페이지만
나왔다. 이는 인쇄기계가 일반인의 인식체계에 들어 있지 않은,
오로지 인쇄라는 분야에서만 이해되는 특수한 기계임을 의미한다.
예를 들어 구글에 '아이폰'으로 검색하면 엄청나게 다양한
항목들이 나오는데, 수많은 사람들이 아이폰을 쓰면서 그만큼
많은 사연들과 경험들, 지식들을 뱉어내기 때문이다. 그러나 코모리
인쇄기를 쓰는 사람은 이 세상에 몇 안 된다. 따라서 인쇄기계는
조선소의 대형 크레인처럼 아주 특수한 소수의 사람들만 다루면서
일반인들 사이에 보편적인 인식이 성립돼 있지 않은, 고독한 기계다.
Komori Lithrone 40은 CMYK(사이언, 마젠타, 옐로우, 블랙. 즉 청, 적,
황, 흑의 네 색깔)의 네 개의 유닛으로 구성돼 있다. 각 유닛 속에
수많은 롤러들이 들어 있어서 CMYK 중 한 색을 찍어낸다. 그 네
개의 유닛들을 기장과 보조 인원이 애지중지하며 정밀한 색감을
만들어내는 것이다. 어떤 사진가는 색감이 마음에 들지 않는다며
일주일이나 인쇄를 다시 시켜서 기장을 애먹이는 경우도 있다.
때문에 인쇄 과정은 아주 면밀하게 이뤄져야 한다.

인간의 숙련도와 감각에 좌우되는 기술

인쇄의 기본 원리는 간단하다. 판에 잉크를 묻혀서
종이에 찍어내는 것이다. 사진을 인쇄하는 보편적인 방식을 오프셋
인쇄(offset printing)라고 하는데, 그 원리는 물과 기름의 반발력을

인쇄될 면이 화학적으로 처리된
PS판. 네 개의 판이 모여서
하나의 색을 만들어낸다.

인쇄될 그림이 찍힌 PS판이
인쇄기에 걸려 있는 모습.

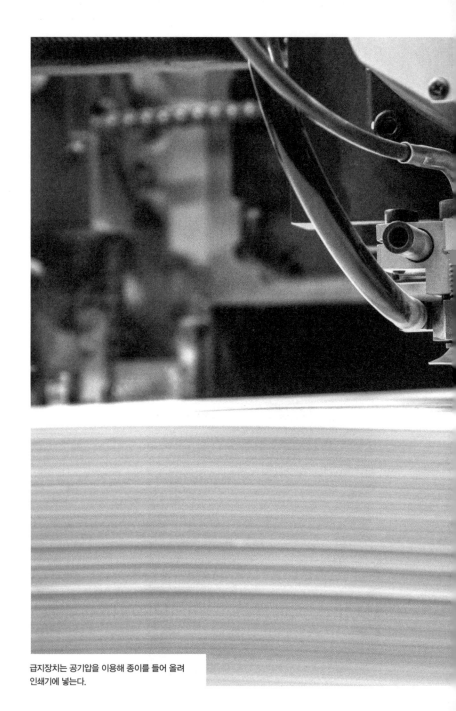

급지장치는 공기압을 이용해 종이를 들어 올려
인쇄기에 넣는다.

이용하는 것이다. 오프셋이란
인쇄 면에 묻는 얼룩을 의미한다.
즉 얼룩 면에 유성(油性)인 잉크는
묻지만 물은 묻지 않는 성질을
이용하는 것이다. 우선 인쇄를
하려면 원색 사진의 색을 CMYK
네 가지로 나눈다. 각 색은
PS판(presensitized plate, 감광성이 있는
판이라는 뜻)에 감광제로 처리되어
인쇄될 수 있는 면을 이룬다.
한 장의 사진에 대해 네 개의
판을 만드는 것이다. 네 개의
판이 각각의 색을 따로 찍어서

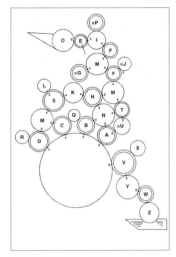

인쇄기의 한 유닛에는 수많은 롤러들이 있어서
종이에 잉크가 골고루 잘 묻도록 해준다.

그 색들이 합쳐지면 원하는 색이 나온다. 말은 간단하지만 척
봐도 멋진 풍경이라고 인식할 수 있는 풍경 사진을 인쇄하려면
매우 정밀한 공정과 세심한 배려가 필요하다. 가족이 수술실에
들어갈 때 담당 의사에게 간곡히 부탁하듯 책을 찍을 때면
기장에게 간곡히 부탁해야 한다. 물론 프로페셔널한 기장이라면
누가 부탁하지 않아도 자기 일의 만족도를 높이기 위해 좋은 인쇄
결과물을 위해 애쓸 테지만 말이다.

원리가 갖춰졌다고 해서 바로 인쇄가 되는 것은 아니다.
인쇄용 판에 찍힌 이미지는 망점이라는, 눈에 보이지 않는 아주
작은 점들로 구성돼 있다. 그 망점들은 CMYK의 네 가지로 되어

있어서 그 점들이 어떻게 구성되느냐에 따라 다른 색이 나온다. 문제는 정밀한 인쇄를 위해서는 망점들이 잘 찍혀 나와야 한다는 것이다. 그래서 기장은 인쇄되어 나온 종이를 곧바로 뽑아서 돋보기로 들여다본다. 망점들이

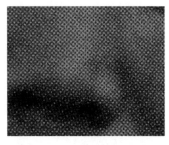

망점들. CMYK의 점들로 이루어져 있으며 이 점들이 잘 구성되어 색깔이 찍힌다.

잘 찍혔는지, 어긋나지는 않았는지 보는 것이다. 정밀한 인쇄를 위하여 PS판으로 곧바로 찍는 것이 아니라 고무 블랭킷(일명 '부랑켓')에 전사하여 거기에서 종이에 인쇄한다. 말은 블랭킷이지만 평면은 아니고 원통형으로 돼 있다. 인쇄의 첫 과정은 종이에 바로 잉크를 찍는 게 아니다. 앞서 오프셋 인쇄란 물과 기름의 반발력을 이용한다고 했는데, 그러려면 종이에 잉크를 묻히기 전에 물을 먼저 묻혀야 한다. 그 후 판면에 잉크를 묻혀서 블랭킷이 종이에 잉크를 찍는 것이다. 알코올로 pH 농도를 조절하여 약산성으로 맞춰놓은 이 물은 인쇄판의 그림이 없는 부분, 즉 친수성인 부분에 잉크가 묻지 않게 해주는 역할을 한다. 그림이 있는 부분에는 잉크의 친유성 때문에 유성 잉크가 찍히게 된다.

현대의 모든 기계들이 그렇듯 인쇄에서도 속도가 중요하다. 만일 유성 잉크가 찍혀 나온 종이들을 바로 쌓아놓으면 어떻게 될까? 다 들러붙어서 아무짝에도 못 쓰게 된다. 그래서 인쇄기의 아래쪽에는 미세한 분말을 분사해주는 장치가 있다. 눈에

인쇄돼 나온 종이를 기장이 면밀히 들여다보고 있다.
색감은 잘 나왔는지, 망점들의 초점은 잘 맞았는지
보는 것이다.

보이지 않을 정도의 미세한 분말들이 방금 인쇄돼 나온 종이의
표면에 뿌려져서 종이들끼리 들러붙지 않게 되는 것이다.

의미의 근거를 찍는 기술이
거쳐온 세월

인쇄의 실제 과정을 보기 위해 피더에 종이를 물려 놓고
스위치를 누르자 경쾌한 음악 소리부터 들리기 시작한다. 소리는
경쾌하지만 의미는 경쾌하지 않다. 수많은 롤러들이 돌아가는
인쇄기는 많은 사람의 손가락을 집어삼켰기에, 조심하라는

경고음이다. 공기압으로 빨아올려진 종이는 인쇄기 속으로
말려들어가고, 앞서 말한 과정들을 거쳐 '데리바리(delivery)', 즉
배지에 이르게 된다. 그 종이들을 잘라서 순서를 맞춰서 제본하면
책이 된다. 인쇄 과정을 보면서 설명을 듣다 보니 일본말이 참
많이 들린다. 부랑케, 데리바리같이 영어가 일본어화된 것도 많고,
베다, 누끼처럼 원래 일본말인 용어도 많다. 우선 인쇄기가 대부분
독일제나 일본제이기 때문일 것이다. 인쇄업계 바깥에 있는 사람이
그 안을 들여다보면 온갖 일본말들이 희한한 세계를 이루고 있다.
대표적인 사례가 '도무송'이라는 절차다. 도무송이란 인쇄용 종이를
원하는 모양에 따라 잘라주는 것을 말한다. 이 공정을 하는 기계의
브랜드가 '톰슨(Thomson)'이었는데 그것이 일본어화되고 보편화되어
'도무송한다'라는 말이 됐다. 인쇄업에 종사하는 사람들 중에도
도무송이 톰슨을 뜻한다는 것을 모르는 사람이 많다.

인쇄된 종이들이 쌓여 있다.

가장 오래된 인쇄는 신라 시대인 751년에 목판 인쇄로 찍힌 무구정광대다라니경이라고 한다. 1450년에 구텐베르크는 금속활자 인쇄를 개발했으며, 지금의 오프셋 인쇄는 1901년 미국의 아이러 루벨(Ira Rubel)이 발명한 것이다. 그것이 시대와 공간을 돌고 돌아 일본식 기술을 꽃피우고 마침내는 충무로까지 오게 된다. 지금 우리가 보고 있는 책을 찍어준 그 기술은 수많은 세월과 지역들을 돌고 돌아서 우리에게 온, 귀한 기술이다.

공연의 역사를 새로 쓸 기계장치,
아시아예술극장

연극이나 오페라, 무용을 공연하는 극장은 흔히
프로시니엄(proscenium)이라고 알려진 형태를 띠고 있다. 객석이
있고, 객석과 완전히 분리된 무대가 앞쪽에 있는 구조다.
프로시니엄은 원근법적인 공간을 이루고 있기에 관객은 그 안에서
벌어지는 일들이 실제의 사건에 대한 가상이라고 인지하며 공연을
보게 된다. 객석과 무대는 분리돼 있어서 둘은 완전히 다른 세계다.
객석은 일상의 세계인데 무대 위는 1000년 전이 될 수도 있고 먼
미래가 될 수도 있는 가상과 환상의 공간이다. 관객과 공연자는
인간과 신만큼이나 동떨어진 존재다. 관객이 무대에 올라가서도
안 되고 공연자가 객석에 간섭해서도 안 된다. 관객은 뭔가 특별한
일이 무대에서 벌어질 것이라는 기대를 안고 입장료를 내고 공연을
본다. 우리가 접하는 모든 공연장의 형태는 바로 이런 프로시니엄의
구조로 되어 있었다. 2015년 9월 4일 전까지는 말이다.

중장비와 오페라의 만남

그날 개관한 국립아시아문화전당의 아시아예술극장은

아시아예술극장의 한쪽 벽은 전체가 문으로 돼 있어서 완전히 열 수 있다. 차이밍량의 당나라 승려가 공연되고 있다.

무대감독이 콘솔을 조작하여 리프트를 6.6미터까지
들어 올렸다. 독일에서 만든 이 콘솔에 문제가 생기면
온라인으로 독일 현지에 접속하여 문제를 해결할 수 있다.

전혀 다른 구조를 가지고 있다. 이 극장에는 고정된 무대가 없다.
극장 전체는 평평한 플로어로 돼 있을 뿐이다. 객석도 보이지
않는다. 전체적으로는 사방 60미터×34미터, 높이 15미터의 커다란
장방형 공간일 뿐이다. 아시아예술극장의 비밀은 모든 것이
모바일 하다는 점에 있다. 플로어 전체는 서른여섯 개의 리프트로
돼 있어서 마음대로 높이고 낮출 수 있다. 원하기만 하면 모든
리프트의 높이를 다 다르게 설정하여 모자이크 같은 공간을 만들
수도 있다. 리프트는 최대 6.6미터까지 올라간다. 높이 솟아오른
리프트는 순식간에 현대적인 공간을 고대 그리스의 신전 같은
느낌으로 만들어버린다. 객석은 리프트 위에 쌓아서 만들게 된다.

리프트들을 다양하게 올려서 모자이크 같은 공간을
만들었다. 당신이라면 어떤 공간을 만들겠는가?

객석의 위치도 연출가가 원하는 만큼 아무 데나 놓을 수 있다.
그리고 천장에는 마흔일곱 개의 세트 배턴, 즉 막대가 있어서
무대장치 등을 매달고 얼마든지 올리고 내릴 수 있다. 무대 공간을
이루는 벽이나 건물, 막 등을 배턴에 매달아 내리고 올리는 것이다.
　　　그래서 아시아예술극장은 대단히 자유롭고 유연한
공간이다. 창의적인 연출가라면 무한히 다양한 공간을 만들어낼
수 있다. 하지만 자유롭고 유연한 것은 공상 속의 얘기고, 실제로
이 공간을 운영하는 입장에서 보면 완전히 다른 얘기가 펼쳐진다.
아시아예술극장의 설비들을 둘러보고 난 느낌은 중공업 공장이나
조선소 같다는 것이었다. 실제로 60×34×15미터라는 규격은 대형

리프트를 최대한도로 올린 모습.

천장에 올라가보니 세트 배턴들을 올리고 내리는
수많은 케이블 윈치와 모터 들이 있었다.

여객기가 들어갈 수 있는 격납고와 같은 크기다. 높이 솟아오른
리프트 속을 들여다보니 만만치 않아 보이는 설비들이 보였다.
리프트를 지탱하는 가위형 지지대는 대단히 두껍고 튼튼한 강철로
돼 있었고, 리프트를 구동하는 모터는 100마력이 넘는 것이었다.
한마디로 아시아예술극장을 채우고 있는 설비들은 중장비다.
많은 인원과 소품, 설비를 올려놓고 공연하는 곳이기 때문에
리프트는 튼튼하고 안전해야 한다. 미국의 무대용 리프트 전문업체
세라피드의 것을 쓰고 있다.

　　　세계에서 제일 큰 배를 척척 찍어내듯이 만들어내는
한국의 공업력으로 이 정도의 설비를 못 만들까 싶겠지만

천장 속에도 많은 설비들이 있다. 왼쪽에 있는 기계는
막을 올리고 내리는 호이스트다.

공연장에서 쓰는 모든 장비들은 공연의 특성에 맞춰져야 한다.
리프트는 그냥 오르내리기만 하는 게 아니라 안전하게 작동하는
동시에 연출자가 원하는 대로 섬세하게 오르내려야 한다.
아시아예술극장의 리프트는 한 시간 동안 천천히 오르내릴 수
있도록 프로그래밍 할 수 있다. 무대 경험이 없는 업체는 이런
장비를 만들 수 없다. 결국 문화의 문제인 것이다. 여기서 우리는
문화의 새로운 개념을 만나게 된다. 흔히 문화라고 하면 소프트한
쪽을 생각하게 된다. 그러나 여기서 말하는 문화란 공연의 섬세한
특성과 기계설비의 우직함이 만나는, 대단히 하드하고 터프한
국면이다. 마치 발레리나와 크레인 기사의 만남 같은 모순된

모습이다. 그러나 발레리나의 섬세함이 살아나려면 중장비도 섬세하고 안전하게 작동해야 한다. 여기서 문화란 중장비와 오페라가 만나는 모순적인 조화이며, 그 만남이 차질 없이 이뤄지도록 조절하고 관리하는 기술과 태도다.

엄청난 장비와 수많은 사람들의 조합에
긴장이라는 양념을 친 공간

극장에서는 안전이 무엇보다도 중요하다. 조선소 같은 중공업 현장에서는 안전이 일차적인 관심사다. 여기저기 '안전제일'이라는 구호가 붙어 있고 수시로 안전교육을 받는다. 그러나 극장에서의 일차적인 관심사는 안전이 아니라 공연 자체다. 그래서 안전이 뒤로 밀려날 수가 있다. 수많은 설비들이 오르내리는 극장에서 공연 자체에 집중하다가 안전사고가 나는 경우도 있다. 추락 사고가 날 수도 있고 오르내리는 리프트에 깔리는 사고가 날 수도 있다. 폐쇄된 극장에서 불을 쓰는 것은 위험하다. 공연에서 불을 사용할 때는 소화기를 든 소방수가 대기하고 있어야 한다. 그래서인지 공연이 없는 텅 빈 극장에도 긴장이 가득했다. 모든 설비의 재질과 규격은 안전을 염두에 두고 만들어졌음이 확연히 보였다. 800킬로그램의 무게를 감당할 수 있는 세트 배턴을 올리고 내리는 모터들은 튼튼한 20마력짜리다. 천장에 올라가봤다. 바닥은 밑이 훤히 내려다보이는 그레이팅으로 돼 있었다. 천장 위의 천장은 높이가 낮아서 머리를 들고 다닐 수가 없었다. 작업자들이 전기 설비를 손보고 다니고 있었는데, 일하기 쉬운 조건이 아니었다. 그레이팅이 튼튼해서 사람이 추락할 염려는 없지만 15미터 아래로 훤히 내려다보이는 극장 공간은 두려움을 주기 충분했다. 극장이란 만만한 공간이 아니라는 생각이 들었다.

꼭 물리적인 안전 때문만이 아니더라도 극장에는 긴장이 가득하다. 필자는 아르코 대극장 무대에서 공연을 해본 적이 있는데 공연 시간이 다가오고 무대감독이 "1분 남았습니다."라고 말할 때는 온몸의 피가 얼어붙는 듯이 떨렸다. 내 한 몸에 쏠리는 많은 사람들의 시선, 준비된 시간에 정확히 모든 것을 보여줘야 하며 실수를 수정할 기회가 없다는 점이 긴장의 요인이었다. 그 긴장의 요소 중에는 연출자, 무대감독 등 수많은 사람들의 보이지 않는 기 싸움도 있다. 그런 긴장을 견딜 수 없어서 다시는 공연 무대에 오르지 않기로 했다. 아마 그 긴장을 즐기느냐 두려워하느냐가 천부적인 공연자와 그렇지 않은 사람을 가르는 기준이 될 것 같다. 유명한 연주자도 공연을 앞두면 떨린다고 한다. 그러나 그들과 다른 사람의 차이가 있다면, 그들은 무대 위에 올라서 관객들의 시선을 한 몸에 받으면 긴장은 사라지고 제 기량을 발휘한다는 점이다. 말하자면 공연 체질인 사람과 그렇지 않은 사람으로 나눌 수 있는 것이다.

극장을 움직이는 데 얼마나 다양한 사람들이 관여하고 있을까? 아마도 극장을 움직이는 두 부류의 사람을 꼽으라면 예술감독과 연출가일 것이다. 예술감독은 어떤 공연을 올릴 것인지 정하여 극장이 갈 방향을 지휘한다. 연출가는 공연의 내용을 만드는 작가로서, 극장에 속한 사람은 아니다. 극장이란 연출가가 만든 내용을 실현시키는 공간이라 할 수 있다. 예술감독 밑에 프로듀서팀이 있어서 실제 공연이 이루어지도록 연출가와 협의하며 진행한다. 그리고 무대감독, 음향감독, 조명감독, 기계감독으로 구성된 무대기술팀이 있다. 기술팀이라고 하지만 기술 자체만을 다루는 것이 아니라 공연이 가진 섬세한 면을 이해하고 거기에 맞춰서 기술을 다루는 팀이다. 그리고 흔히 '크루(crew)'라고 하는 일꾼들이 있어서 몸으로 해야 하는 자잘한 일들을 도맡는다. 그리고 무대 디자이너, 조명 디자이너, 음향 디자이너가 각각을 디자인한다. 운영팀은 예산을 짜서 운영하고 행정적인 일을 처리한다. 공연을 널리 알려서 많은 사람들이 볼 수 있게 하는 홍보팀도 있다. 이 많은 사람들과 엄청난 공간, 장비들의 조합에 긴장이라는 양념을 친 것이 아시아예술극장이다.

아시아예술극장의 역사성

대단히 가변적인 구조로 된 아시아예술극장은 살아 있는 공연장이다. 실제로 리프트와 배턴 들은 공연 중간에도 오르내릴 수 있다. 이곳은 창의력 넘치는 연출가라면 얼마든지 사람들의 상상을 뛰어넘는 일을 벌일 수 있는 곳이다.

서양에는 극장 건축에 관한 기술과 문헌이 오래전부터

있었다. 기원전 16년 로마의 건축가 비트루비우스(Marcus Vitruvius Polio)가 쓴 『건축 10서(De Architectura)』의 제5서는 극장 건축에 관한 것이다. 이 책을 보고 크게 영향을 받은 르네상스 시기의 팔라디오는 이탈리아 비첸차에 올림픽 극장을 만든다. 이는 최초의 실내 공연장이며 최초의 프로시니엄 무대이기도 하다. 프로시니엄 무대는 지금까지도 전 세계 대부분 극장의 기본적인 형태이다. 그러나 인간이 만든 어떤 것도 영원하고 보편적인 것은 없다. 보편적인 척을 할 뿐이다. 아시아예술극장은 프로시니엄 무대의 형태를 거부하여 그것이 한낱 역사적인 형태이며 그 형태는 얼마든지 바뀔 수 있다고 천명한다. 그것이 아시아예술극장이 보여주는 역사성이다. 아시아예술극장은 역사적인 동시에 동시대적인 기계다.

디드로의 『백과전서』(1760)에 나오는 파리 오페라
극장의 설비들. 전기도 없던 시절에 사람의 손으로
이런 시설을 돌리며 공연했다는 것은 놀라운 일이다.

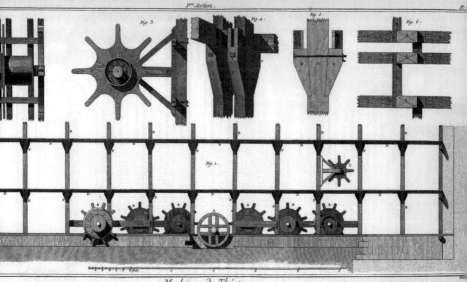

Machines de Théatres,
Coupe sur la largeur des deux premiers Planchers du Dessous de la Salle de l'Opéra de Paris, avec différens Détails de Construction.

조리, 혹은 조립되는 음식

사람들은 집밥을 그리워한다. 오랫동안 집을 떠나 타지에서 하숙이나 자취 생활을 하는 사람이라면 더 그렇고, 하루 종일 직장에서 시간을 보내야 하는 사람도 집밥을 그리워한다. 집밥이란 엄마가 해준 밥일 게다. 그런데 우리의 집이 더 이상 엄마의 따스한 손길이 밴 공간이 아니라 철저히 기계화된 곳이라 해도 여전히 집밥이 그리울까? 댓돌을 걸어 올라가는 대신 엘리베이터를 타야 대문에 접근할 수 있고, 그 대문은 나무로 된 것이 아니라 번호를 누르는 도어록이 달려 있고, 집 안에 들어가면 전자회로가 내장된 전기밥솥이 프로그램에 따라 밥을 해주는 세상에서 사람들이 그리워하는 밥의 형태도 달라질 수밖에 없다. 오늘날 많은 사람들이 패스트푸드를 먹는 이유는 단지 값이 싸다거나 빠르고 편하기 때문만은 아니다.

집밥과 존재론적으로 다른 음식, 패스트푸드

사람들은 기계로 만든 음식을 원한다. 빠르고 정확하게 만들어지기 때문이다. 엄마가 감으로 밥을 한다면 패스트푸드는

햄버거의 관점에서 세상을 본다. 이 햄버거들은 홀딩
캐비닛에 오래 머물 수 없다. 10분이 지나면 벌써
수명이 다해서 폐기된다. 10분이 지나기 전에 저
건너편의 누군가에게 팔려야 한다.

데이터에 의해 만들어진다. 재료의 성분과 양은 철저히 계산돼
나오고, 그것을 담는 손의 동작도 철저히 훈련된 것이다. 채소는
정확한 양을 넣을 수 있는 손 모양으로 집어서 놓고, 소스와
드레싱도 정확한 양을 짜 넣는다. 햄버거를 만들기 위해 패티와
번을 굽는 시간과 온도는 철저히 최적화된 상태로 유지된다. 저녁을
차렸다가 식구들이 안 들어오면 식어빠진 음식을 데우고 또 데우는
집밥과는 완전히 다른 방식으로 만들어진다. 엄마는 손맛으로
적당히 간을 맞추고, 남는 음식은 이리저리 뒤섞어 비빔밥을
만들어 처리하는 등 다분히 주관적인 요리사다. 롯데리아의 음식은
객관적이다. 롯데리아에는 홀딩 타임이라는 것이 있는데, 준비된
음식을 서빙할 때까지 놔둘 수 있는 시간을 말한다. 햄버거의 홀딩

타임은 10분, 치킨은 한 시간이다. 그 시간이 지나면 음식은 식고 말라서 식감이 떨어진다. 홀딩 타임을 벗어난 음식은 가차 없이 폐기된다.

집에서는 엄마가 밥도 하고 반찬도 하고 청소도 빨래도 하지만 롯데리아에서는 조리하는 사람, 손님 응대하는 사람, 매니저 등으로 철저히 역할이 나뉘어 있다. 따라서 패스트푸드는 집밥이 그리운 사람이 시간과 돈이 없어서 어쩔 수 없이 먹는 음식이 아니라 기계를 이용해서 기계적인 절차에 따라서 만들어진 맛이 그리운 사람이 먹는 음식이다. 그것은 밥과 국과 김치와 생선구이로 된 집밥과 존재론적으로 다른 음식이다. 사실 우리는 패스트푸드 하면 햄버거만 생각하지만, 롯데리아에는 닭, 게, 새우, 쌀 등 수많은 재료로 된 음식들이 있다. 다양성에서도 롯데리아는 엄마를 능가하고 있다.

햄버거 조립대. 토마토와 피클 등의 재료가 들어가는 통이 작은 이유는 너무 많은 재료들을 담아놓으면 신선도가 떨어지기 때문이다.

기계로 만들어지는 음식답게 롯데리아에서는 재료들을 모아서 햄버거를 만드는 행위를 '조립'한다고 한다. 그 과정에 개입해 있는 기계들은 회로를 이루고 있어서 식재료들이 그 회로를 따라가다 보면 어느새 완성품이 돼 있다. 주방은 총 세 개의 스테이션으로 돼 있다. 각종 프라이를 튀기는 조리대, 패티를 굽는 그릴, 그리고 음식을 서빙하는 곳이다. 주방에 들어섰을 때 맨 처음 반겨주는 곳은 프라이를 튀기는 스테이션이다. 프라이는 튀기고 난 후 눅눅해지기 전에 서빙해야 하기 때문에 계산대 옆에 위치해 있는 것 같다. 벽에 붙은 표에는 재료별로 튀기는 시간과 온도가 표시돼 있다. 포테이토, 양념감자, 해쉬포테이토는 172도로, 치즈스틱, 새우, 치킨은 182도로 튀긴다. 감자는 3분, 치즈스틱은 1분 40초, 오징어는 2분 20초(2분 30초 튀기면 어떻게 될까?

햄버거 포장지는 단순히 햄버거를 싸는 종이가 아니었다. 수많은 메뉴들이 프린트 돼 있어서 안에 뭐가 들어 있는지 알 수 있게 해주며, 롯데리아의 메뉴들을 분류해주는 인식표 역할도 한다.

맛이 확 떨어져서 안 팔리게 될까?), 크런치는 3분, 치킨은 9분, 크리스피 패티는 5분을 튀긴다. 사실 튀기는 음식은 속까지 깊이 익어야 하기 때문에 시간이 걸린다. 엄밀히 말해서 튀기는 데 9분이 걸리는 치킨은 패스트푸드는 아니다. 정확히 말하면 패스트푸드 계열의 음식이라고 해야 할 것이다. 최대 쿠킹량도 정해져 있다. 감자는 680그램, 치즈스틱은 12개, 오징어는 18개, 홍게는 5개, 치킨은 9조각……. 아주 세세하다. 튀긴 후 흔드는 방법도 명시돼 있는데, "30초 후 알람이 울리면 유조내에서 바스켓을 좌우상하로 2~3회 흔들어준다."고 돼 있고, 다 흔든 다음에는 감자는 "즉시 바스켓을 들어올려 좌 또는 우로 약 5초간 기울인 후 상하로 4~5회 흔들어"주며, 다른 것들은 "바스켓 홀더에 걸어 30초 놔둔다."

감자에서부터 닭고기, 새우 등 여러 가지 재료들을
튀기는 프라이 스테이션.

먹거리가 고도로 산업화되고
기계화된 풍경

이런 식으로 롯데리아에서는 모든 것이 철저히 매뉴얼화돼 있다. 벽에 붙어 있는 '후라잉오일산가(酸價) 체크매뉴얼'을 보면 "산가측정시험지를 2초간 침지하며 이때 4개의 밴드가 반드시 기름에 침지될 수 있도록 합니다. 산가측정한 시험지를 꺼내 상온에서 1분간 방치하며 색상의 변화를 확인합니다. 산가 1.0 이하는 프레쉬 오일, 2.0이면 교체, 2.5 이상이면 사용불가"라고 돼 있다. 온갖 사건사고의 배후에 잘 지켜지지 않는 매뉴얼에 대한 논란이 있었던 것을 상기하면, 롯데리아의 매뉴얼은 음식의 생명이자 직원과 손님의 안전의 문제다.

아침 메뉴는 얼마나 정확한지 보자. 햄치즈라이스는 무게가 138그램이다.(왜 140그램이면 안 될까?) 거기 들어가는 슬라이스(원래는 슬라이스드(sliced)라고 써야 한다.) 치즈는 12.3그램(12.5그램 들어가면 어떻게 될까?), 본레스 햄은 16그램, 야채라이스번스 크라운은 106.7그램이 들어간다. 햄에그머핀은 무게가 133.3그램,

온도 센서와 화재방지기. 프라이 스테이션의 위쪽에 온도 센서가 있어서 기름에 불이 붙으면 즉시 불을 끄는 소화액을 뿜어준다. 매뉴얼에 따라 척척 돌아가는 평온해 보이는 현장이지만 이런 식의 안전 조치가 있기 때문에 가능한 일이다.

거기 들어가는 재료도 소수점 아래까지 무게가 정해져 있다. 이 세상 어떤 엄마가 이렇게 엄격할 정도로 정확하고 세분화해서 음식을 준비할까. 엄마에게 사랑은 있을지 몰라도 정확도는 없을 것이다. 롯데리아는 엄마보다 정확하고 강력하다. 롯데리아는 "오늘 저녁은 뭘 할까?" 하다가 시장에서 손 가는 대로 사오는 엄마와 다르다. 프라이에 쓸 감자는 전부 수입산을 쓰는데 국산 감자로는 1300개에 달하는 전국의 롯데리아 매장의 수요를 감당할 수 없기 때문이다. 그리고 한 업체에서 감자를 공급받으면 만일의 사태에 부족할 수도 있어서 여러 업체의 감자를 쓰고 있다. 주식투자에서 흔히 말하는 "한 바구니에 계란을 다 담지 말라."라는 격언이 생각나는 대목이다. 롯데리아의 격언은 "모든 감자를 한 업체에서 받아다 쓰지 말라."가 될 것이다. 다른 재료들도 여러 공급원으로부터 받는다.

　　　　프라이 스테이션에서 따로 떨어진 곳에 패티를 굽는 그릴이 있다. 패티도 당연히 굽는 시간과 온도가 정해져 있다. 구워진 패티는 캐비닛에 담겨 보관된다. 이 캐비닛도 당연히 일정한 온도가 유지된다. 어떤 패티는 70도, 어떤 것은 90도, 어떤 것은 92도로 보관된다. 물론 패티에도 홀딩 타임이 있다. 1990년대 미국의 패스트푸드 식당에서는 비위생적인 고기로 만든 패티를 충분히 익히지 않고 서빙했다가 어린아이가 그걸 먹고 식중독에 걸려 죽은 적이 있다. 21세기의 패스트푸드 식당에서는 패티를 철저히 관리하기 때문에 그런 일이 있을 수 없다. 이제 엄마는 완전히 기계가 됐다. 롯데리아에서는 세 가지 빵을 쓴다. 각각

4호, 5호, 7호. 빈대떡이니 송편이니, 자연물과 구체적인 사물의 흔적을 가지고 있는 한국 음식 이름에 비하면 대단히 추상적이고 기계적인 이름이다. 사실 우리는 롯데리아에서 먹거리가 엄청나게 산업화되고 기계화된 충격적인 장면을 보고 또 먹고 있는 셈이다. 그러면서 아무도 그것을 불편하게 생각하지 않는다는 것도 놀라운 일이다. 만약 집에서 엄마를 닮은 로봇이 우주 식량 같은 음식을 만들어서 로봇 목소리로 "많이 먹어라." 한다면 입맛이 나지 않을지도 모른다.

먹는 기계와 기계로 만들어지는 음식

롯데리아에는 다양한 맛있는 음식도, 편안한 의자도 있지만 없는 게 딱 하나 있다. 보통 식당에는 음식 맛을 칭찬하면 반색하며 엄마처럼 더 퍼주고, 예쁜 아기가 있으면 머리를 쓰다듬어주는 아주머니 같은 사람이 있지만 롯데리아에는 그런 식의 주관적인 소통은 없다. 아무도 음식 맛을 칭찬하지 않는다. 칭찬을 들어줄 사람이 없기 때문이다. 철저히 기계화된 식당에는 기능적으로 움직이는 사람들만 있을 뿐이다. 보통은 기계와 기계 사이, 기계와 사람 사이를 연결해주는 인터페이스가 있는데, 철저히 기계적으로 움직이는 롯데리아에서는 기계와 기계 사이에 사람이 인터페이스로 끼어 있다.

기계화된 음식의 좋은 점은 상당히 투명한 시스템이라는

점이다. 어떤 산업이건 영업비밀이 있겠건만 롯데리아의 모든 메뉴의 스펙은 홈페이지에 다 나와 있다. 롯데리아에서 가장 많이 팔리는 메뉴인 불고기버거의 총중량은 154그램, 열량은 390킬로칼로리, 단백질은 17그램, 나트륨은 713밀리그램, 당류는 8그램, 포화지방은 7.4그램이다. 따라서 롯데리아에서 음식을 먹으려는 이는 미리 홈페이지에서 자기가 먹으려는 음식의 스펙을 확인하고 가면 된다. 칼로리가 높네, 포화지방이 높네 불평할 필요가 없는 것이다. 한우불고기버거가 푸짐하기는 하지만 칼로리와 나트륨, 포화지방이 걱정된다면 '착한 메뉴'에 있는 오징어버거를 먹으면 된다. 총중량은 140그램, 열량은 347킬로칼로리, 나트륨은 575밀리그램밖에 안 들어 있기 때문이다.

그간 패스트푸드에 대한 걱정은 칼로리가 높다거나 정크

구운 패티를 일정한 온도에서 보관하는 패티 캐비닛.

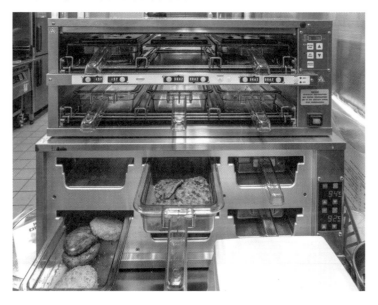

푸드라는 등의 걱정이었는데 롯데리아의 조리 과정을 둘러보고 나서는 전혀 다른 것이 문제임을 알 수 있었다. 이렇게까지 산업화되고 철저히 체계화된 음식을 먹고사는 오늘날 우리라는 존재는 도대체 무엇일까? 우리도 기계인가? 이제 음식에 대한 철학도 바뀌어야 할 때가 온 것 같다. 요즘 사람들이 정말 원하는 것은 집밥이 아니라 정확성과 체계성이 보장해주는 위생과 영양이다. '집밥'이란 상징적 표상일 뿐이다. 시골 어머니가 꾀죄죄한 행주치마로 숟가락을 쓱 닦아서 많이 먹으라고 밥상에 놔주면 요즘 어린아이들은 질겁할 것이다. 철학자 들뢰즈가 '엄마가 해준 집밥'이라는 말을 들었으면 오이디푸스적 구조를 가진 음식이라고 비판했을 것이다. 엄마란 '나'와 오이디푸스적 구조로 묶인 관계 속에서 의미를 갖는 사람의 호칭이기 때문이다. 기존의 가족 관계와, 거기서 비롯되는 가치로부터 탈주할 것을 요구하는 철학자에게 '엄마가 해줬기 때문에 가치가 있는 음식'이라는 표상은 더 이상 유효하지 않다. 모든 것을 기계로 파악하는 그가 롯데리아에서 햄버거를 먹었다면 어떻게 평가했을까? 어차피 입은 먹는 기계인데 거기 들어갈 음식을 기계적으로 만든다고 해서 뭐가 잘못이란 말인가?

마지막 뗏목 사공을 찾아서

　　　　우리는 더 이상 뗏목이 가능하지 않은 세상에 살고
있다. 뗏목은 기계적으로나 경제적으로나 더는 실존할 수 없는
테크놀로지다. 둘 다 가능하다고 해도 나서서 뗏목을 만들어 탈
사람도 없다. 하지만 가능하지 않은 테크놀로지라고 해서 전부
내다 버리면 우리는 과거의 삶을 어떻게 돌아볼 수 있을까?
강물과 바위와 바람을 읽었던 그 눈과 손의 기술도 내다 버린다면
우리는 무슨 수로 미래의 강을 살아나갈까? 강철과 콘크리트가
강물의 범람을 막아주고 강을 편리한 감상의 대상으로 만들어준
세상이지만, 그 강에서 살아나가기 위해 분투했던 사람들의
이야기는 지금도 여전히 소중하다. 강 자체가 사라지지는 않을

강원도 영월군의 집 앞 동강가에 선 홍원도 씨.

것이기 때문이다. 뗏목은 사라졌기 때문에 실재의 강과 표상의 강 중간쯤 어딘가에 존재한다. 그것은 실학도 아니고 신화도 아니다. 그러면서 그 둘 사이에 떠 있다. 마지막 뗏목 사공 홍원도 씨의 사연을 통해 뗏목의 실재와 신화를 들어봤다.

자연의 비위를 맞춰야 하는 일

강 따라 뗏목 타고 내려오는 모습을 보면 세상에 저렇게 편한 일이 있을까 싶다. 강물이야 저절로 아래로 흐르니 동력도 필요 없고, 폭이 한정된 강에서 하류로 일방적으로 흘러내려가니 길을 잃을 염려도 없다. 망망대해에서의 항해는 내비게이션이 전부라고 할 수 있지만 강에서는 그런 것도 필요 없을 것이다. 그러나 강원도 영월에서 마지막 뗏목 사공 홍원도 씨를 만나 이야기를 들어보고는 그게 틀린 생각이라는 것을 알게 됐다. 영월에서 태어나 온갖 힘든 노동은 안 해본 것이 없는 홍원도 씨에게 뗏목을 모는 일은 또 다른 중노동이었다. 대도시에서 보는 강은 폭이 넓고 수심이 깊고 흐름이 부드럽지만, 나무의 원산지인 강원도 정선이나 영월의 강은 넓지도 깊지도 않다. 그 강에서 뗏목을 몰고 간다는 것은 수시로 변하는 자연에 살살 비위를 맞춰가야 하는 일이다. 강물이 얕아지면 삿대로 강바닥을 밀지만 그래도 안 되면 사공이 물에 들어가 뗏목을 밀어야 한다. 뗏목 자체가 무거운데 그게 강물을 먹으면 더 무거워진다. 그 뗏목이

얕은 강에 걸려서 안 내려가면 세 개씩 묶은 뗏목들을 풀어서
밀어야 할 때도 있다.

바다는 풍랑도 거세고 위험이 많지만 강은 장마나
태풍이 와서 물이 불을 때만 아니면 별 위험이 없을 것
같았다. 그러나 그것도 틀린 생각이었다. 동강에는 황새여울과
된꼬까리여울이라 불리는 두 난관이 있다. 여울이란 물이 좁아지고
얕아지면서 유속이 빨라지는 곳이다. 급물살을 탄 뗏목이 바위에
부딪혀 사공이 죽은 일도 있다고 한다. 뗏목의 내비게이션은 바위
같은 장애물에 부딪히지 않게 뗏목의 방향을 잘 잡는 행위다.
사공은 평소에 그 여울의 돌들을 치워서 뗏목이 잘 지나가게
물길을 정비하는 일도 해야 한다.

그렇다면 뗏목은 누가 만드는 걸까? 일이 분업화되어

홍원도 씨 집 부근의 동강 여울. 뗏목에 대한 얘기를
듣고 나서 보니 평소에 아름답게 보이던 이런 바위와
여울이 장애물이라는 것을 깨닫게 됐다.

누구는 뗏목을 만들기만 하고 누구는 강에서 몰고 가기만 하는 시스템이 아니다. 사공 자신이 만들어야 한다. 일단 산판 작업을 하는 산에 올라가서 직접 나무를 벤다. 목질이 단단해서 가구 만들기에 좋은 참나무나 물푸레나무로는 무거워서 뗏목을 만들 수 없다. 우리 상식에 나무는 당연히 전부 물에 둥둥 뜨는 게 아닌가 생각하겠지만 무거운 나무는 물에 많이 가라앉는다. 얕은 물에서 가라앉으면 뗏목이 강바닥에 닿아 곤란하다. 그래서 덜 무거운 소나무로만 뗏목을 만들 수 있다. 보통은 봄에 나무를 베어 말린 다음 가을에 뗏목을 엮어서 강에 띄운다.

산판 작업장에서 강으로 나무를 옮기는 일도 사공이 직접 해야 한다. 굵은 나무들을 베어 1.8미터 정도의 길이로 자른 뒤 굴리거나 밀어서 산 아래로 옮긴다. 아주 굵은 나무는 밑에다 동발(바퀴 노릇을 하는 둥근 나무)을 깔아서 밀고 가기도 한다. 체구가 자그마하고 1934년생임에도 여전히 동안이라 평생 힘든 일이라고는 해본 적이 없을 것처럼 보이는 홍 씨는 한때 150킬로그램 무게의 나무를 지게에 져본 적도 있다고 한다. 시골 할아버지라 단위가 정확치 않은가 보다 하여 재차 물었으나 분명히 150킬로그램이라고 한다. 키가 150센티미터 정도 돼 보이는 홍 씨의 몸 어디에서 그런 힘이 나오는지는 알 수 없다. 아주 어릴 적부터 산에서 잔가지를 해다가 지게에 지고 다녔기에 나무 지는 힘이 장사가 된 것 같다. 강가로 끌고 내려온 나무들을 끈으로 엮어 뗏목을 만든다. 끈으로는 보통 느릅나무 줄기나 칡 줄기를 많이 쓴다. 그렇게 엮으면 폭 4미터, 길이 30미터의 뗏목이 된다. 그런 것을 세 개까지

엮어서 몰고 간다. 홍 씨는 열아홉 살부터 스물여섯 살까지 이
고단한 일을 하며 살았다.

물의 흐름과 인간의 근육만을
동력원으로 쓰는 메커니즘

뗏목이 흘러가는 코스를 알아보기 위해 지도를 보니
강원도 산골을 흐르는 하천들은 한 많은 사연만큼이나 굴곡이
많았다. 정선, 평창의 산 사이를 꼬불꼬불 흐르던 골지천은 정선읍
부근에서는 조양강이 되고 읍내를 벗어나서는 동강이 된다.
동강은 영월읍에서 서강과 만난다. 서강은 주천강과 평창강이
이른바 한반도 지형을 하고 있다고 해서 한반도 면이라고 부르는
곳에서 만나서 이뤄진다. 이윽고 동강과 서강이 만나 남한강이
된다. 남한강은 꼬불꼬불 흘러서 단양을 거쳐 충주를 지나
여주와 양평을 거쳐 양수리에서 북한강과 만나서 한강이 된다.
그리고는 팔당과 미사리를 거쳐 마침내 서울에 이르게 되는
것이다. 짧게는 열흘, 길게는 한 달도 걸리는 코스다. 500리라고
했으니 200킬로미터쯤 되는 물길이다. 뗏목에는 거주 시설이 없기
때문에 저녁이 되면 강기슭에 묶어놓고 주막에서 잠을 자고 밥을
먹고 또 물길을 나섰다. 서울에 이르러 뚝섬이나 마포, 노량진에
뗏목을 세워놓고 해체하여 목재로 팔면 일이 끝난다. 일의 대상과
타고 갈 수단이 다 사라졌기 때문에 다시 영월로 가려면 기차를

타고 버스로 갈아타고 트럭을 얻어 타고 가야 한다. 예전에는 영월에서 서울에 뗏목 몰고 두세 번 가면 1년 벌이가 됐다고 한다. '뗏돈'이라는 말의 연원이 뗏목을 팔아서 번 돈이라는 설도 있다.

뗏목의 동력은 오로지 물의 흐름과 인간의 근육, 딱 두 가지다. 매우 자연적인 동력이라 할 수 있다. 그리고 나무를 엮어 만드는 뗏목에는 쇠가 전혀 쓰이지 않는다. 뗏목 자체에는 메커니즘이라고 할 만한 것은 없다. 보통 두 사람이 몰고 가는데, 앞에는 방향을 잡기 위해 노를 젓는 노꾼이 타고 뒤에는 강바닥에 걸리지 않도록 삿대로 밀어주는 삿대꾼이 탄다. 그런데 뗏목의 노는 매우 특이하게 생겼다. 노의 단면이 비행기 날개의 단면과 비슷하다. 비행기와의 차이점이라면 뗏목의 노는 비행기 날개를 뒤집어놓은 형태로 돼 있다는 점이다. 비행기 날개는 밑이 평평하고 위가 불룩하므로 위아래에 압력 차가 생긴다. 모든 물체는 압력이 높은 쪽에서 낮은 쪽으로 이동하는 원리에 따라 날개가 위로 밀어 올려진다. 그리하여 뜨는 힘, 즉 양력(揚力)이 발생한다. 뗏목의 노는 비행기 날개가 뒤집힌 형상으로 돼 있기 때문에 위로 밀어 올리는 대신 아래로 밀어내는 역할을 한다. 비행기 날개의 경우 매질이 공기지만 노의 경우 물이므로 공기보다 밀도가 훨씬 높아서 노를 천천히 저어도 앞으로 나아간다. 결국 노를 젓는다는 것은 양력의 원리를 잘 이용해서 물을 원하는 방향으로 밀어내는 일이다. 물을 억지로 밀어서 뒤로 보내는 서양 배의 노와 근본적으로 다른 구조다. 예전에 남해안의 보길도에 갔을 때 본 배의 노도 이 뗏목과 비슷한 단면을 가지고 있었다. 정말 흥미로운 사실은 어촌이나 강촌에서 이런 형상의 노를 쓰는 누구도 그것이 비행기 날개 단면처럼 생겼다는 사실을 의식하지 못하고 있었다는 점이다. 남해안과 영월이라는, 서로 통하지 않을 것 같은 지역에서 어떻게 비슷한 원리와 구조의 노를 쓰게 됐을까? 이 미스터리는 아마 조선공학자와 민속학자가 같이 머리를 맞대야 풀 수 있는 문제인 것 같다.

이제 뗏목은 사라져서 볼 수 없다. 워낙 원시적인 테크놀로지라 현대적인 테크놀로지의 공격을 당해낼 수가 없다. 뗏목을 사라지게 만든 두 가지 테크놀로지는 트럭과 댐이다. 트럭으로 나무를 나르니 뗏목보다 훨씬 빠르며 쌌고, 양수리를 지나 한강으로 가는 길목을 딱 가로막고 세워진 팔당댐은 뗏목의 마지막 숨통마저 끊어버렸다. 몇 년 전까지 영월군에서 하던 동강축제에서 뗏목을 만들어 강에 띄우는 시연을 했지만 지금은 없어졌다.

고된 노동의 과정에서
육체를 책임져온 지혜

필자는 컨테이너선과 자동차운반선 등 큰 배를 탄 경험이 있기에 그런 배들과 뗏목을 비교해보고 싶었다. 그러나 두께 4센티미터가 넘는 강철로 돼 있고 10만 톤이 넘는 몸집에 첨단 항해장비와 안락한 거주 공간을 갖춘 현대의 배와 강원도 산골의 소나무로 된 뗏목을 비교한다는 것은 애초부터 무리였다. 강물의 흐름과 사람의 근력으로 모는 뗏목과, 벙커씨유를 때 10만 마력의 힘으로 움직이는 현대의 배를 비교하는 것도 무리였다. 하지만 자연 생태계는 다양한 종들이 공존해야 유지되듯이, 다양한 종류의 배들도 생태계를 이루고 있다. 컨테이너선, 유조선, 벌크선 같은 대형 선박뿐 아니라 LNG선이나 석유화학제품 운반선, 준설선, 시추선 같은 특수선, 예인선이나 도선사선 같이 작지만 중요한 역할을 하는 배들이 다양한 층위를 차지하고 있는 것이다. 뗏목은 그 생태계의 맨 아래 층위에 해당한다고 볼 수 있다. 인공적인 동력을 쓰지 않으며 항법 장비가 없고 선원을 보호하거나 구조할 수 있는 설비가 전혀 돼 있지 않다.

하지만 공통점이 있었다. 홍 씨는 강한 사람이었다. 너무 가난하게 자라서 초등학교조차 못 다녔지만 홍 씨에게는 산판이든 뗏목이든 농사든 공사든 평생 힘든 일을 하면서 자신의 육체를 상하지 않게 보존하는 과정에서 터득한 지혜가 있었다. 얼굴에 고생한 흔적이 전혀 없는 그는 자신이 해온 일을 조리 있게 설명했다. 커다란 첨단 선박의 선장도 강한 사람이었다. 그에게는 10만 톤이 넘는 선박과 거기 실린 6000개의 컨테이너, 그리고 20명의 선원들의 안전을 책임져야 할 의무가 있다. 그 덕에 강철로 된 현대판 뗏목은 핏줄 속의 적혈구처럼 오늘도 전 세계의 바다를 누비며 물자를 나른다.

뗏목의 스케일과 비교조차 할 수 없는 오늘날의
초대형 컨테이너선. 그러나 많은 짐을 싣고 험한
물길을 간다는 것은 누구에게나 힘든 일이다.

굴뚝 없는 영화공장, 남양주종합촬영소

영화의 공간은 딱 하나다. 바로 영화관이다. 물론 요즘은 인터넷으로 영화를 다운받아 보기도 하고 심지어는 스마트폰에 받아서 지하철에서 보기도 하지만, 영화는 기본적으로 깜깜하고 닫혀 있는 영화관에서 상영되는 것을 전제로 만들어진다.

경기도 남양주시 조안면에 있는 남양주종합촬영소에 가면 영화관보다 훨씬 다양한 영화의 공간들을 볼 수 있다. 각각의 공간들은 모양도, 구성도, 지켜야 하는 규칙들도 다르다. 무엇보다도 성질이 다르다. 여기서는 일반인도 야외 세트와 스튜디오를 볼 수 있는데, 이번 취재에서는 그것들 외에 영화를 편집하는 스튜디오, 영화에 사운드를 입히는 믹싱 스테이지, 영화에 들어갈 대사를 더빙해 넣는 녹음실, 음향효과를 만들어내는 폴리 스튜디오에 가봤다. 결국 이런 이질적이고 다양한 공간들의 조화가 영화를 만들어내는 공장 노릇을 한다는 것을 알 수 있었다.

알고도 속아주는
물질화된 시뮬레이션

강철을 만드는 공장과 콜라를 만드는 공장이 서로 다른

구조와 규칙을 가지고 있듯이, 영화를 만드는 각각의 공장들도 서로 다른 구조와 규칙을 가지고 있다. 촬영 스튜디오는 거대한 방이다. 이 안에 세트를 지어놓고 영화를 찍는데, 옛날에는 영화 전용 스튜디오가 없어서 창고를 빌려서 찍었다고 한다. 이 경우 소리가 문제가 된다. 창고는 방음을 염두에 두고 지어진 건물이 아니므로 온갖 잡음이 다 들어온다. 그래서 창고에서 찍은 영화를 해외 영화제에 내면 낯부끄러울 정도였다고 한다. 남양주종합촬영소에 있는 스튜디오는 1000제곱미터(300평 정도)로 널찍하다. 필자가 찾아간 날은 궁궐의 큰 건물 한 채만 한 사극용 세트를 인부들이 만들고 있었다. 세부 디자인이나 색깔은 철저히 고증을 거쳤다. 스튜디오에는 두터운 방음문이 달려 있어서 촬영 도중 외부의 소음이 들어올 일은 없다. 스튜디오의 벽은 파란색과 초록색으로 칠해져 있어서 크로마키를 위한 블루스크린 노릇을 해준다. 크로마키란 배경에 다른 화면을 삽입하는 기술을 말한다. 세상에는 완전히 새파란 물건이 별로 없기 때문에 배경을 파란색으로 칠하고 나중에 그 파란 부분에 원하는 화면을 합성하면 두 가지 그림이 합쳐지는 효과가 난다. 어차피 영화라는 것이 시뮬레이션이긴 하지만, 스튜디오는 좀 더 물질화된 시뮬레이션이다. 사극 세트를 만들어놓고 조선 시대라고 하니 말이다. 시뮬레이션에 익숙한 시대에 사는 우리는 다 알고도 속아주는 것 아닐까?

찍은 필름(모든 상영관이 디지털로 바뀐 요즘은 영상 파일)은 편집실로 넘어가서 편집된다. 옛날에는 필름을 일일이 손으로

스튜디오. 사극 세트 뒤에 블루스크린이 있어서
크로마키 효과를 통해 다른 장면을 합성해 넣을
수 있다.

잘라서 다시 붙이는 식으로 편집했지만 영화 제작의 전 과정이 디지털로 바뀐 요즘은 당연히 컴퓨터로 한다. 그런데 편집실은 캄캄했다. 실제 영화관처럼 환경을 설정해놓고 편집해야 관객이 보는 느낌과 가깝기 때문이라고 한다. 경력 17년의 편집 전문가는 17년을 암실에서 보낸 것이었다. 옛날에 화학약품을 써서 사진을 뽑을 때도 암실에서 했는데 21세기에도 여전히 암실이라니, 이미지 기술의 역사는 돌고 도는 것인가 보다.

소리를 섞고 만드는 암실

그다음은 믹싱 스테이지다. 영상에 들어갈 소리의 밸런스를 잡아주는 곳이다. 이 방에서 어떤 장면에 어떤 소리를 넣을지 소리 전문가와 감독이 같이 상의하며 결정한다. 앞에는 영화가 비춰질 큰 스크린이 있고, 관람용 소파들이 있고, 그 뒤에 각종 모니터와 스위치가 잔뜩 있는 모양이 꼭 전쟁 상황실이나 항공우주국의 로켓 발사 관제실을 연상시키는 방이었다. 감독이 마치 군대 지휘관처럼 소파에 앉아서 지시할 것만 같았다. 아마도 영화란 군사작전을 방불케 하는 조직력과 물자의 보급, 시간과 원칙의 철저한 준수, 각자 맡은 역할을 해내기 위한 투쟁들로 돼 있기 때문에 전쟁 상황실 같은 방에서 믹싱하는 것 같다. 이 방도 앞서 편집실처럼 상영관과 똑같은 모양으로 돼 있다. 스크린의 크기는 극장보다는 약간 작아도 꽤 커 보인다. 영화가 실제로 상영되는 것과 유사한 환경에서 믹싱해야 하기 때문이다. 폴 비릴리오(Paul Virilio)라는 사상가는 『전쟁과 영화』라는 책에서 현대에는 전쟁이 영화의 기법을 많이 사용하고 있고 나아가 전쟁이 영화가 된다고 했는데, 믹싱 스테이지를 보고 쓴 대목이 아닐까 생각이 들었다. 이 방은 넓고 개방감이 있지만 동시에 카리스마 있는 영화감독이 지배할 것 같은 장소다. 그러나 감독이 전적으로 소리의 모든 것을 지배하지는 않는다. 믹싱 스테이지를 책임지는 사운드 디자이너는 경험이 풍부해서 어떤 장면에 어떤 소리가, 혹은 침묵이 필요한지 알고 있어서 때로는 감독이 생각하지 못한 부분을 조언하기도 한다. 과거 영화판에 소위 군기가 세던 시절에 경험이 적은 신인 감독은 믹싱 스테이지에서 경험 많은 사운드 전문가에게 휘둘리기도 했다고 한다. 이른바 '곤조'를 부리면 당했던 것이다. 요즘은 민주적인 문화가 되어 그런 일이 많이

믹싱 스테이지. 전쟁 상황실을 닮은 이 방에서
영화에 소리가 입혀진다.

줄었다고 한다.

　　　　믹싱 스테이지로 가져올 소리를 만드는 스튜디오는
둘이다. 하나는 녹음실이고 또 하나는 폴리 스튜디오다. 녹음실은
숨이 막힐 것처럼 폐쇄된 방이다. 녹음용 컴퓨터와 모니터
스피커가 있는 부분과 녹음할 사람이 들어가서 마이크에 대고
말하는 부분으로 나뉘어 있다. 둘 사이는 절대로 소리가 못
건너가도록 철저하게 차단돼 있다. 마이크가 있는 방에 들어가
문을 닫으니 질식감이 엄습해온다. 완전히 폐쇄되어 있는 데다가
벽에는 방음재가 붙어 있어서 소리가 울리지 않으니 내 존재가
사라지는 느낌이다. 편집실이 빛의 암실이었다면 여기는 소리의
암실이었다. 암실의 원칙은 '빛을 얻으려면 어둠이 필요하다.'는
것이다. 녹음실의 원칙은 '소리를 얻으려면 침묵이 필요하다.'가 될
것이다. 요즘 영화는 대부분 동시녹음으로 만들지만 사정이 여의치

배우가 영화를 보면서 입을 맞춰 대사를 녹음하고
있다.

않을 때는 후시녹음을 하기도 한다. 그러면 배우는 이 녹음실에 거의 한 달 가까이 출퇴근하며 자신이 연기한 대사를 다 녹음해야 한다. 소리를 편집하는 데만 두 달이 걸린다고 하니 어둠 속에서 많은 것이 탄생하는 셈이다.

폴리 스튜디오는 온갖 종류의 음향을 만드는 곳이다. 1914년 유니버설 스튜디오에서 처음으로 이런 스튜디오를 만든 사운드 테크니션 잭 도너번 폴리(Jack Donovan Foley)의 이름을 땄다. 이곳에서 갖가지 음향을 만드는 사람을 폴리 아티스트라고 하는데 남양주종합촬영소 전체에서 아티스트라는 직함을 가진 사람은 아마 폴리 아티스트밖에 없을 것 같다. 앞서 본 방들이 폐쇄, 차단의 이미지가 강했다면 폴리 스튜디오는 엄청나게 지저분하고 잡다한 창고다. 영화에는 수많은 다양한 소리들이 나오고 그것들을 재현해내려면 온갖 물건이 필요하기 때문이다. 이 작업을 하는 사람을 아티스트라고 부르는 이유는 임기응변과 창의력을 발휘하여 영화의 소리를 만들어내는 사람이기 때문이다. 예를 들어 한국에서는 총을 구할 수 없기 때문에 총의 노리쇠 작동음을 낼 수가 없다. 이때 문틀에 달린 손잡이를 비틀자 노리쇠를 후퇴, 전진시키는 듯한 소리가 났다. 폴리 스튜디오에서 발견한 재미있는 점은 우리가 영화에서 듣는 많은 소리들은 가상의 것이라는 점이다. 예를 들어 눈 위를 걷는 장면을 위한 소리를 만들어야 하는데 겨울이 아니면 눈이 없으므로 불가능하다. 이때는 소금을 뿌려놓고 그 위를 밟아서 눈 밟는 소리를 낸다. 눈이 거칠면 굵은 소금, 고우면 고운 소금을 쓴다. 실제 권총을 쏘는 소리는 생각보다

버려진 창고가 아니다. 온갖 음향을 만들어내는 폴리
스튜디오의 모습이다. 저 잡동사니들이 다 쓸데가
있는 음향용 소품들이다.

크지 않다. 그런데 영화에서 권총 쏘는 장면은 전개가 극적으로
꺾이는 부분이기 때문에 소리가 약하게 나서는 곤란하다. 그래서
총소리는 외국에서 수입한 소리 라이브러리의 총소리를 가져다
쓴다. 온갖 총의 소리가 다 있기 때문이다. 여기에서 소리도
'블렌딩'한다는 사실을 처음 알았다.(실제로 블렌딩이라는 용어를 쓰지는
않는다.) 총소리 하나조차 이 소리 저 소리를 섞어야 그럴싸해지기에
블렌딩하는 것이다. 폴리 스튜디오에는 도대체 이런 물건이 왜
필요할까 싶은 온갖 잡동사니가 다 있다. 지푸라기에서부터
구닥다리 핸드폰, 지폐까지 없는 것이 없다. 구닥다리 핸드폰은
영화에 옛날 핸드폰 벨이 울리는 장면이 나오면 그 벨소리가

폴리 스튜디오에서 소금을 밟아서 눈을 밟는 소리를 내고 있다.

필요하기에 갖춰져 있다.

소리를 다루는 스튜디오에는 당연히 두텁고 무거운 방음문이 달려 있다. 그래서 담당자에게 평소에 궁금하던 점을 물어봤다. 만일 바깥에서 예를 들어 폭탄이 터지는 등 아주 큰 소음이 나도 저 문들이 완벽하게 차단할 수 있는가 하는 것이었다. 필자가 이런 우문을 던진 데는 이유가 있다. 필자는 1980년대에 대학을 다녔는데, 당시 거리에서 데모가 일어나면 경찰이 최루탄을 쏘는 일이 많았고 그때 아주 큰 폭음이 났었다. 그런데 세종문화회관에서 외국의 오케스트라가 내한공연을 하는 바깥에서도 데모는 일어났고 최루탄은 터졌다. 그래서 과연 세종문화회관이 그런 폭음을 철저히 차단할 수 있는지 궁금했던 것이다. 남양주종합촬영소의 사운드 스튜디오는 외부의 어떤 소리도 완벽하게 차단할 수 있게 돼 있었다. 우선 외부에서 스튜디오까지 가려면 삼중의 방음문을 거쳐야 한다. 그중 어느 하나도 만만한 문이 없다. 게다가 모든 스튜디오들은 바닥에서 띄워진 상태로 지어져 있다. 소리를 차단하는 가장 좋은 방법은 방을 공간 한가운데 띄워놓는 것이기 때문이다. 그리고 벽의 두께가 일반적인 벽의 두 배가 넘는다. 완벽한 소리의 암실이었다.

수많은 원칙과 노하우로 이루어지는
굴뚝 없는 산업

어느 대통령은 1년 동안 현대자동차를 판매한 만큼의 돈을 할리우드 영화 한 편이 벌어들였다며 영화산업을 진흥해야

폴리 스튜디오에서 쓰는 구닥다리 핸드폰. 이 벨소리는 여기서밖에 안 나기 때문에 이 핸드폰이 필요하다고 한다.

한다고 했다. 굴뚝 없는 산업이 돈을 잘 벌어들이니 우리도 그런
산업을 육성해야 한다고 역설했던 기억이 난다. 그는 굴뚝 없는
산업인 영화가 굴뚝 있는 산업만큼 수많은 사람들의 노고로
이루어진다는 것을 알고 있었을까? 그 공장은 수많은 다른
원칙들과 노하우가 필요한 다양한 공간들로 돼 있다는 것도 알고
있었을까? 남양주종합촬영소를 둘러보고 그런 사실을 조금이라도
알게 돼 다행이었다.

수술실, 인간이 기계로 환생하는 방

1. 제임스 르 파누, 조윤정 옮김, 『현대의학의 역사, 페니실린에서 비아그라까지』(아침이슬, 2005), 122쪽.

2. 앤 루니, 최석진 옮김, 『의학 오디세이』(돋을새김, 2014), 218쪽.

3. 위의 책, 227~228쪽.

4. 위의 책, 120쪽.

인간의 눈으로
기술문명
바라보기

적정기술

홍성욱

홍성욱

한밭대학교 화학생명공학과 교수이자 적정기술연구소장이다. 국내
최초의 적정기술 관련 논문집인 《적정기술》의 발행인 겸 편집위원장과
적정기술미래포럼 대표를 맡고 있다. 저서로는 『적정기술이란 무엇인가』,
『인간중심의 기술 적정기술과의 만남』 등이 있다.

적정기술의 세 줄기

최근 '적정기술(appropriate technology)'에 대한 관심이
뜨겁다. 중고등학교 교과서에서도 다루고 대입 수학능력시험에도
등장한다. 하지만 적정기술의 진면목을 이해하는 일은 사실 만만치
않다. '적정기술'은 최근에 생긴 개념일까? 오늘날 적정기술을
둘러싼 논의에 이르기까지 어떤 역사적 국면들이 있었을까?
적정기술은 개발도상국에만 필요한 것일까, 아니면 선진국에서도
적용될 수 있는 것일까? 이런 질문에 답하기 위해서는 현재의
적정기술 운동을 구성하고 있는 적정기술의 세 줄기, 즉 중간기술,
대안기술, 사회적 기술을 들여다봐야 한다.

가난한 사람들에게 필요한 것을, 중간기술의 탄생

적정기술의 첫 번째 줄기는 개발도상국 또는 저개발국을
대상으로 시작되었다. 바로 빈곤 탈출과 주민의 삶의 질 개선을
위한 '중간기술(intermediate technology)'로서의 관점이다. 1965년 9월
칠레의 산티아고에서 유네스코 주최로 '라틴아메리카의 발전을
위한 과학기술의 적용'이라는 컨퍼런스가 개최되었다. 2차 세계대전

이후 20년 동안 미국을 비롯한 선진국에서 개도국의 발전을
위해 많은 과학기술 원조를 하였지만 별다른 성과를 거두지 못한
이유를 살펴보고 그 해결책을 모색하려는 컨퍼런스였다. 그간의
과학기술 원조가 큰 성과를 거두지 못한 이유는 모든 국가가
똑같은 형태의 산업화 과정을 따라야 한다는 전제하에 이뤄졌기
때문이다. 그것은 개도국의 자연적·문화적 환경을 전혀 고려하지
않은, 선진국 입장에서의 일방적인 지원이었다.

그중 '노동집약 기술 대 자본집약 기술'이라는 세션에서
독일 출생의 영국 경제학자 에른스트 슈마허(Ernst Schmacher)가
'중간기술의 개발을 요구하는 사회경제적 문제'라는 유명한 강연을
했다.(이 강연은 그가 1973년에 출간한 기념비적인 책 『작은 것이 아름답다』에
수록됨으로써 일반 대중에게 널리 알려졌다.)[1] 이 강연에서 슈마허는 기술
수준을 '평균 작업장 설비 비용'으로 정의하면서 개발도상국의
전형적인 토착 기술을 1파운드짜리 기술로, 선진국의 기술을
1000파운드짜리 기술로 표현하였다. 슈마허는 "가난에 허덕이는
지역에서 경제개발을 하기 위해서는 1파운드짜리 기술과
1000파운드짜리 기술의 중간에 위치한 100파운드짜리 기술인
'중간기술'을 사용하지 않으면 성과를 볼 수 없다."고 하면서
"정부나 대중의 관심을 거대 프로젝트에서 가난한 사람들에게
실제 필요한 것으로 돌릴 수 있다면 빈곤과의 싸움에서 승리할 수
있다."고 주장하였다.[2]

또 "이러한 '중간기술'은 전형적인 개발도상국의 토착
기술보다는 매우 생산성이 높지만, 자본 집약적인 기술에 비하면

매우 저렴할 것이다."라면서 "중간기술은 그 기술이 이용될 환경에 잘 어울릴 것이며, 도구가 간단하므로 유지·보수가 쉽고, 따라서 시장의 변화에도 더 잘 적응할 것이다."라고 하였다. 그는 인도의 다난자이 가드길(Dhananjay Gādgil) 교수를 언급하면서 중간기술을 개발하는 방법으로 ⑴ 전통 산업에서 이미 존재하는 기술에 선진 노하우를 적용해서 적절하게 개량하는 방법, ⑵ 중간기술에 대한 요구 조건을 충족할 수 있도록 최신 기술을 개조하는 방법, ⑶ 중간기술을 직접 확보하기 위해 실험과 연구를 추진하는 방법 세 가지를 제시하기도 했다.

비주류 경제학자인 슈마허는 단순히 '중간기술'이라는 개념을 주장하는 데 그치지 않고 그의 철학이 사람들의 삶에 실제적이고 지속적인 향상을 가져올 수 있다는 것을 증명하기 위해서 1965년에 영국 런던에 중간기술개발집단(ITDG, Intermediate Technology Development Group)을 설립했다. 중간기술개발집단의 설립 목적은 "기술의 지속가능한 사용을 통해서 개발도상국의 빈곤을 퇴치하는 것"이었다. 이 단체는 현재 보다 포괄적인 이름인 '프랙티컬 액션(Practical Action)'으로 명칭을 변경해서 계속 활동하고 있다.

한편 1960년대 후반에 들어서면서 중간기술이라는 용어가 이류 기술이라는 부정적인 뉘앙스를 풍기고, '인간 중심의 기술'이라는 '중간기술'의 속성을 도외시한 채 지나치게 기술의 수준에만 집착하는 느낌을 준다는 비판이 대두되었다. 이에 점차 중간기술이라는 용어 대신 '적정기술(appropriate technology)'이라는

용어를 사용하기 시작했다. 슈마허가 제안한, 개도국을 대상으로
한 '중간기술'이라는 관점에서의 적정기술은 이후 설립된
인도의 베어풋 칼리지(Barefoot College), 에티오피아의 셀람(Selam),
미국의 국제개발회사(IDE, International Development Enterprises),
킥스타트(Kick Start), 디랩(D-lab), 오스트리아 비엔나 공과대학의
적정기술연구소(GrAT), 그리고 한국의 한밭대학교 적정기술연구소,
나눔과기술, 국경없는과학기술자회 등에 의해 계속 발전하고 있다.

지속가능한 삶을 위한 대안기술

적정기술의 두 번째 줄기는 주로 선진국, 나아가서 전
지구를 대상으로 한다. 기존의 자본 집약적이고 자원과 에너지를
과소비하는 기술에 대한 '대안기술(alternative technology)'로서의
관점이다. 개도국에서 적정기술이 저개발에 따른 사회경제적
문제를 해결하는 방안으로서 부상한 것과 달리 선진국에서
적정기술(또는 대안기술)이 부상하게 된 데는 정치·사회적인
배경의 영향이 컸다. 1960년대에 시민권 운동, 신좌파 정치운동,
반전 투쟁, 반문화 운동, 환경주의 등을 촉발한 열정은 현대
산업사회의 근본에 대한 비판적 재검토로 이어졌다. 베트남
전쟁 이전까지는 지난 150여 년 동안 기술의 발달로 인간
진보의 지평이 확대되었다고 여겨왔다. 그러나 베트남 전쟁
이후, 과학기술의 가장 복잡한 생산물과 이것을 만들어내는

바로 그 사람들이 인간 진보에 역행하는 전쟁에 동원되었다는 사실이 드러났다.[3] 사회운동가들은 환경 파괴, 빈곤, 자원 고갈, 소외를 비롯한 여러 병폐를 해소하는 데 제대로 된 기술이 널리 사용되어야 한다고 주장했다. 이러한 관점에 동조하며 1969년 미국 매사추세츠에 신연금술연구소(New Alchemy Institute)가, 캘리포니아에 패럴론연구소(Farallones Institute)가 설립되었다. 이들에 의하면 적정기술(또는 대안기술)은 (1) 모든 사람이 사용할 수 있도록 저렴할 것, (2) 쉽게 운전하고 수리할 수 있도록 단순할 것, (3) 소규모 운영에 적합할 것, (4) 인간의 창의성에 부합할 것, (5) 환경 보존에 대한 경각심을 일깨울 수 있을 것 등의 조건을 갖추어야 한다.

슈마허가 『작은 것이 아름답다』를 출간한 1973년, 영국에서는 제라드 모건그렌빌(Gerard Morgan-Grenville)이 웨일스에 '대안기술센터(Centre for Alternative Technology)'를 설립했다. 대안기술센터의 설립 목적은 전 지구적으로 지속가능하고 온전하며 환경적으로 건강한 기술과 삶의 방식을 찾아가는 것, 그러기 위해서 사람들의 삶에서 긍정적인 변화를 달성할 수 있도록 다양한 범위의 대안을 탐색하고 설명하는 것이었다. 현재 대안기술센터는 대안기술 자체에 노력을 기울일 뿐만 아니라 지구가 직면하고 있는 가장 심각한 도전인 기후변화, 환경오염, 자원 낭비 등의 문제를 해결하기 위한 구체적인 기술과 삶의 방식을 연구하고 훈련하며 알리는 역할을 하고 있다. 이런 노력의 일환으로 《클린 슬레이트(Clean Slate)》라는 정기 간행물을 발행하고, 지속가능한 삶과 관련된 여러 훈련 과정을 운영하고 있다.

한국에서 적정기술을 가장 먼저 받아들인 이들은 시민운동가를 비롯해 귀농을 통해 대안적인 삶을 살고자 하였던 일련의 사람들이었다. 이동근은 『작은 것이 아름답다』를 통해서 적정기술에 대해서 알게 된 뒤 영국의 대안기술센터에서 환경공학 석사 학위를 취득하고 2006년에 경남 산청에 '대안기술센터'를 설립했다. 이후 김성원, 이재열, 안병일 등이 귀농하면서 전남 장흥, 경북 봉화, 충남 아산, 전북 완주 등을 중심으로 다양한 적정기술 관련 활동이 활발하게 진행되고 있다.

소외된 이들을 위한 사회적 기술

적정기술의 마지막 줄기는 선진국 내의 저소득층과 같은 소외된 사람들을 위한 '사회적 기술(social technology)'로서의 관점이다. 1973~1974년 석유 파동이 발생하자 미국 사람들은 지금까지 값싸고 풍부한 경제 발전의 원동력이라고 생각해왔던 석유가 어느 날 갑자기 고갈될 수 있다는 사실을 깨달았다. 이에 대응하고자 1976년까지 몬태나 주에 국립적정기술센터(NCAT, National Center for Appropriate Technology)를 설립하는 계획이 제시되었다. 국립적정기술센터의 설립 목표는 미국 내 저소득층 공동체의 삶의 질을 향상시키는 것이었다. 그래서 당시에는 적정기술의 의미가 '저소득층 가정의 필요와 자원에 적절한 기술 및 공정'이라는, 사회적 기술의 관점으로서의 적정기술로 한정되었다. 이런 맥락에서 국립적정기술센터는 적정기술의 특징을 ⑴ 적용하기 간단할 것, ⑵ 자본 집약적이지 않을 것, ⑶ 에너지 집중적이지 않을 것, ⑷ 지역의 자원과 노동력을 사용할 것, ⑸ 환경과 인간 건강에 도움이 될 것의 다섯 가지로 정리하였다. 당시 미국 내 저소득층 가정의 가장 큰 걱정은 급속하게 늘어나는 에너지 비용 지출이었다. 따라서 국립적정기술센터 설립 초기에는 대체에너지 개발에 집중했지만 이후에는 주거, 식량 생산, 운송, 경제개발과 직업 등 다양한 분야로 관심사를 넓혔다.

이후 1980년 호주 중부 지역의 작고 외딴 원주민 공동체에 적합한 기술을 제공하기 위해서 앨리스스프링스에 적정기술센터(CAT, Center for Appropriate Technology)가 설립되었다. 주민들이 지속가능한 생계를 확보하도록 돕기 위해서였다. 최근 한국 정부에서도 '국민 편익 증진 기술(QoLT, Quality of Life Technology)' 또는 '사회 격차 해소 기술'이라는 용어를 사용해서 저소득층, 노약자 등 소외 계층을 돕기 위한 기술 개발 사업을 하고 있다.

비록 선진국과 개도국이 처한 환경이 상이하지만, 각각에 적용될 적정기술이 충족해야 하는 조건은 매우 유사하다. 따라서 어떤 국가를 대상으로 개발된 적정기술이든 세밀하고 적절한 수정을 거친다면 전 인류가 교환하고 공유할 수 있을 것이다.

물은 생명이다

 통계에 따르면 아이들 5명 중 1명(약 4억 명)을 포함해, 전 세계 10억 명이 넘는 사람들이 안전한 식수에 접근할 수 없다고 한다. 또 수인성 질병으로 매년 200만 명이 목숨을 잃는 것으로 추정되며, 매일 3900명의 어린이가 식수 부족과 기본 위생 문제로 죽어간다.[1] 이들 대부분은 개발도상국에 거주하고 있다. 개도국에서 안전한 식수의 확보 여부는 인간의 기본적 필요와 생존에 직결된 매우 중요한 문제다.

 동아프리카 우간다 북부에 위치한 루히이라(Ruhiira) 지역에는 유엔에서 2000년에 설정한 새천년개발목표(MDGs)의 달성을 위한 시범 마을이 위치해 있다. 지난 10년 동안 콜럼비아 대학교의 제프리 삭스(Jeffrey Sachs) 교수가 설립한 비영리단체 '밀레니엄 프로미스(Millennium Promise)'가 유엔개발계획(UNDP) 등의 지원으로 밀레니엄 빌리지 프로젝트를 진행한 마을이다. 새천년개발목표의 여덟 개 항목 중 하나가 '지속가능한 환경 보장'이고, 여기에는 안전한 식수에 대한 접근성 보장도 포함된다.[2]

 2014년 봄 루히이라 마을을 방문했을 때 주민 9000여 명에게 안전한 식수를 공급해주는 급수 시설을 발견할 수 있었다. 이곳에서는 여러 개의 정수 시설을 보유하고 있었는데, 소규모 정수 시설을 하나 설치하는 데에도 약 50만 달러(약 6억 원)의 비용이

든다고 한다. 비용이 만만치 않아 우간다 전 지역으로 사업을
확장하는 데 어려움을 겪고 있었다.

식수 문제를 해결해주는 기술들

비교적 적은 비용을 들이고도 개도국의 시급한 식수
문제를 당장 해결할 수 있는 적정기술 제품으로는 무엇이 있을까?
개도국에 현재 널리 보급된 대표적인 식수 관련 적정기술 제품으로
'바이오샌드필터(Bio Sand Filter)'가 있다. 바이오샌드필터는 '저속
모래 여과기'라는 명칭으로도 불린다. 빈 통에 물이 나올 수 있는
파이프를 설치하고 바닥에서부터 자갈, 굵은 모래, 고운 모래를
차례로 넣는다. 하루에 두 번씩 강물을 모래 위에 부으면 약 2주
뒤에 미생물 막이 형성되어 물속에 있는 세균들을 제거하는
역할을 하게 된다. 바이오샌드필터를 사용할 때는 미생물 막이
마르지 않도록 지속적으로 물을 부어주는 것과 오염된 미생물
막을 주기적으로 제거해줘야 한다는 점에 유의해야 한다.

한밭대학교 적정기술연구소에서는 2011~2013년 MIT
등에 유학 중인 한인 학생들로 구성된 아쿠아 팀과 함께 탄자니아
다르에스살람 인근 마을에 바이오샌드필터를 보급하는 프로젝트를
진행했다. 현지 NGO인 SON인터내셔널을 통해서 개당 70달러
정도에 바이오샌드필터를 구입할 수 있었다. 바이오샌드필터의
운송, 설치와 교육 등이 포함된 가격으로, 대량으로 구매하면

가격을 더 낮출 수 있다. 이 제품은 다양한 용기를 사용해서 현지에서 비교적 쉽게 제작할 수도 있다. 바이오샌드필터를 설치하고 1년 반이 지난 후에 방문하여 성능을 점검했다. 음용수로서의 기준을 만족하는 것을 확인할 수 있었다. 제품을 사용하고 있는 가정에서 만족도를 조사해보니 이 제품을 사용하고부터 설사 등의 수인성 질병으로 고생하는 일이

캄보디아에서 제작된 세라믹워터필터. 현지 구입 가격은 25달러다.

없어졌다면서 매우 크게 만족하고 있었다. 바이오샌드필터 한 대로 두세 가정에 필요한 물을 공급할 수 있었다.

개도국에서 흔히 사용되는 다른 식수 관련 적정기술 제품으로는 '세라믹워터필터(Ceramic Water Filter)'가 있다. 과테말라의 한 화학자가 처음 고안했고 남미, 동남아시아, 아프리카 등 전 세계에서 각각 현지 사정에 맞게 변형하여서 널리 사용되는 제품이다. 현재까지 전 세계에 100만 개 이상이 보급된 것으로 알려져 있으며, 필자가 방문한 탄자니아의 아루샤 지역에 위치한 한국 NGO의 현지 사무소 담당자도 이 제품을 사용하고 있었다. 이 제품은 세라믹으로 된 정수기 부분과 여과된 물을 저장하는 플라스틱 통으로 이루어져 있다. 정수기 부분은 우리가 주위에서 흔히 볼 수 있는 화분과 모양이 비슷하다. 다른 점은 진흙과 쌀겨

또는 왕겨를 적절한 비율로 혼합하여 모양을 만든 후 고온에서 구웠기에 눈에 보이지 않는 미세한 기공이 존재한다는 점이다. 이 미세한 기공을 통해서 물과 같은 작은 입자만 빠져나오고 바이러스와 박테리아는 걸러지게 된다.

미국 노스캐롤라이나 주립대학교에서 유니세프(UNICEF)의 의뢰를 받고 캄보디아에서 실시한 조사 결과에 의하면, 세라믹워터필터를 사용한 가정에서는 그렇지 않은 가정에 비해서 설사병에 걸리는 비율이 46퍼센트 감소하였다. 여러 개도국의 가내 공장에서 현지인에 의해 제조되므로 고용 창출에도 크게 기여하고 있다. 일부 개도국에서 문제가 되는 비소와 불소를 제거하는 흡착제와 함께 사용할 수 있다는 유연성도 큰 장점이다. 실제로 MIT의 수전 머콧(Susan Murcott) 교수는 세라믹워터필터를 활용해서 비소 등을 제거하는 실험에 성공했다. 떨어뜨리면 파손될 가능성이 있고, 여과 속도가 느려서 즉시 사용하기가 어려워 밤에 물을 부어놓고 아침에 모인 물을 사용해야 한다는 단점은 있다.

탄자니아 현지 NGO에서 다르에스살람 주민들에게
바이오샌드필터의 작동 원리와 사용법을 교육하는 모습.

하지만 비교적 여유 시간이 풍부한 개도국 사람들에게는 그렇게 큰 문제가 되지 않는다. 가격은 제조 기관이나 디자인에 따라서 15~25달러 정도다. 필자가 2015년에 어느 방송에 출연해 몇 가지 적정기술 제품을 소개했을 당시 이 제품에 관한 한국 사람들의 관심이 가장 높았다.[3]

다음으로 소개할 적정기술 제품은 스위스에 본부를 둔 베스테르고르 프란센(Vestergaard Frandsen)에서 제작한 '라이프스트로(Life Straw, 일명 생명의 빨대)'다. 라이프스트로는 휴대 가능한 개인용 정수기이며 지표수를 먹을 수 있도록 만들어주는 도구로 1년간 사용할 수 있다. 미국의 카터 재단에서 기니벌레병을 막기 위해 연구·개발한 파이프형 간이 정수기를 베스테르고르 프란센에서 2005년에 상품화한 것이다. 2세대 제품에서는 중공사막(hollow fiber membrane)을 사용해서 정수하며, 박테리아와 바이러스를 99퍼센트 이상 제거할 수 있다. 개도국 주민에게 제공할 목적으로 5000개 이상 대량 구입할 경우 개당 10달러 이하로도 구입 가능하다.

개도국 해안가에 쓰나미가 몰려오면 오물과 물로 뒤범벅이 되고 일주일 이내에 콜레라, 이질, 설사 같은 수인성 전염병이 창궐하게 된다. 상황이 긴박하므로 바이오샌드필터와 세라믹정수기처럼 부피가 크고 무게가 나가는 제품을 긴급 구호품으로 투입하기는 어렵다. 이때 특히 진가를 발휘하는 것이 작고 가벼운 라이프스트로다. 2011년 동일본 대지진 때도 긴요하게 사용되었다.

이 밖에 식수를 정수하는 다른 방법으로는 태양열로 물을 증발시킨 후에 응축하는 것이 있다. 물을 태양 아래 방치하면 증발해 수증기가 된다. 이 수증기를 응축해서 식히면 훌륭한 식수가 된다. 이런 장치는 알루미늄 팬과 비닐 랩 등을 사용하여 비교적 쉽게 제작할 수 있고, 상용화된 제품으로는 워터콘과 솔라볼 등이 있다. 물이 따뜻하므로 식혀서 먹어야 한다는 게 단점이다.

대기 또는 안개 중에 있는 수증기를 응축하는 방법도 있다. 일반적으로 그물망이 사용된다. MIT 연구팀은 그물망 재료와 그물의 기공 크기 등에 대해 다양하게 연구해서 최적의 조건을 발견하였으며 남미에 직접 설치하기도 했다.[4] 이탈리아의 디자이너가 수증기 채집을 위해 설계한 '와카워터(Warka Water)'라는 대형 구조물도 있다.[5]

대부분 아열대 기후에 있는 개도국은 우기와 건기가 뚜렷하며 건기에는 정수할 물 자체를 구하기가 어려울 수도 있다. 또 공해를 유발하는 시설이 많지 않아 빗물은 매우 깨끗한 식수원이 될 수 있다. 우기에 빗물을 충분히 저장해두었다가 건기에 식수로 사용하는 것도 매우 좋은 식수 확보 방안이다.

식수 확보는 개도국만의 문제가 아니다

그럼 선진국에서 사용 가능한 적정기술 제품은 없을까?

앞에서 언급한 것과 같이 유사시에는 선진국에서도 라이프스트로가 아주 요긴하게 사용될 수 있다. 미국 머리디언 디자인(Meridian Design)에서 개발한 휴대용 정수기인 '아쿠아스타(Aquastar)'도 있다. 건전지로 작동하는 자외선램프에서 나오는 254나노미터 파장의 자외선이 즉시 살균을 해 설사, 콜레라, 이질 등 각종 수인성 질병을 예방한다. 개당 70달러 정도 한다.

우리가 수돗물 대신 페트병에 들어 있는 생수를 사 마시는 가장 큰 이유는 수돗물 속에 잔류하는 염소 또는 휘발성유기화합물(VOC)로 인해 물맛이 쓰고 냄새가 느껴지기 때문이다. 하지만 그 탓에 엄청난 페트병 쓰레기가 발생하고 있으며 이 중에서 10~20퍼센트만이 재활용된다. 이러한 문제점을 극복하기 위해서 미국에서 개발된 '보블(Bobble)'이 있다. 활성탄으로 된 필터를 통해 수돗물을 정수하면 물맛이 좋고 냄새가 나지 않는다. 필터는 1년가량 사용 가능하며 탈부착이 가능해서 필터만 별도로 구입해서 교환할 수 있다. 가격은 약 10달러 정도다.

미국의 어느 물 관련 NGO의 모토인 "물은 생명이다(Water is Life)"에서도 알 수 있듯 물은 인간의 생존과 직결돼 있다. 그러나 깨끗한 식수에 접근하기 어려운 개도국에서 대규모 급수 시설을 설치하기는 비용이 많이 든다. 또 동일본 대지진 당시처럼 선진국에서도 급작스러운 단수가 장기간 발생하면 대응하기가 쉽지 않다. 우리가 식수 관련 적정기술에 지속적으로 관심을 가져야 하는 이유다.

핵발전소가 필요 없는 에너지

'아프리카의 죽은 심장'이라고 불리는 차드에서는 산림의 황폐화 때문에 벌목이 법으로 금지되어 있다. 그래서 이웃 국가인 카메룬에서 수입되는 숯이나 나무 장작을 구입할 여력이 없는 서민은 취사용 땔감을 구하기가 매우 어렵다. 2010년 6월, 적정기술 프로젝트 진행을 위해서 차드의 수도인 은자메나를 방문했을 때의 일이다. 열 살도 안 되어 보이는 여자 어린이가 동생들과 함께 도끼로 나무뿌리를 자르는 모습을 목격했다. 장작을 구할 수 없으니 나무뿌리라도 잘라 쓰려던 것이다. 팀원 중 한 명이 현지 아주머니에게 식량은 있는데 땔감이 없어서 끼니를 거른 적이 있는지 물었다. 그렇다는 답이 돌아왔다. 우리 일행이 수숫대를 이용해 숯을 제조하는 방법을 시연했을 때, 아주머니가 눈물을 글썽이면서 "메르시, 코리아.(고마워요, 대한민국.)"라고 말하던 모습이 아직도 눈에 선하다.

전기·가스 없어 나무 때는 주민들

빈곤 중에서도 에너지 빈곤이 가장 심각하다고 한다.

전 세계 20억 명이 넘는 사람들이 전기를 공급받지 못한다. 특히 아프리카에 사는 10명 중 9명이 전기를 공급받지 못하고 있다.[1] 개도국만이 아니다. 선진국에도 에너지를 구입할 돈이 없어서 고생하는 빈곤층의 수가 적지 않다. 가정마다 가스가 연결되고 전기가 들어오게 하려면 막대한 초기 투자 비용이 든다. 개도국 정부가 당장 감당하기 힘든 비용이다. 필자가 2011년부터 2년간 적정기술 프로젝트를 진행했던 캄보디아의 경우, 대도시인 프놈펜이나 시엠레아프는 전기화율이 90퍼센트 이상이었고 도시에 거주하는 부유층은 주로 프로판 가스를 사용해서 취사하고 있었다. 하지만 시골로 들어가면 전기화율은 20~30퍼센트 이하로 뚝 떨어지고 주민들은 주로 나무를 사용해서 취사한다.

다른 에너지원에 접근할 수 없는 20억여 명의 개발도상국 사람들에게 나무는 가장 중요한 에너지원이다. 그런데 나무 소비는 심각한 산림 황폐화와 에너지 부족을 야기한다. 또 가스레인지와 비교하면 나무연료 화덕은 요리할 때 50배 이상의 분진, 일산화탄소, 탄화수소를 배출한다. 매년 250만 명이 실내에서 바이오매스(biomass, 생물연료)를 태워 나오는 분진 때문에 사망한다.

대부분 빈곤층 가정에는 부엌이 따로 없어 집 안에서 취사를 한다. 제대로 된 화덕과 굴뚝도 없는 집에서 나무를 때면 각종 유독한 가스에 그대로 노출되고 폐 질환을 얻게 된다. 나무를 연료로 사용하면서도 유해한 가스의 발생을 줄이는 방법으로 단열재를 포함한 화덕인 '로켓스토브'를 사용해서 고온에서 완전 연소를 실시하는 것이 있다.[2] 2012년, 효성과 기아대책의 대학생 적정기술 해외봉사단 '블루챌린저'가 베트남 하노이 북부의 타이응웬 마을에 이들이 개발한 로켓스토브인 '블루스토브' 100여 개를 보급하였다. 현지인의 요구를 반영해서 두 가지 요리를 동시에 할 수 있도록 재디자인한 블루스토브의 현지 제작 가격은 개당 40달러 정도였다. 대량으로 생산하면 더 싸게 보급 가능하다.

효성 블루챌린저 팀이 개발한 로켓스토브인 블루스토브.

이들은 2015년 여름에 타이응웬을 다시 방문해 지난 3년 반 동안의 블루스토브 사용 실태를 조사하고 개선 방안과 비즈니스 모델을 논의하였다.

농사를 짓고 남은 바이오매스를 활용해서 숯을 만들면 나무 연료 대용이 된다. 앞서 언급한, 차드에서 수숫대를 이용해 만든 숯이 바로 그것이다. 수숫대나 옥수숫대를 직접 태우는 경우와 비교할 때, 숯을 만들어서 사용하면 유해 가스의 발생이 현저히 줄어들고 부피가 작아지므로 보관에도 용이하다. 동물의 배설물 등을 발효시켜서 메탄을 주성분으로 하는 바이오가스를 제조해 취사에 사용하는 방법도 있다. 필자가 방문했던 우간다 루히이라 지역에는 취사와 조명 용도로 사용하기 위한 바이오가스 제조 시설이 있었다.

나무나 숯 같은 바이오연료 대신 태양열 조리기를

수숫대를 이용해서 제조한 숯.

사용하는 방안도 있다. 필자는 캄보디아 따께오 지역에서 태양열
조리기 120대를 시범 보급하는 사업을 진행한 적이 있다. 당시
보급한 태양열 조리기는 SK-14라는 모델로, 지름 140센티미터의
반사판이 달려 있어 냄비의 물을 10~15분 만에 끓일 수 있다.
나무를 사용한 조리 시간과 비슷하게 맞추기 위해서 반사율 최고
수준으로 표면 처리된 알루미늄 시트를 반사판으로 사용했다.
이렇게 제작한 태양열 조리기 한 대의 가격이 120달러 정도다.
캄보디아는 비교적 일사량이 좋고 한국과 달리 우기에도 하루
종일 비가 오는 것이 아니기 때문에 태양열 조리기를 사용하기에
적당하다. 주민들의 반응도 좋은 편이었다. 그러나 시골 주민들이
감당하기에 적지 않은 가격이기에 성공적으로 보급하려면
보조금이 필요했다.

태양열로 밝히는 불

전기가 들어오지 않는 개도국 시골 마을에서는 밤이 되면 대부분 등유 램프로 집 안을 밝힌다. 하지만 등유값이 날로 오르고 있는 데다 등유 램프는 화재의 위험이 높고 불완전 연소 과정에서 나오는 유해 가스로 폐 질환을 얻기도 쉽다. 등유 램프를 대신할 만한 적정기술 제품으로 햇빛을 사용하는 페트병 전구가 있다. 브라질 기계공 아우프레두 모제르(Alfredo Moser)는 빈 페트병에 물과 표백제를 소량 첨가하는 것만으로도 최대 55와트의 조도를 내는 페트병 전구를 개발했다. 일락 디아즈(Illac Diaz)는 이 전구를 필리핀에 대량으로 보급했다.[3] 하지만 지붕을 뚫어 설치해야 한다는 점에서 가옥 구조에 따라 다소 제한적으로 사용될 수밖에 없다.

다른 방법으로는 태양광 랜턴이 있다. 소형 태양광 전지판(솔라셀)과 LED 램프가 함께 있는 일체형과 분리된 형태 두 가지다. 가장 유명한 제품은 2006년 미국 스탠퍼드 대학교 디스쿨(d.school)에 개설된 '누구나 이용 가능한 제품 개발을 위한 기업가적 디자인' 수업 시간에 개발하고 2007년 창업으로 이어진 디라이트(d.light)의 태양광 랜턴 시리즈다. 초기에는 납전지를 사용해서 무거웠으나 지금은 리튬전지로 교체돼 훨씬 가벼워졌다. 이 제품으로 디라이트는 2010년 '지속가능한 에너지를 위한 애시든 상'을 수상하기도 하였다. 필자는 2014년 우간다에서 이 제품 중 하나를 34달러에 구입할 수 있었다. 이 밖에도 다양한 사양, 가격,

디자인의 태양광 랜턴이 개발되어 있으며, 한국에서도 야외 레저를 즐기는 사람들에게 인기가 좋다.

　　　태양광 랜턴으로는 제한된 면적만을 밝힐 수 있으므로 책을 읽는 정도의 활동만 가능하다. 전기로 작동하는 다른 제품을 사용하려면 여전히 디젤 발전기를 사용하는 충전소까지 무거운 축전지를 들고 가서 돈을 내고 충전해야 한다. 이러한 문제점을 해결해주는 것이 가정용 태양광 시스템(SHS, Solar Home System)이다. 개도국에서 SHS 사업을 성공적으로 진행하고 있는 단체로는 방글라데시의 그라민삭티(Grameen Shakti)와 인도의 셀코(Selco)가 유명하다. 초기 투자비용이 비교적 크지만 적절한 금융제도가 뒷받침되면 SHS에 대한 수요가 늘어난다. 앞서 언급한 캄보디아 따께오 지역에 가정용 태양광 시스템 60세트를 보급할 당시, 태양광 전지판의 크기에 따라 한 세트 설치 비용이 450~550달러 정도였다. 만만치 않은 비용이지만 2년 동안의 장기 융자

태양열 조리기 시연 모습.

프로그램을 실시하자 태양열 조리기보다 주민들의 호응이 좋았다. SHS 프로젝트를 진행할 때 특히 주의해야 하는 점은 유지 보수다. 직류를 교류로 전환해주는 인버터와 축전지는 사용 수명이 있기에 일정 기간이 지나면 교체해야 한다. 교체 기술을 갖춘 인력이 없다면 쓸모없는 흉물로 남게 된다. 개도국에서는 사용되지 못하고 방치된 태양광

우간다에서 판매되고 있는 태양열 온수 시스템.

전지판이 흔히 발견된다. 이 문제를 해결하기 위해서 필자가 소속된 팀은 2011년에 캄보디아 현지에 '따께오 적정기술센터'를 설립하고, 태양열 조리기와 가정용 태양광 시스템의 설치, 유지 및 보수에 대한 교육을 했다. 가정용 태양광 시스템은 화석연료 및 원자력 에너지 사용을 줄이려고 노력하는 선진국에서도 많이 사용되고 있다.

태양열 집열판을 여러 개 설치해서 한 곳에 햇빛을 모으면 태양열 발전도 가능하다. 이때 중심의 온도는 1000도까지도 올라가는 것으로 알려져 있으며, 증기를 발생시켜 발전기를 돌림으로써 전기를 생산할 수 있다. 실제로 인도 등에서는 사막 지역에 태양열 발전 시설을 설치해서 전기를 생산하고 있다.

경북 봉화의 가정에 설치된 태양열 온풍 시스템.

　　태양열은 가정용 난방 또는 온수 시스템으로도 사용될
수 있다. 지붕 위에 설치한 관 속으로 물을 통과시켜서 물을 데워
사용한다. 중국의 시골에 거주하는 한 농부는 나란히 연결된
맥주병 사이로 물을 통과시켜서 매우 저렴한 가격에 온수를 얻는
방법을 고안하기도 했다.

　　태양열로 집 외벽에 설치된 검게 칠한 관을 데우고 이
관을 통과하면서 데워진 공기를 집 안으로 들어오게 해서 대류를
통해 난방을 할 수 있다. 경북 봉화의 어느 귀농인 집에서도 이런
방법으로 효율적인 난방을 하는 모습을 볼 수 있었다.[4] 이 시스템을
더 콤팩트하게 디자인하면 학교 외부 벽면에 설치해서 교실 난방을
할 수도 있다.

손과 발로 돌리는 기계는 녹슬지 않는다

2015년 여름, 적정기술 봉사단 블루챌린저와 함께 베트남 산간 마을에서 적정기술 제품 개발을 위한 사용자 조사를 실시했다. 우리 일행이 방문한 곳은 하노이에서 북동쪽으로 차를 타고 일곱 시간 정도 걸리는 까오방성 응웬빈현 찌에우응웬 마을이었다. 자오족, 능족, 흐몽족 등 소수민족들이 거주하고 있었다. 여정 중간에 위치한 박칸현에서 잠시 쉬고 네 개의 산을 넘어서 마침내 최종 목적지인 찌에우응웬 마을로 들어가는 언덕길에 도달했다. 길가에 있는 민가 마당에 옥수수 알갱이가 널려 있었고 그 옆에는 기계가 한 대 놓여 있었다. 까오방성 주민들은 주로 옥수수 농사를 짓고, 주식으로 옥수수 알갱이를 말려서 빻은 가루로 쑨 죽을 먹는다. 그 기계는 건조한 옥수수 알갱이에서 이물질을 제거하는 풍무였다. 찌에우응웬 마을은 중국과의 국경 지대에 위치한 산간 오지 마을이기 때문에 전기 사정이 매우 안 좋다. 그래서 주민들은 전기를 사용하는 자동식 기계 대신 손으로 핸들을 돌려서 먼지를 제거하는 수동식 풍무를 사용하고 있었던 것이다.

하노이로 돌아오는 길에 들른 시장에서도 말린 옥수숫대에서 옥수수 알갱이를 떼어내는 수동식 기계가 1만 원 미만의 저렴한 가격으로 팔리고 있었다. 이처럼 인력을 이용한 기계는 어디서나 이용 가능한 매우 좋은 적정기술 제품이다.

손을 사용하는 적정기술 제품 대부분은 기계에

달린 핸들을 손으로 돌려서 동력원을 얻는다. 족 브란디스(Jock Brandis)가 2001년에 개발한 땅콩 껍데기 제거기인 '유니버설 너트 셸러(Universal Nut Sheller)'도 마찬가지다. 2001년 아프리카 말리에 있는 어느 마을의 정수 장치를 고치기 위해서 방문한 브란디스는 마을 여성에게서 땅콩 껍데기 제거기를 만들어달라는 요청을 받는다. 미국으로 돌아온 브란디스는 여러 번의 시행착오 끝에 현재 유니버설 너트 셸러(개발 당시 이름은 말리 땅콩 셸러)라고 불리는 땅콩 껍데기 제거기를 개발했다. 이 제품의 가격은 50달러 정도다. 2003년 브란디스는 미국평화봉사단(Peace Corps) 출신들과 함께 개발도상국에 적정기술을 보급하기 위한 비영리단체인 '풀 벨리 프로젝트(Full Belly Project)'를 설립하고, 본격적으로 유니버설 너트 셸러 보급에 나섰다. 브란디스는 이 제품으로 2006년에 '파퓰러 메카닉스(Popular Mechanics)'로부터 혁신 대상을 수상했다.

주의 깊게 살펴보면 우리 주변에도 손을 동력으로 사용하는 적정기술 제품이 아직 많이 남아 있다. 필자는 아침 식사에 곁들여 드립 커피를 마시는데, 전기를 사용하는 원두 분쇄기 대신 손으로 핸들을 돌려서 분쇄하는 수동식 기계를 사용한다. 고등학교 기술 교사들을 대상으로 적정기술에 관한 강연을 하러 방문한 어느 대학에서 매우 반가운 기계를 발견한 적도 있다. 요즘 대부분의 대학에서는 칠판지우개에 묻은 분필 가루를 털어내는 데에 전기로 작동되는 기계를 사용하는데, 그곳에서는 손으로 돌려서 분필 가루를 제거하는 기계를 여전히 사용하고 있었던 것이다.

베트남 산간 오지 찌에우응웬 마을에 있는, 옥수수
알갱이에서 먼지를 제거하는 수동식 풍무.

　　미국 서부에 위치한 아트센터 디자인대학(Art Center
College of Design)에 재학 중이던 유지아와 알렉스 카부녹(Alex
Cabunoc)은 2011년 페루 리마의 빈민촌을 방문했다가 현지
여성들이 빨래를 하는 데 많은 시간을 소비하고 있는 모습을
발견한다. 이들을 위해서 디자인한 제품이 전기 없이도 사용
가능한 수동식 세탁기 '기라도라(Gira Dora)'다.[5] 원통 모양의
플라스틱 통으로 제작되어서 가볍고, 시판을 한다면 예상 가격은
40달러 정도다. 세탁기 뚜껑 위에 앉아서 발로 페달을 밟아서
작동시키며, 앉아 있는 동안 불편하지 않도록 뚜껑에는 쿠션이
붙어 있다. 사용법은 매우 간단하다. 먼저 빨랫감을 본체에 넣고
물을 붓는다. 적당량의 세제를 넣은 후에 뚜껑을 닫고 위에
앉아서 페달을 밟는다. 세탁이 끝나면 배수 플러그를 통해서 물을
배출한다. 기라도라는 원심력을 사용하기 때문에 세탁뿐만 아니라

탈수도 가능해서 건조 시간도 대폭 줄일 수 있다.

발을 동력으로 사용하는 제품 중에는 자전거를 이용한 것이 많이 있다. 가장 일반적으로는 발전기, 즉 자전거 페달을 돌려서 전기를 생산하고 축전지에 저장하였다가 가전제품을 구동하는 활용법이 있다. 손을 동력원으로 사용하는 대부분의 적정기술 제품들은 디자인을 적절히 변형하면 자전거를 동력원으로 사용하는 제품으로 개조할 수 있다. MIT 졸업생이 탄자니아 아루샤에 설립한 '글로벌 사이클 솔루션(Global Cycle Solution)'에서는 자전거를 이용해서 옥수수 알갱이를 떼어내는 제품을 개발해서 보급했다.

새너지(Sanergy)는 MIT 경영대학원생이던 데이비드 아워바크(David Auerbach)와 아니 발라바네니(Ani Vallabhaneni)가 케냐 빈민가의 심각한 위생 문제를 해결하기 위해서 2010년에 창업한 벤처 기업이다. 새너지는 '프레시 라이프 토일렛(Fresh Life Toilet)'이라고 불리는 콘크리트 화장실을 200달러 정도의 저렴한 비용을 들여서 건축하고, '프레시 라이프 오퍼레이터'라고 불리는 풀뿌리 사업가들에게 임대하여 운영하게 한다. 여기서 모은 분뇨를 처리해 유기 비료로 전환하여 수익을 낸다. 한편 새너지의 네이트 샤프(Nate Sharpe)는 화장실에 모인 분뇨를 끌어올리는 데 사용할 목적으로 '새너지 사이클(Sanergy Cycle)'이라는 자전거 이용 펌프를 개발했다. 네이트는 글로벌 사이클 솔루션에서 제작한 자전거 이용 옥수수 알갱이 제거 장치를 개량해서 이 펌프를 개발했다. 화장실에 호스를 넣고 10~15분 동안 자전거를 타면 25리터 통에 분노를 가득 채울 수 있다.

한국의 특허청에서도 2013년 지식재산 나눔사업의 일환으로 자전거 바퀴에 로프와 파이프를 연결해서 페달을 돌리면 물을 끌어올릴 수 있는 워터펌프를 개발해 파푸아뉴기니에 보급했다. 자전거를 사용하면 손으로 돌리는 로프 펌프에 비해 8분의 1의 힘만으로도 물을 길어 올릴 수 있고, 자전거에 로프와 파이프를 설치하는 데 걸리는 시간은 20분에 불과해 여러 곳으로 이동하면서 사용 가능하다.

발을 동력으로 사용하는 흥미로운 제품으로 '소켓볼(Soccket Ball)'도 있다. 줄리아 실버만(Julia Silverman)과 제시카 매슈스(Jessica Mathews)는 하버드 대학교에 재학 중이던 2008년 공학 수업 시간에 아프리카 어린이들이 전등이 없어서 밤에 공부를 못 한다는 사실을 접하고, 고민 끝에 공놀이를 하면서 빛을 얻게 해주는 소켓볼을 개발했다. 소켓볼은 30분 동안 축구를 하면 약 3시간 동안 LED 전등을 켤 수 있는 축구공이다. 소켓볼 안에는 유도코일센서가 내장되어 있어서 진동에 따라 전기를 발생시켜 배터리에 저장한다. 무게도 일반 축구공보다 30그램 정도밖에 더 나가지 않는다.

중력을 이용한 적정기술 제품

2013년 짐 리브스(Jim Reeves)와 마틴 리디포드(Martin

Ridiford)는 중력을 이용한 전등인 '그래비티 라이트(Gravity Light)'를 개발했다. 작동 원리는 간단하다. 주머니에 모래를 넣고(약 12킬로그램) 사람 키 높이로(약 1.8미터) 들어 올린 후에 손을 뗀다. 그러면 주머니가 약 초속 1밀리미터의 속도로 아주 서서히 내려오면서 스프로켓(Sprocket)이라고 불리는 장치를 높은 토크로 매우 천천히 돌리게 된다. 그러면 제품 안에 설치된 고분자 기어트레인이 이를 전달받아서 낮은 토크로 빨리 돌면서 전기를 생산하는 원리다. 이렇게 생산된 전기를 통해서 LED 전구에 불이 들어온다. 주머니를 다시 들어 올리면 전기가 다시 생산되도록 설계되어 있다.

우리 모두가 알고 있듯이 물은 높은 곳에서 낮은 곳으로 흐른다. 높은 곳과 낮은 곳의 위치에너지 차이 때문이다. 이 차이는 질량×중력가속도×높이차로부터 구할 수 있다. 흐르는 냇물에 발전 터빈을 설치하면 전기를 생산할 수 있는데, 1미터 정도의 작은 낙차를 이용해서 200~300와트 정도의 전기만 생산해도 개도국의 한 가정에서 사용하기에 충분하다. 애시든(Ashden)에서는 매년 여러 분야에서 지속가능한 해결책을 제안하고 보급한 단체에 애시든 상을 수상하고 있다. 2015년 수력 부분에서는 파키스탄 북쪽 아프가니스탄과의 접경 지역에서 소수력을 보급하고 있는 단체인 사하드 루럴 서포트 프로그램이 수상했다. 이 단체는 2004년 이후 190여 개의 소수력 장치를 설치해서 37만 명에게 전기를 공급했다.

기존의 화석연료나 원자력 에너지를 대체하는 태양광과 태양열 등의 에너지로 지구의 지속가능성을 확보하려는 노력이 절실한 시기다. 에너지 관련 적정기술이야말로 적정기술의 사용처가 개도국에 국한되지 않음을 증명하는 좋은 사례. 약간의 불편만 감수한다면 인력을 사용한 적정기술 제품도 폭넓게 사용될 수 있다.

농가 빈곤을 해결할 기술을 찾아서

1985년 스탠퍼드 대학교에서 기계공학 전공으로 박사 학위를 받은 마틴 피셔(Martin Fisher)는 자신의 장래를 생각해볼 시간을 가지려고 페루의 안데스 산맥으로 여행을 떠났다. 그는 그곳에서 극심한 빈곤을 목격했고 자신의 공학 기술을 가난한 이들을 위해 쓰겠다고 결심한다. 페루에서 돌아온 피셔는 풀브라이트 장학금을 받고 적정기술에 대한 연구를 하기 위해서 케냐로 갔다. 그리고 이곳에서 가구 제작자 닉 문(Nick Moon)을 만나게 된다. 문은 당시 나이로비 빈민가에서 젊은이들을 가르치고 있었다. 피셔와 문은 매일 저녁 케냐 사람들을 빈곤에서 탈출시킬 방안을 고심한다. 그들은 케냐 주민의 70퍼센트가 농부이고, 농업 생산성을 높이려면 관개 시설이 가장 중요하다는 것을 깨닫는다. 이들은 마침내 1991년 농민들이 사용하기에 적합한 84달러짜리 휴대용 족동식 펌프를 개발하고 나중에 '킥스타트'로 이름을 바꾼 어프로텍(Approtec)을 설립했다. 킥스타트의 홈페이지(www.kictstart.org)에서는 2016년 12월 현재 킥스타트를 통해 22만 개의 비즈니스가 창출되었고 110만 명이 빈곤에서 탈출했다고 소개하고 있다.

개발도상국에서 농업 및 관개 시설의 중요성을 목격하고 이 문제를 해결하려고 노력한 사람은 이들만이 아니다. 콜로라도의 정신과 의사 폴 폴락(Paul Polak)은 아내가 다니던 교회 선교팀과 함께 방문한 방글라데시에서 극심한 빈곤을 목격한다. 폴락은 하루에 2달러 미만의 돈으로 생활하는 사람들을 돕기로 결심하고 1981년 국제개발회사(IDE)를 설립하였다. IDE의 설립 목적은 가난한 사람들의 수입을 증대시켜서 가난으로부터 벗어나게 하는 것이었다. 주로 소작농에 초점을 맞추고 있으며 '관개와 소규모 시장을 통한 빈곤 감소(PRISM, Poverty Reduction through Irrigation and Smallholder Markets)'라는 독특한 모델을 채택하고 있다. 이를 위해 대나무 페달 펌프와 점적 관개 키트(drip irrigation kit) 등을 보급했다.

전 세계 극빈자 11억 명 중 8억 명이 시골에 거주하고 있으며, 8억 4000만 명 이상이 영양실조에 걸려 있고, 시골의 영양실조 비율이 도시보다 150퍼센트가량 높다.[1] 개도국 인구 70퍼센트가량이 농업에 종사하고 있지만 식량의 자급자족 비율도 낮고 이를 통한 소득 증대는 더 어렵다. 관개 시설이 미비하고, 농사를 지을 물이 부족하고, 농사 기술이 없는 것 등이 큰 원인으로 꼽힌다.

논밭에 물을 공급하는
사용자 중심의 기술

필자와 동년배인 사람들은 어린 시절 텔레비전에서 서수남, 하청일 듀오가 부른 시엠송 "한일, 한일 자동 펌프 물

걱정을 마세요~"를 들어본 기억이 날 것이다. 농사를 지으며 물을
공급하는 데는 자동 펌프가 쓰인다. 그런데 전기가 안 들어오는
지역에서는 논과 밭에 물을 어떻게 공급할까? 물론 최근에는
태양광 패널을 이용해서 펌프를 작동하는 시설이 시범적으로
설치된 곳도 있다. 2011년에 어느 한국 기업이 몽골에 설치한
이런 시설을 본 적이 있다. 그러나 대량 보급되기에는 아직 가격이
비싸다.

현재 개도국에 성공적으로 널리 보급된 관개 관련
적정기술 제품으로 '족동식 펌프'가 있다. 족동식 펌프는
운동기구로 사용하는 '스테퍼'와 무척 비슷하게 생겼다. 재료에
따라 철로 만든 킥스타트의 '슈퍼 머니메이커 펌프'와 대나무로
만들어 보다 저렴한 대나무 페달 펌프가 있다. 슈퍼 머니메이커
펌프는 7미터 아래에 있는 물을 수원 위로 14미터까지 끌어
올릴 수 있다. 이 펌프를 사용하면 여덟 시간 동안 8000제곱미터
넓이에 물을 공급할 수 있으므로 더 넓은 지역에 농사를 지을
수 있다. 또 건기에도 과일과 채소 같은 농작물을 경작할 수
있어 가구의 소득 증대에 크게 기여할 수 있다. 슈퍼 머니메이커
펌프는 철로만 만드느냐 아니면 시멘트를 일부 사용하느냐에 따라
가격대가 25~100달러 사이로 다양하다. 필자가 2009년에 방문한
에티오피아 아디스아바바의 셀람에서는 실린더 부분을 시멘트로
만든 족동식 펌프를 25달러 정도에 판매하고 있었다.

적정기술 제품은 크게 두 가지, 인간의 기본적 필요를
만족시키기 위한 '생존형' 또는 '문제 해결형' 적정기술 제품과

적정기술 제품의 사용을 통해 소득을 창출할 수 있는 '생계형' 또는 '가치 창출형' 적정기술 제품으로 구분할 수 있다. 족동식 펌프는 대표적인 생계형 적정기술 제품이다. 한편 족동식 펌프와 유사한 수동식 펌프로 '힙 펌프'가 있다. 힙 펌프는 자전거 타이어에 바람을 넣는 기구와 모양이 매우 흡사하다. 족동식 펌프보다 가볍고 가격도 저렴하다. 이 펌프는 어린이 등 다소 힘이 부족한 사람이 적은 면적에 물을 주기 위해 사용할 때 적당하다. 2014년 탄자니아의 아루샤 지역에 있는 초등학교에 힙 펌프를 보급한 적이 있는데, 학생들은 이 펌프를 사용해서 빗물 저장 시설에 모은 물을 텃밭에 줄 수 있었다.

　　　슈퍼 머니메이커 펌프와 관련된 흥미로운 에피소드를 하나 소개할까 한다. 2013년에 미국 캘리포니아 주 산호세에서 개최된 국제 인도주의기술 컨퍼런스(Global Humanitarian Technology

에디오피아 셀람의 족동식 펌프.

Conference)에 참석해서 발표한
적이 있다. 이 컨퍼런스에서 한
NGO가 적정기술은 '사용자
중심 기술'이어야 한다는 요지의
발표를 하면서 다음과 같은
에피소드를 소개했다. 슈퍼
머니메이커 펌프의 초기 모델은
예상과 달리 시장에서 잘 팔리지
않았다. 그 원인을 조사한 팀이
현지에서 발견한 이유는 다음과
같았다. 개도국에서는 여성들이
주로 일을 한다. 농사일도

에티오피아 아다마 지역에 위치한 LG
희망마을에 설치되어 있는 점적 관개 키트.

마찬가지다. 초기 머니메이커 펌프를 사용하려면 발을 높이 들어야
했다. 그런데 여성들은 치마를 입고 일을 하기 때문에 발을 들어
올려야 하는 펌프를 사용하기 불편하니 잘 팔리지 않은 것이었다.
개발팀에서는 발을 높이 들지 않고도 펌프질을 할 수 있도록
디자인을 개선함으로써 이 문제를 해결했다. 적정기술은 사용자와
현지의 맥락에 잘 맞아야 함을 증명하는 좋은 사례다.

밭 근처에 물이 있다면 더 저렴한 비용으로 사용할 수
있는 제품인 점적 관개 키트가 유용하다. '점적 관개'라는 용어가
다소 생소하다면 집에서 뜨거운 물을 부어 수동으로 내리는 드립
커피를 떠올리면 이해하기 쉬울 것이다. 드립 커피를 내릴 때처럼
물이 조금씩 밭으로 스며들기 때문에 점적 관개라고 한다. 점적

관개 키트는 소형 물탱크, 튜브, 노즐로 구성되어 있다. 2~3미터 높이에 위치한 물탱크에서 흘러나온 물이 밭에 골고루 퍼져 있는 튜브를 통해서 소량씩 밭에 공급되는 시설이다. 이 장치의 가격은 경작 면적에 따라서 다양한데, IDE는 튜브의 두께를 줄이는 방법 등을 통해서 20제곱미터의 밭에 물을 공급할 수 있는 시설을 인도에서 3달러에 보급한 적이 있다. 2014년에 방문한 에티오피아 아다마 지역의 LG 희망마을에도 점적 관개 키트가 설치되어 있었다.

그런데 대부분 개발도상국은 아열대 지역에 위치해 우기와 건기가 매우 뚜렷하다. 따라서 점적 관개 키트를 건기에 사용하려면 우선 물이 있어야 한다. 건기에 농사지을 물을 확보하는 가장 좋은 방법은 우기에 대량의 물을 저장해두는 것이다. 하지만 벽돌과 시멘트 등을 사용해서 이런 시설을 건축하는 데는 상당히 많은 비용이 소요된다. 2006년에 IDE 인도 지부에서는 10미터 길이의 이중벽으로 된 소시지 모양의 물 주머니를 흙을 파서 만든 웅덩이에 설치하는 방법을 고안했다. 40달러만 사용해서 1만 리터의 물을 보관할 수 있는 저장 탱크가 그렇게 만들어졌다.

기아로부터 마을을 구하는 기술

개발도상국에서는 곡물을 장기간 보관하기가 어렵기

때문에 건기에는 기아에 허덕이는 일이 많다. 2015년 5월,
블루챌린저 사전 답사팀과 함께 방문한 베트남의 한 마을에서도
수확한 옥수수를 제대로 보관하지 못해서 썩어가고 있었다.
농산물을 장기간 보관하려면 산소가 들어가지 못하도록 밀봉해야
한다. 2014년 초 우간다의 마케레레 대학교를 방문했을 때
기술이전센터의 센터장이 운영하는 소규모 시설에서도 흙벽돌로
저장고를 만들고 시멘트로 봉해 6개월 동안 곡식을 보관하는 것을
목격했다.

　　　　　　농산물 건조가 어려워 제값을 받지 못하는 경우도 많다.
농산물의 부가가치를 높여 이 문제를 해결하려면 위생적인 상태로
잘 건조시키고 가루 등으로 가공해야 한다. 하지만 아열대에
위치한 동남아시아 등의 지역은 습도가 높기 때문에 태양열만으로

캄보디아 우동에 위치한 MG적정기술센터에 있는
온돌형 건조 시설에서 모링가 잎을 말리고 있는 모습.

건조하는 데 한계가 있다. 낮에 건조된 농산물이 밤에는 대기 중의 수분을 흡수해 원상태로 돌아가기 때문이다.

김만갑은 5~6년 전에 몽골에 있을 때 몽골의 전통 주거 형태인 게르에서 사용할 수 있는 '지세이버(G-Saver)'라는 축열기를 개발했다. 2011년에 캄보디아로 건너가 지세이버를 개발할 때 얻은 열 관련 지식을 바탕으로 프놈펜 인근에 스무 기의 간이 소각로를 건설하는 프로젝트를 필자와 함께 진행했다. 그는 여기서 얻은 연소 관련 지식을 바탕으로 캄보디아와 라오스에 MG적정기술센터를 설립하고, 한국의 전통 난방 시설인 온돌을 활용한 농산물 건조 시설을 보급하는 프로젝트를 진행하고 있다. 여러 번의 시행착오를 거쳐서 지금은 거의 최적화된 건조장 설계에 도달했다. 온돌형 건조장으로 모링가, 파파야, 고야 등 다양한 농산물을 위생적으로 건조할 수 있다.

트랙터보다 작고
가래보다 효율적인 농기구는?

아열대 지대의 특성상 이모작, 경우에 따라서는 삼모작 이상도 가능함에도 농민들이 여전히 빈곤에서 벗어나지 못하는 이유는 또 있다. 바로 농사 기법과 도구의 부족 때문이다. 필자가 2014년 초에 방문한 에티오피아의 멜카사 농업기술센터에는 우리에게 익숙한 전통 농기구인 쟁기, 호미, 가래 등이 전시되어

있었다. 선조들이 농사를 지을 때 사용했던 많은 농기구들이
사실은 적정기술 제품이었던 것이다.

2015년 3월 개최된 적정기술 아카데미에서 어느 부산
출신 학생이 다소 의외의 정보를 전해주었다. 이제 한국에서는
트랙터, 콤바인 등의 거대한 농기계로 농사를 짓기 때문에 인력을
사용하는 농기구들은 더 이상 필요하지 않을 것이라고 생각하기
쉽다. 하지만 청년들은 다들 도시로 떠나고 노인들이 소규모로
농사를 짓는 경우가 대부분이다. 따라서 적은 힘만으로 사용할 수
있는 작은 크기의 농기구의 개발이 시급하다는 것이다. 농촌에서
소규모로 자급자족하는 귀농인들에게도 해당되는 이야기다.
한국의 시골에서 소규모로 농사를 짓는 데 더욱 효율적인
농기구를 만들어서 개발도상국에도 보급하는 것이 가능하다는
말이다.

생명을 지키는 적정기술

말라리아(학질)는 모기가 매개체가 되는 전염병으로, 말라리아 원충에 감염된 모기에 사람이 물림으로써 감염된다. 전 세계 2억 명 이상이 말라리아로 고통받고 있고 매년 70만 명 정도가 말라리아로 생명을 잃는다. 환자 10명 중 9명, 사망자 10명 중 8명은 아프리카에 살고 있다. 한국도 말라리아 안전 국가가 아니며 휴전선 인근 지역에서는 매년 말라리아 환자가 발생하고 있다. 그동안 예방 백신이 없어서 많은 사람들이 고생했는데, 2013년 영국의 제약사인 글락소스미스클라인(GSK)에서 주목할 만한 결과를 내놓았다. GSK는 남아프리카공화국 더반에서 개최된 학술대회에서 비영리단체 PATH 및 말라리아백신기구(MVI, Malaria Vaccine Initiative)와의 파트너십을 통해 개발된 말라리아 후보백신(RTS,S)의 임상 결과를 공개하고 2014년 유럽의약청에 허가 신청을 냈다. 3억 5000만 달러를 투자해서 아프리카 7개국에서 연구를 진행한 끝에 만들어진 백신이다. GSK는 2015년 7월 유럽의약청의 약물사용자문위원회가 이 말라리아 후보백신에 대해서 긍정적인 검토 의견을 채택했다고 발표했다.[1] 테스트 결과에 의하면 RTS,S를 3회 접종한 후 18개월간 추적 관찰한 결과, 생후 5~17개월 유아의 말라리아 발생이 절반 가까이 감소했다고 한다. 하지만 세계보건기구에서 사용 확대 전 추가 임상시험을 권고한 상태이므로 실제로 사용되기까지는 시간이 더 걸릴 것 같다.
그럼 지금 당장 사용 가능한 말라리아 예방을 위한 적정기술에는
무엇이 있을까?

아프리카 주민들을
말라리아로부터 구하다

2010년 6월 아프리카 차드의 수도인 은자메나를
방문했을 때다. 숙소에 도착해보니 침대 위에 모기장이
하나 설치되어 있었다. 단순한 모기장이 아니고
베스테르고르 프란센에서 제조한, 살충제로 처리된 모기장
'퍼머넷(Permanet)'이었다. 이러한 형태의 모기장을 '장기 지속
살충 모기장(LLIN, Long-Lasting Insecticide-treated Net)'이라고 한다.
일반 모기장에 비해 다섯 배나 오래 사용할 수 있어 4년가량
사용 가능하다. 현재 LLIN 제작에 사용되는 합성 살충제는
피레스로이드(pyrethroid)제인데, 인체와 포유류에 미치는
위해성은 매우 낮지만 곤충에게는 미량이라도 유독한 물질이다.
말라리아가 아프리카 사람들의 삶의 질에 미치는 영향은 매우
크다. 필자가 탄자니아 다르에스살람 인근에 있는 키왈라니
마을에서 현지조사를 하던 때에도 마을 주민들이 가장 크게
어려움을 호소한 문제 중 하나가 말라리아였다. 이곳 주민들에게는
말라리아에 걸리는 것이 거의 연례행사였다.

아프리카에서 마을 단위로 진행된 임상시험을 통해 LLIN은 5세 미만 아동 사망률을 20퍼센트가량 감소시키는 것으로 밝혀졌다. 말라리아 예방 프로그램을 통해 높은 LLIN 보급률을 달성한 국가에서 말라리아 피해가 급감한 것으로 나타남에 따라, 세계보건기구도 이제는 임산부와 5세 미만 아동 등의 취약계층뿐 아니라 말라리아 발생 지역의 모든 사람들에게 LLIN을 보급해 사용하도록 하는 '보편적 보장(universal coverage)' 수준의 달성을 권고하고 있다. LLIN은 대규모 프로그램들을 통해 약 3년 주기로 보급되고 있는데, 2008년부터 2010년까지 총 2.94억 틀의 모기장이 사하라 이남 아프리카 지역에 보급되었다.[2]

호주 광고 에이전시인 GPY&R는 파푸아뉴기니 수도인 포트모르즈비에서 맥주를 제조하고 있는 SP브루어리(SP Brewery)를 위해 모지박스(Mozzie Box)라는 재미있는 아이디어를 제안했다. 모지박스는 SP브루어리가 판매하는 맥주인 SP라거스를 담은 골판지 상자다. 이 골판지 상자는 모기가 싫어하는 유칼립투스 나무 성분으로 코팅되어 있다. 저녁에 이 박스를 태우면서 불 주위에 둘러앉아 맥주를 마시면 모기에 물리지 않고 친구들과 담소를 나눌 수 있다.

1년에 약 150만 명의 어린이가 예방접종을 받지 못하거나, 효과가 떨어진 백신을 접종받아 사망한다고 한다. 효과가 떨어진 백신을 접종받게 된 원인은 무엇일까? 예방 백신은 섭씨 2~8도의 온도에서 보관되어야 최상의 접종 효과를 볼 수 있으므로 선진국에서는 백신용 냉장고에 보관한다. 하지만 전기가 들어오지

않거나 들어오더라도 전기 수급이 불안정한 아프리카 시골
마을에서는 백신 냉장고를 사용하기가 어렵다. 이 문제는 말라리아
예방 백신이 상용화된다고 해도 아프리카 등에서 사용되려면
반드시 넘어야 할 장애물이다. 빌게이츠재단과 인텔렉추얼벤처스는
이런 문제점을 해결하기 위해 전기를 사용하지 않는 백신 냉장고를
개발했다.[3] 백신 주변을 감싸고 있는 여덟 개의 플라스틱 통에
물을 얼려 낮은 온도를 유지하는 방식이다. 다양한 종류의 백신
300개를 약 50일가량 보관할 수 있다. 냉장고의 온도를 효율적으로
유지하기 위해 통 내부는 알루미늄 포일로 싸여 있으며 진공
상태로 밀봉되어 있다. 입구는 12센티미터로 작게 만들어서 내부로
공기가 잘 들어갈 수 없게 했다.

3센트로 암 진단을?
저렴한 질병 진단 키트들

질병이 이미 많이 진행되고 나서 치료하는 것보다는
질병이 발생하기 전에 또는 발생 초기에 조기 발견하고 치료하면
비용도 절약되고 완치 확률도 높일 수 있다. 하지만 의료 시설이
열악한 개발도상국에 거주하거나 선진국에 살더라도 가난해서
보건의료 서비스의 혜택을 보기 어려운 주민들에게는 쉽지 않은
일이다. 이들의 삶의 질을 높이기 위해서는 저렴한 질병 진단
기술의 개발이 반드시 필요하다. 지금까지 개발된 저렴한 질병 진단

기술에는 어떤 것이 있을까?

　　　　코넬 대학교 기계항공공학과의 데이비드 에릭슨(David Erickson)과 그의 팀은 스마트폰 어플리케이션과 액세서리를 활용해 조직 검사용 샘플 분석을 가능하게 하는 태양열 중합효소 연쇄반응기(PCR, Polymerase chain reaction thermocyclers)를 만들었다. PCR 기기는 암세포가 존재할 경우 암의 DNA를 탐지하고 샘플에 그 DNA를 복사한다. 조직 검사를 위한 데이터가 충분히 모일 때까지 여러 번 반복한다. PCR은 지금까지 질병 감지에 중요한 역할을 해왔다. 그러나 문제는 기계가 비싸고 부피가 커서 휴대하기 어려우며 엄청난 양의 전기를 필요로 한다는 점이다.[4]

　　　　에릭슨 팀은 전기가 없는 곳에서 사용 가능한 오프그리드(off-grid) 버전의 PCR 순환기를 고안해냈다. 먼저 태양을 향해 렌즈를 맞춰서 챔버 안의 샘플을 가열한다. 챔버는 정해진 양의 태양열만이 들어오도록 허락하는 마스크를 통해 적절한 온도로 조절된다. 샘플이 모든 과정을 거치고 DNA가 복사되면, 사용자가 스마트폰 액세서리에 샘플을 올려놓는다. 그러면 임신 테스트기와 비슷한 방식으로 색깔이 바뀌며 암의 존재 여부를 알린다. 스마트폰은 카메라를 통해 결과를 읽고 앱으로 결과를 분석한다. 태양이 거의 모든 일을 담당하기 때문에 30분의 소요시간 동안 기계는 80밀리와트의 에너지밖에 소모하지 않는다. 에릭슨 팀은 아이폰 배터리로 70시간 동안 이 기계를 작동시킬 수 있었다. 저렴한 가격과 높은 이동성은 이 기기의 가장 큰 장점이다. 현재 연구진들은 암의 일종인 카포시육종 테스트를 개발 중이다. PCR을 바탕으로 한 테스트를 통해 다른 종류의 암이나 에이즈, 결핵, 각종 박테리아나 바이러스를 발견해낼 수도 있다.

전 세계 약 4000만 명의 사람들이 앞을 보지 못하는 시각장애가 있다. 이 중 80퍼센트는 검안을 통해서 적절한 조처를 하였다면 막을 수 있었던 경우라고 한다. 그러나 기존의 검안 장비는 무겁고 비싸며 사용하기가 어려워 그동안 개발도상국의 시골에 거주하는 사람들은 검안 장치로 시력 검사를 받기가 어려웠다. 앤드루 바스타우로스(Andrew Bastawrous)와 동료들은 스마트폰으로 모든 종류의 검안을 할 수 있는 도구인 피크-레티나(PEEK-Retina)를 개발했다.[5] 이 키트는 전통적인 검안경과 스마트폰의 망막 카메라를 결합한 기술로서 이동성이 뛰어나고 저렴하며 사용하기 쉽다. 이들은 크라우드펀딩 플랫폼인 인디고고를 통해서 펀딩에 성공했다. 가격은 95달러다.

일본 규슈 대학교 후각센서연구개발센터의 연구팀은 C. 엘라강스라는 1밀리미터 크기의 선충을 이용한 암 진단기를 개발하고 있다.[6] 이 선충은 사람보다 10만 배 이상 뛰어난 후각을 갖고 있는데 암 환자의 오줌을 한 방울 떨어뜨리면 그 특이한 냄새에 민감하게 반응해서 주위로 모여든다고 한다. C. 엘라강스를 이용해서 판별할 수 있는 암의 종류는 식도암, 폐암, 췌장암 등 아홉 종류에 달하며, 암 발견 비율은 95.8퍼센트로 혈액을 사용하는 검사보다 정확도가 세 배 가까이 높다. 1회 검사에 드는 비용은 900원 정도이며, 한 시간 반 정도면 암 유무를 진단할 수 있다. 현재 연구팀은 히타치 제작소와 함께 진단 장비 개발에 착수했다.

췌장(또는 이자)은 위의 뒤쪽에 위치하고 있으며 소화 효소와 호르몬을 분비하는 장기이다. 췌장암의 약 85퍼센트는 조기 진단에 실패하기에 평균 사망률이 다른 암에 비해 높다고 한다. 특히 췌장암 초기에는 복부 컴퓨터 단층촬영을 통해서도 발견되지 않는 경우가 적지 않다. 미국의 한 고등학교에 재학 중이던 잭 안드라카(Jack Andraka)는 열다섯 살 때 장당 3센트의 비용으로 췌장암, 난소암, 폐암을 5분 안에 조기 발견할 수 있는 종이 센서를 발명했다.[7] 그는 가깝게 지내던 아버지 친구가 갑자기 췌장암으로 사망한 일을 계기로 췌장암 진단에 관심을 갖게 됐다고 한다. 안드라카는 8000여 개의 단백질을 조사한 끝에 췌장암, 난소암, 폐암에 반응하는 단백질인 메소텔린을 찾아내는 데 성공했다. 그는 이 단백질에 항체와 탄소나노튜브를 결합해서 종이 센서를 만들어냈다. 안드라카는 현재 이 센서를 상용화하는 방안을 모색하고 있다.

종이의 무한한 변신

2014년 초, 우간다 북쪽에 위치한 루히이라 마을을 방문했을 때다. 우간다 수도인 캄팔라에서 차를 타고 적도를 지나서 루히이라 마을을 향해 가는 길가에는 광대한 파피루스 밭이 펼쳐져 있었다. 그 풍경을 바라보면서 문득 파피루스를 사용해서 적정기술 제품을 만들 수는 없을까 하는 생각이 들었다.

종이로 만든 천연 생리대

캄팔라에는 우간다의 국립대학인 마케레레 대학교가 위치하고 있다. 마케레레 대학교의 원래 명칭은 '동아프리카 대학교'였는데, 여기서 케냐의 나이로비 대학교와 탄자니아의 다르에스살람 대학교가 분리해 나왔다. 마케레레 대학교 기술개발이전센터 소장인 모지스 키자 무사아지(Moses Kizza Musaazi) 박사는 20년 이상의 적정기술 분야 연구 경력을 자랑하는 전문가다. 센터를 방문해서 무사아지 박사와 대화를 나눴다. 당시 기술개발이전센터에서는 다양한 적정기술 제품에 대해서 연구하고 있었으며, 센터 건물도 직접 만든 흙벽돌을 이용해서 10여 년 전에 건축되었다고 한다. 무사아지 박사는 또 '내일을 위한 기술(Technology for Tomorrow)'이라는 이름의 적정기술 단체를 운영하고 있었는데, 여기서 생산하는 제품 중에서 가장 관심을 끈 것은 '마카패드(MakaPads)'라는 천연 생리대였다. 아프리카에서는 생리대를 구하기가 쉽지 않기 때문에 여성들이 매우 큰 곤란을 겪고 있다.(최근 한국에서도 저소득층 여성들이 이런 문제를 겪고 있음이 크게 보도되었다.) 이 문제를 해결하기 위해서 여러 국제개발협력 단체에서 천을 이용한 생리대 제조 키트 등을 보급하는 노력을 기울이고 있다.

무사아지 박사가 운영하는 작업장에서는 말린 파피루스와 신문지 등을 사용해서 천연 생리대를 제조하고 있었다. 운이 좋게도 작업장 중 한 곳을 직접 방문할 수 있었다. 천연 생리대 제조 공정을 간단하게 설명하면 다음과 같다. 먼저 말린 파피루스와 잘게 썬 신문지를 물에 불리고 틀에 부어서

천연 생리대에 사용할 흡수제를 말리는 모습.

모양을 갖춰 말리면 생리대에 사용할 흡수제가 완성된다.
다음에는 말린 흡수제를 크기에 맞게 자른 후에 미리 만들어둔
패드 속에 집어넣는다. 이때 패드의 한쪽은 통기가 잘돼야 하고,
다른 한쪽은 밀폐되어 있어야 한다. 패드를 크기에 맞게 포장한
후에 접착테이프를 붙이고 오존 램프로 살균하면 천연 생리대가
완성된다. 마카패드의 가격은 열 개짜리 한 팩에 0.7달러다.
무사아지 박사에게 사업장을 운영하면서 어려운 점은 없는지 묻자
판로 개척이 가장 어렵다고 대답했다. 아직 우간다 시민들 사이에
천연 생리대에 대한 인식이 널리 퍼져 있지 않아서, 현재 주요
판매처는 유엔난민기구(UNHCR)와 같은 유엔 산하단체라고 한다.
하지만 작업장을 통해서 약 300명의 고용 창출이 이뤄지고 있다는
점, 주위에서 흔히 구할 수 있는 파피루스와 종이를 이용해서
여성에게 필수인 제품을 제작한다는 점은 매우 고무적이었다.

　　　　1993년에 발간된 『적정기술 소스북(*Appropriate Technology
Sourcebook*)』이라는 책에 언급된 적정기술의 열한 가지 원칙 중에는
"가능하면 현지에서 구할 수 있는 재료를 사용하라."도 포함되어
있다. 아마도 종이는 대부분의 개발도상국 현지에서 비교적 쉽게
구할 수 있는 대표적인 재료일 것이다. 또 종이는 플라스틱 등과는
달리 쉽게 분해되므로 환경에 부담을 주지 않는 친환경 소재다.
천연 생리대 이외에 종이를 재료로 사용하는 다른 적정기술
제품에는 어떤 것이 있을까?

난민 보호소를 짓는 종이 건축가

건축가 반 시게루(坂茂)는 종이로 만든 튜브를 이용해서 난민 보호소를 건축하는 것으로 유명하다. 반 시게루가 주목 받기 시작한 것은 1994년 르완다 내전 당시 유엔난민기구와 협력해서 종이를 사용한 피난민 보호소를 만들면서부터다. 자연재해, 전쟁, 대학살 등으로 많은 난민이 발생하면 이들을 수용할 다량의 난민 보호소를 저렴한 비용으로 조속히 건설해야 한다. 반 시게루는 종이 튜브로 보호소를 지어 이런 문제들을 해결했다. 그는 1995년에 자원건축가네트워크(Voluntary Architects Network)라는 비영리단체를 설립하고, 세계 곳곳의 재난 지역을 돌며 종이로 난민 보호소를 지었다. 1999년 터키, 2001년 인도 구자라트, 2004년 스리랑카, 2008년 중국 쓰촨 성에 지진이 발생했을 때, 그리고 2013년 태풍 하이옌 때도 종이로 보호소를 지어서 주민들을 위로했다. 특히 2013년에는 기존의 종이 튜브를 이용한 구조물 건축 기법을 대폭 개량해서 매우 빠르고 간편하게 지을 수 있도록 했다. 먼저 플라스틱으로 된 맥주병 박스에 모래주머니를 채워서 기초를 만들고, 코코넛으로 만든 합판을 그 위에 올렸다. 이 위에 종이 튜브로 된 구조물을 올리고 지붕은 야자수 잎을 덮어서 처리하였다.

또 1995년 고베 대지진 때도 이재민들이 체육관 같은 곳에서 사생활을 침해받지 않으면서 편히 지낼 수 있도록 파티션을 나누는 방식으로 임시 거처를 설계하였으며, 지진으로 불타 없어진

다카토리 교회를 대신할 종이 교회를 자원봉사자들과 함께 단 5주 만에 완성하였다. 2011년 동일본 지진 때는 임시 거처의 디자인이 조금 더 정교해지고 세련돼졌다. 2011년 뉴질랜드의 캔터베리 지진 때는 크라이스트처치의 무너진 대성당을 대신할 종이 성당을 건축했다. 이 성당은 미적으로도 매우 아름답다는 평을 받았다.

시게루는 이 밖에도 2006년에 서울 올림픽공원에 종이와 컨테이너를 사용해 페이퍼테이너 뮤지엄을 건축하기도 했고, 2010년에는 프랑스의 퐁피두센터 분관을 종이 등을 사용해서 지었다. 그는 이런 공로로 2014년에 일명 건축계의 노벨상으로 불리는 프리츠커 건축상을 수상하기도 했다. 이는 건축예술을 통해 인류와 건축 환경에 일관적이고 중요한 공헌을 한 생존해 있는 건축가에게 주는 상이다.

종이 현미경으로 미래 세대를 교육하다

탄자니아의 키왈라니 지역에서 바이오샌드필터 프로젝트의 일환으로 현지 주민을 대상으로 위생 및 필터 사용에 대한 교육을 실시했을 때의 일이다. 교육 전에 SON인터내셔널에서 온 엔지니어는 자신의 손바닥에 반짝이는 가루를 묻힌 채로 주민들과 돌아가면서 악수를 했다. 강의 중간에 이 엔지니어는 주민들에게 그들의 손바닥을 쳐다보라고 했다. 주민들은 손바닥에 반짝이는 가루가 있는 것을 보고 매우 놀랐다. 엔지니어는 이처럼 비록 눈에는 보이지 않지만 우리 손에는 많은 세균이 있으니 비누를 사용해서 자주 손을 씻어야 하며, 물에도 세균이 있을 수 있으므로 정수기를 사용해야 한다고 설명했다. 주민들은 고개를 끄덕이면서 수긍했다.

만약 주민들이 손바닥에 있는 세균들을 직접 눈으로 볼 수 있었다면 교육 효과는 더 컸을 것이다. 미국 스탠퍼드 대학교의 마누 프라카시(Manu Prakash) 교수 팀은 종이로 만든 현미경 '폴드스코프(Foldscope)'를 제작해서 보급하는 프로젝트를 진행하고 있다.[1] 제작 방법은 유치원생도 쉽게 만들 수 있을 만큼 간단하다. 종이로 된 도면에서 부품들을 떼어내서 조립하기만 하면 바로 사용할 수 있다. 폴드스코프의 무게는 8.8그램이고, 배율은 2000배이며 가격은 렌즈를 포함해서 1달러가 채 되지 않는다. 작동 방법도 매우 간단하다. 눈썹이 렌즈에 닿을 정도의 거리로 눈을 대고 관찰하고 싶은 물체를 보면 된다. 두 손으로 종이 현미경을 잡고 양쪽 검지와 중지로 슬라이드를 움직이면 초점을 맞출 수 있다. 여러 버전이 개발되어 있으므로 관찰 용도에 맞는 현미경을 골라서 사용하면 된다. 밝은 장소는 물론이고 어두운 곳에서도 관찰할 수 있고, 형광 현미경, 편광 현미경, 투사 현미경도 개발되어 있다.

프라카시 교수 팀은 종이 현미경 1만 개를 제작해서 전 세계 사용자에게 보급하고, 종이 현미경을 사용한 경험과 제품에 대한 피드백을 공유해서 성능을 함께 개선해나가는 개방형 프로젝트인 '현미경 1만 개 프로젝트(Ten Thousand

Microscope Project)'를 진행했다. 향후 1년에 10억 개 이상 제작해서 개발도상국에 보급할 계획이라고 한다. 종이 현미경은 위생 교육에 사용될 수 있을 뿐만 아니라 학생들에게 STEM(과학, 기술, 공학, 수학의 머리글자를 딴 용어) 분야에 대한 흥미를 불러일으킬 수 있다.[2] 학생들이 STEM 분야로 진출할 가능성을 높임으로써 개발도상국의 지속가능한 발전에 매우 긍정적으로 작용할 것으로 예상된다.

재난 현장에서
손쉽게 사용하는 의료 기구

캘리포니아 예술대학에 재학 중이던 니컬러스 리들(Nicholas Riddle)은 2008년 5월 중국 쓰촨 성 지진 현장을 보도한 뉴스를 보고 큰 충격에 빠졌다. 일손과 의료 기구가 부족해 부상당한 환자들이 그대로 방치되어 있는 모습이 보도된 것이다. 리들은 재난 현장에서 손쉽게 사용할 수 있는 의료 기구를 만들기로 결심한다. 과거에 자신이 사고를 당했을 때의 기억을 바탕으로 휴대용 종이 깁스인 프리오 페이퍼 캐스트(Prio Paper Cast)를 만들어냈다.[3] 그의 목표는 개발도상국에서 사용할 수 있도록 가격이 저렴하면서도 가볍고 쉽게 사용할 수 있는 휴대용 깁스를 제작하는 것이었다. 프리오 종이 깁스는 격자 구조로 되어 있어 강도가 높고, 특별한 매뉴얼 없이도 누구나 손쉽게 조립할 수 있도록 디자인되었다. 격자 구조로 되어 있으므로 지그재그로 엇갈려 접으면 부피를 줄일 수 있고 운반과 보관도 용이하다.

한국에서도 종이를 사용한 다양한 적정기술 제품들을 개발해서 개발도상국에 보급한 경험이 있다. 2015년 인도 첸나이를 방문한 현대하이스코 적정기술 봉사단원들은 현지 아이들이 책상이 없어서 방바닥에 엎드려서 책을 읽고 있는 것을 발견하고, 종이 찰흙 또는 카드보드를 이용한 조립식 간이 책상을 디자인해서 현지에 보급했다. 또 적당한 놀이 도구 없이 지내는 아이들을 위해 종이 계란판을 활용해 간편하게 갖고 놀 수 있는 레고형 종이 블록을 제작해서 보급했다. 2014년 에티오피아에서 폐휴대폰을 이용해 영사기를 보급한 햇빛영화관 프로젝트 팀도 나무 대신 주위에서 쉽게 구할 수 있고, 가벼우며, 가격도 저렴한 카드보드 박스를 사용해서 영사기 본체를 제작했다.

이처럼 종이는 비교적 쉽게 구할 수 있고, 가벼우며, 가격이 저렴하고, 적절하게 설계하면 원하는 강도를 가질 수도 있고, 사용 후 폐기한 뒤에도 쉽게 분해되므로 친환경적이고 좋은 적정기술 재료다. 단 물에 약하다는 특성이 있으므로 물과 접촉할 가능성이 있는 제품에 사용할 때는 이 점을 고려해야 한다.

21세기의 혁신, 주가드 이노베이션

인도의 무저항주의자 마하트마 간디가 물레를 자아 실을 뽑는 사진을 본 적이 있을 것이다. 당시 영국에서 개발된 방적기계를 도입한 대규모 공장이 도시 지역 곳곳에 들어서면서 공장에서 제조된 저렴한 제품들이 농촌으로 보급되어 농촌 직물 경제를 황폐화했다. 간디는 직접 물레로 실을 뽑는 모습을 보임으로써 농촌의 가내 직물업을 소생시켜야겠다고 생각했다. 외부 시장에 경제적으로 의존하다 보면 마을 공동체의 자립 경제가 매우 취약해질 수 있기 때문이다. 간디의 이런 사상은 인도의 스와데시(Swadeshi) 전통에 기초를 두고 있다. 스와데시는 '모국(母國)'을 뜻하는 힌두어로, 외부 시장에 대한 경제적 의존을 피하고자 하는 국산품 애용 운동을 뜻한다.

간디 사상에 영향받은 사람들

경제학자 에른스트 슈마허는 1955년부터 버마에서 유엔의 경제 자문가로 일하면서 "경제학의 문제는 고정된 하나의 해결책을 갖지 않게 되는데, 그것은 인간의 문제이고 오직 특정한 환경 안에서만 해결될 수 있기 때문이다."라는 생각을 갖게 되었다.

슈마허는 버마에 있으면서 불교에 심취하고 간디의 스와데시 사상을 접하게 된다. 이러한 경험을 바탕으로 슈마허는 1965년 유네스코 회의 연설과 《옵저버》에 기고한 「어떻게 하면 그들이 스스로 돕도록 도울 수 있을까?(How to help them help themselves?)」라는 글을 통해 중간기술의 도입을 주장했다. 기존의 과학기술 원조는 개발도상국의 환경에 대한 고려 없이 선진국의 거대 기술을 바로 도입하는 방식으로 이뤄져 문제가 되고 있으며, 중간기술은 그 대안이 될 수 있다는 것이다. 슈마허는 1973년 간디 추모 연설에서 간디를 "인류 역사상 가장 훌륭한 인간적인 경제학자"라고 말한 바 있다.

하지만 간디가 과학기술 자체를 반대한 것은 아니었다. 최근 인도 기업의 이노베이션 사례를 연구한 코임바토르 프라할라드(Coimbatore Krishnarao Prahalad)와 라메시 마셸카(Ramesh Mashelkar)는 2010년 7월 《하버드 비즈니스 리뷰》에 기고한 「이노베이션의 성배(Innovation's Holy Grail)」에서 인도의 이노베이션을 '간디식 이노베이션(Ghandian Innovation)'이라고 명명했다.[1] 인도의 혁신이 간디가 생전에 말한 다음 두 가지 내용에 기초한다고 보았기 때문이었다. 첫째, 모든 사람의 이익을 위해 개발된 모든 과학적 발명을 높이 평가한다. 둘째, 지구는 모든 사람의 필요(need)를 충족시키기에 충분할 만큼 제공하지만 모든 사람의 탐욕(greed)까지 채워주지는 않는다.

프라할라드와 마셸카는 간디가 첫째, '적정한 가격(affordability)'을 통해 많은 사람이 혜택을 볼 수 있을 것, 둘째, 자원을 절제해서 사용해 지속가능성(sustainability)을 확보하는 것의 중요성을 이미 60여 년 전에 지적했다고 주장한다.

반면 인도의 주가드(Juggad) 전통을 강조해서 간디식 이노베이션 대신 '주가드 이노베이션(Jugaad Innovation)'이라고 부르기를 선호하는 사람들도 있다. 주가드는 '슬기로움' 또는 '즉흥적이고 대담하게 기발한 해결책을 고안하는 방법'을 의미하는 힌두어다.

이처럼 슈마허가 제안한 적정기술(중간기술)과 인도 사람들이 발전시킨 주가드(간디식) 이노베이션은 모두 간디의 사상에 직간접적으로 영향을 받았다. 또 적정기술과 주가드 이노베이션은 모두 '적정한 가격'과 '지속가능성'을 지향한다는 공통점이 있다. 그런데 주가드 이노베이션은 사고방식(mind set)과 기업가 정신(entrepreneurship)의 중요성을 더 크게 강조하는 경향이 있다. 그래서 주가드 이노베이션을 적정기술 제품을 개발하는 데 필요한 원칙으로도 적용할 수 있다. 1981년 국제개발회사를 설립한 폴 폴락은 2013년에 발간한 책 『소외된 90%를 위한 비즈니스』에서 개발도상국에 사는 사람들을 위한 적정기술 개발의 방법론으로 '제로베이스 디자인'이라는 개념을 제안했다. 제로베이스 디자인이란 "기존의 제품이나 생산 과정에 대한 일체의 선입견을 모두 지우고 아무것도 없는 백지 상태에서 완전히 새롭게 시작하는 디자인"을 의미한다. 폴락은 이 책에서 제로베이스 디자인의 여덟 가지 원칙을 제안했는데, 그중 하나가 '주가드를 실천하라.'다.[2]

나비 라드주(Navi Radjou), 제이딥 프라부(Jaideep Prabhu), 시몬 아후자(Simone Ahuja)의 2012년 책 『주가드 이노베이션』에는

주가드 이노베이션의 여섯 가지 원리가 제시되어 있다. 첫째, 역경에서 기회를 찾아라. 둘째, 적은 자원으로 많은 일을 하라. 셋째, 유연하게 사고하고 행동하라. 넷째, 단순하게 하라. 다섯째, 소외 계층을 포함하라. 여섯째, 마음이 시키는 대로 하라. 둘째 원리는 자원을 절제하여 사용해 지속가능성을 확보하는 것, 다섯째 원리는 적정한 가격을 통해 많은 사람이 혜택을 받도록 하는 것과 밀접하게 연관되어 있음을 알 수 있다. 그럼 주가드 이노베이션의 사례를 하나 살펴보도록 하자.[3]

도예가인 만수크 프라자파티(Mansukh Prajapati)는 2001년 어느 날 '마을 사람들이 사용하는 냉장고를 점토로 만들면 어떨까?'라는 생각을 하게 되었다. 인도에서는 그가 사는 마을을 포함해서 5억 명이 넘는 사람들이 전기가 제대로 공급되지 않는 환경에서 살고 있기 때문이었다. 도예가인 그는 몇 달 동안의 실험 끝에 미티쿨(Mitticool) 냉장고를 발명해서 마을 사람들에게 50달러에 팔 수 있었다. 미티쿨은 윗부분 용기에 물을 부으면 물이 벽면을 타고 흘러내려 오면서 냉장고 안의 온도를 섭씨 8도까지 낮추는 구조로 되어 있다. 미티쿨 냉장고는 프라자파티의 도예 공장에서 처음으로 대량 생산된 제품이었다. 그는 더 나아가서 눌어붙지 않는 프라이팬 등 다른 점토 제품도 발명했다. 프라자파티의 프라이팬은 다른 제품에 비해서 더 오래 열을 유지하면서도 가격은 2달러에 불과하다. 《포브스》는 그를 인도에서 가장 영향력 있는 벤처 사업가로 선정하기도 했다.

전 세계로 퍼져나가는
주가드 사고방식

이런 주가드 사고방식을 단지 인도의 혁신가 또는
기업에게서만 발견할 수 있는 것은 아니다. 중국의 가전제품 회사인
하이얼의 고객센터에 어느 날 쓰촨 성의 외딴 마을 농민으로부터
세탁기의 배수관이 계속 막힌다는 민원 전화가 걸려왔다. 현장에
파견된 하이얼의 기술자는 그 농민이 막 수확한 감자의 흙을
씻는 데 세탁기를 사용했기 때문이라는 사실을 알아냈다. 하지만
하이얼은 "세탁기는 이런 목적으로 설계된 것이 아니다."라고
대응하는 대신에 "세탁기를 사용해서 감자를 씻으려는 요구를
제품에 반영할 수 없을까?"라고 자문했다. 하이얼의 예상대로 중국
전역에서 수백만의 사람들이 세탁기로 감자를 세척했고 하이얼은
큰 배수관을 설치한 세탁기를 설계했다. 나아가 감자의 껍질을
벗기는 세탁기, 야크유를 버터로 만들어주는 세탁기, 세제 없이
옷을 빨 수 있는 세탁기 등을 연이어 출시했고 전 세계 세탁기 시장
1위를 차지할 수 있었다.[4]

주가드 이노베이션은 현재 전 세계에서 광범위하게
일어나고 있다. 21세기는 자원과 소비자의 구매력이 지난 세기만큼
풍부하지 않은 결핍의 시대다. 한국의 기업들도 적정한 가격과
지속가능성을 추구하는 혁신의 흐름에 동참하길 희망해본다.

적정기술 개발의 세 가지 렌즈

　　미국 캘리포니아 주 팔로알토에는 스탠퍼드 대학교 디스쿨 설립자이자 동 대학 기계공학과 교수인 데이비드 켈리(David Kelley)가 만든 디자인 컨설팅 회사 아이디오(IDEO)가 있다. 아이디오는 그동안의 디자인 프로젝트 경험을 바탕으로 기업이나 공공기관이 다양한 혁신가들과 협력해 사회문제를 해결할 수 있도록 IDEO.org라는 오픈 플랫폼을 만들었다. 이런 활동의 일환으로 펴낸 『인간중심 디자인 툴킷(*Human Centered Design Toolkit*)』에는 적정기술 개발의 세 가지 관점을 소개하고 있다.[1]

　　첫째, 사람들이 진심으로 바라고 원하는 것은 무엇인가?(적합성, desirability), 둘째, 기술적, 조직적 측면에서 실현 가능한 것은 무엇인가?(실현 가능성, feasibility), 셋째, 경제적·재정적으로 지속가능하게 하는 것은 무엇인가?(지속성, viability) 적정기술 개발에는 이런 세 가지 관점들이 동시에 고려되어야 한다. 즉 개발된 해결책은 사람들의 필요에 적합해야 하고, 기술적으로 실현 가능해야 하며, 경제적으로 자생 능력을 갖추고 지속적인 실행이 가능해야 한다.

첫 번째 렌즈, 적합성

남아프리카공화국에서 우물 파는 사업을 하던 로니 스투이버(Ronnie Stuiver)는 아이들이 놀이터에서 일명 '뺑뺑이'라고도 불리는 놀이기구 메리고라운드를 타고 신나게 노는 모습을 보면서 아이디어를 떠올렸다. 메리고라운드로 지하수를 끌어올려서 물탱크에 저장하는 아이디어였다. 아프리카에서는 주로 손 펌프로 힘들게 지하수를 끌어올렸기에 손쉽게 물을 길어 올리는 장치를 만들려고 한 것이다. 스투이버는 이 아이디어를 1989년 농업박람회에서 발표했고, 당시 농업박람회에 참석했던 광고회사 임원 트레버 필드(Trevor Field)는 이 아이디어에 깊은 인상을 받았다.

의기투합한 스투이버와 필드는 플레이펌프(Playpump)라는 이름으로 상표 등록을 하고 특허를 냈다. 이 펌프는 처음에는 큰 호응을 얻지 못했다. 그런데 신설 학교를 방문한 넬슨 만델라 대통령이 학교에 설치된 플레이펌프를 직접 돌려보는 모습이 텔레비전으로 방영되면서 여러 기관들이 관심을 갖기 시작했다. 이후 미국의 비영리기관 케이스재단에서는 아프리카에 플레이펌프를 설치하기 위해서 플레이펌프 인터내셔널을 설립하고 전 세계에서 투자자를 모집했다. 그 결과 2008년까지 남부 아프리카에 1000개의 플레이펌프를 설치할 수 있었다.

하지만 지금은 아프리카에서 작동되고 있는 플레이펌프를 찾아보기가 어렵다. 무슨 일이 벌어진 걸까? 캐나다 출신 엔지니어인 오언 스콧이 지역 주민과 나눈 이야기를 한번

들어보자. "이 놀이기구는 여성이 돌리기에는 너무 힘이 들어요. 특히 나이 든 사람은 다른 사람의 도움 없이는 돌릴 수 없어요. 예전에 사용하던 손 펌프가 사용하기에 훨씬 쉽지요. 그리고 펌프를 바꾸는 문제에 대해 왜 우리와 아무런 상의를 하지 않았는지 모르겠어요. 그냥 이 펌프가 이곳에 왔어요."[2] 성인 여성들이 사용하기 힘들 정도라면 어린아이들이 돌리기는 더욱 어려울 것이다. 스투이버와 필드가 간과한 사실이 하나 더 있다. 아이들은 뺑뺑이를 탈 때, 먼저 뺑뺑이를 빠르게 회전시키고 나서 올라타서 속도감을 즐긴다. 하지만 플레이펌프는 물을 끌어올려야 하기 때문에 저항이 있어 빨리 돌리기가 어렵고 속도감을 느낄 수도 없다. 한마디로 재미가 없는 것이다. 섭씨 40도가 넘는 뙤약볕 아래에서 누가 재미도 없는 놀이기구를 하루 종일 타고 있겠는가?

이 사례가 보여주듯 적정기술 개발을 하려면 먼저 현지 사람들에게 무엇이 정말로 필요한지 이해하고 공감해야 한다. 이런 역량은 하루아침에 길러지지 않으며 꾸준히 연습해야 한다. 필자는 2012년부터 청소년을 대상으로 적정기술 교육을 실시해왔다. 처음에는 개발도상국 주민을 위한 적정기술 개발에 초점을 맞췄지만, 청소년들이 개발도상국 주민들을 만나기가 어렵고, 따라서 이들에게 진정으로 필요한 것에 대해서 공감하기가 어렵다는 사실을 곧 깨닫게 되었다. 그래서 2013년부터는 우리 주위에서 발견할 수 있는 다양한 문제들을 스스로 도출하고 해결하는 것으로 교육 방향을 전환한 바 있다.

이런 사정은 미국에서도 마찬가지다. 리즈 거버(Liz

Gerber) 등이 2009년에 설립한 디자인포아메리카(DFA, Design for America)에서도 자전거로 15분 이내 거리에서 발견되는 문제들만을 해결하는 '슈퍼 로컬 프로젝트'를 진행하고 있다. 또 제5회 국제 인도주의기술 컨퍼런스에서 '지역사회 봉사를 위한 공학 프로젝트(EPICS)'에 관해 발표한 미국의 퍼듀 대학교와 올린 공대 팀에서도 프로젝트 주제의 90퍼센트는 국내의 문제이고, 나머지 10퍼센트 정도만이 개발도상국 문제라고 말했다. 청소년 시절부터 주위에 있는 다양한 사람들과 직접 대화하고 관찰함으로써 사용자 관점에서 문제를 발견하고 이들과 함께 문제를 해결하는 연습을 할 수 있도록 돕는 지속적인 교육이 필요하다. 인하대학교에서 2014년부터 실시하고 있는, 지역사회와 함께하는 적정기술 교육 프로그램인 '나눔의 공학'도 이런 맥락의 프로그램이다.[3]

두 번째 렌즈, 실현 가능성

플레이펌프는 기술적으로도 완벽하지 않았다. 플레이펌프를 설치한 지 6개월이 지나자 이곳저곳에 설치된 펌프가 고장 나기 시작했지만 제때 수리되지 않았다. 손 펌프에 비해 효율성도 낮았다. 오언 스콧이 20리터 양동이를 채우는 시간을 직접 비교해본 결과, 손 펌프는 30초 정도 걸린 반면 플레이펌프는 3분 넘게 소요되었다. 적정기술을 개발할 때 도출된 아이디어가 기술적으로 구현 가능하고 완성된 제품에 하자는 없는지 확인하려면 시제품을 제작한 뒤 여러 번에 걸친 현지 테스트를 해봐야 한다. 이 과정에서 지속적으로 제품을 수정하고 보완하는 노력이 요구된다.

하지만 기술적으로 구현 가능한 적정기술 아이디어를 구상하는 일은 생각만큼 쉽지 않다. 따라서 적정기술 개발 아이디어를 얻는 방법 중 하나로 생태모사(biomimicry)를 이용할 수도 있다. 2010년 가나의 수도 아크라에 있는 국립 가나 대학교를 방문했을 때, 그곳에서 길가에 높게 솟은 흙무덤을 발견했다. 바로 흰개미집이었다. 흰개미집은 환기가 잘 되는 구조로 되어 있어서 내부가 매우 시원하다고 한다. 짐바브웨의 건축가인 믹 피어스(Mick Pearce)는 이런 흰개미집의 원리를 이용해서 1996년에 짐바브웨 수도인 하라레에 이스트게이트센터(East Gate Center)를 디자인했다. 이스트게이트센터는 냉방 장치를 가동하지 않고 자연 대류만 이용해서도 실내 온도를 항상 24도로 유지한다. 또 비슷한 크기의 건물이 실내 온도 조절에 사용하는 에너지의 단 10퍼센트만 사용한다고 한다. 이 센터의 온도 조절 원리는 다음과 같다. 낮 동안에는 건물에 있는 열용량이 큰 천이 열을 흡수한다. 저녁이 되어 외기 온도가 떨어지면 건물 내부의 더운 공기가 굴뚝을 통해 빠져나가면서 건물 하단에 있는 찬 공기를 밀어낸다. 밤에도 이 과정이 계속되며, 건물 바닥의 구멍을 통해서 찬 공기가 흐르면서 천을 식혀서 다음 날을 준비하게 된다. 피어스는 생태건축 발전에 기여한 공로로 2003년에 프린스 클라우스 상을 수상했다. 이런 건축물을 개발도상국에서만 발견할 수 있는 것은 아니다. 2001년에는 영국의 웨스트민스터 궁 맞은편에 위치한 포트쿨리스하우스에 이 시스템이 적용되었다. 또 주택 리모델링 분야의 세계 최대 기업인 프랑스 ADEO의 릴 사옥도 외관이 아름다울 뿐만 아니라 냉난방 기기를 사용하지 않고 자연 대류를 이용하여 실내 온도를 조절한다. 시각적인 아름다움만을 강조한 나머지 사방을 통유리로 시공한 탓에 여름에 에어컨을 틀지 않으면 내부가 찜통이 되는 한국의 몇몇 건축물들과 비교할 때 시사하는 바가 크다.

　　　　생태모사를 이용한 다른 예로 아프리카 나미브 사막의 풍뎅이로부터 아이디어를 얻은 것도 있다. 나미브 사막에는 1년 내내 거의 비가 오지 않는다. 여기 사는 풍뎅이의 등에는 물과 친화도가 좋은 친수성 부분(돌기 부분)과 물을 배제하는 소수성 부분이 있다. 나미브 풍뎅이는 돌기 부분을 사용해서 대기 중에 있는 수분을 응축하고, 소수성 부분에서 이렇게 응축된 수분들을 물방울로 모아서 갈증을 해소한다. 나미브 풍뎅이에서 아이디어를 얻은 미겔 갈베스(Miguel Galvez)는 친구들과 함께 2012년에 NBD 나노(NBD Nano)를 설립하였다. 이들은 물병의 표면을 친수성 물질과 소수성 물질로 만든 후에 이곳으로 공기를 통과시켜서 대기 중에 있는 수분을 모으는 연구를 비롯하여, 생태모사를 활용한 다양한 기술개발 프로젝트를 진행하고 있다.[4]

세 번째 렌즈, 지속성

플레이펌프는 손 펌프에 비해 설치 비용도 세 배 정도 더 비쌌다. 아프리카 주민들은 펌프를 스스로 설치할 자금도 당연히 없었다. 초기에 외부에서 자금이 계속 유입될 때는 비용을 쉽게 마련할 수 있었지만, 고장 나서 방치된 플레이펌프 사진이 언론을 통해 알려지고 나서는 자금 지원이 모두 끊겼다. 처음에 필드의 비즈니스 모델은 물탱크 사면에 광고를 유치해서 제작 비용을 자체 조달하는 모델이었다. 하지만 누가 허허벌판에 있는 물탱크에 광고를 게시하려고 돈을 지불하겠는가?

  적정기술 제품이 지속성을 확보하려면 반드시 적절한 비즈니스 모델이 수반되어야 한다. 족동식 펌프처럼 개발도상국 제품을 사용함으로써 돈을 벌 수 있는 생계형(또는 가치 창출형) 적정기술 제품이라면 주민들이 기꺼이 돈을 지불하고 구입한다. 족동식 펌프로 밭에 물을 대면 사용하지 않았을 때보다 더 넓은 면적에 농사를 지을 수 있고, 우기뿐만 아니라 건기에 부가가치가 높은 작물을 심을 수 있으므로 당연히 소득이 증대한다. 폴 폴락의 말에 따르면 IDE에서 25달러에 족동식 펌프를 구입한 농부가 1년 만에 100달러를 벌어서 이전보다 세 배의 수익을 올렸다고 한다.

  반면 라이프스트로 같은 생존형(또는 문제 해결형) 적정기술 제품은 개발도상국 주민들이 구입할 필요를 잘 느끼지 못하는 경우가 많다. 이런 제품에 대한 적절한 비즈니스 모델이 없다면 플레이펌프의 경우처럼 사업이 지속될 수 없다. 라이프스트로를 제작하는 베스테르고르 프란센에서는 2011년 4월 아프리카 케냐에서 '카본 포 워터(Carbon for Water)' 프로그램을 시작했다. 이들은 케냐 서부 지역에 사는 가정에 90만 개의 가정용

라이프스트로 정수기를 약 2개월에 걸쳐서 무료로 보급했다. 베스테르고르 프란센은 정수기 보급에 사용한 비용을 탄소 금융으로부터 보상받았다. 이 프로그램의 작동 원리는 다음과 같다. 아프리카 시골 지역에 사는 사람들은 식수가 깨끗하지 않기 때문에 콜레라, 설사 등의 수인성 질병으로 고생하기가 쉽다. 이런 질병을 예방하는 가장 손쉽고 확실한 방법은 물을 끓여서 먹는 것이다. 하지만 나무를 때어 물을 끓이면 이산화탄소가 배출되어 지구의 기후 변화를 야기하는 등 환경에 좋지 않다. 물을 끓이는 대신 라이프스트로로 정수해서 먹으면 질병을 예방할 뿐만 아니라 이산화탄소도 배출하지 않으므로 지구 환경에도 좋다. 베스테르고르 프란센은 이렇게 자신들이 아프리카에서 감소시킨 이산화탄소 배출량에 대해 탄소 크레디트를 받고, 이것을 탄소 시장에서 팔아서 정수기 보급에 사용한 비용을 보상받았다. 이처럼 적정기술 제품 개발 및 보급을 위한 다양한 비즈니스 모델이 가능하다.

MIT에서는 2002년부터 디랩(D-lab)이라는 적정기술 과목을 개설하고 있다. 2015년에는 봄과 가을 학기에 걸쳐서 에너지, 공급채널, 디자인, 개발, 현지조사, 지구, 발견, 쓰레기, 학교 등 모두 열다섯 개 과정이 개설되었다. 2011년 MIT 설립 150주년을 맞이해서 디랩에서는 지난 10년간 디랩 수업 시간을 통해서 개발된 적정기술 제품들을 일반에 공개했다. 제5회 국제 인도주의기술 컨퍼런스에서 발표했던 디랩 연구원에 의하면, 당시 전시회를 관람한 많은 사람의 공통적인 질문이 개발된 적정기술 제품들의 현재 상황에 관한 것이었다고 한다. 사람들은 개발된 적정기술 제품이 현지에 보급되었는지, 처음 보급된 이후에도 지속적으로 쓰이고 있는지, 그리고 지금도 계속 생산되고 있는지 등을 궁금해했다. 그러나 디랩 연구원이 고백했듯이 여러 이유로 인해 대부분의 프로젝트는 더 이상 진행되지 않고 있었다. 이런 질문들에 자극받은 디랩에서는 적정기술 제품을 적절한 비즈니스 모델을 사용해서 확대 보급할 목적의 프로그램인 '스케일업스(scale-ups)'를 시작했다.

2015년 9월 유엔 총회에서는 지난 15년간 국제사회가 공동으로 추구한 개발 어젠다인 새천년 개발 목표를 대체해 향후 15년간 국제사회에서 함께 추진할 어젠다로 지속가능 발전 목표를 인준하였다. 지속가능 발전 목표는 인간 중심, 번영, 존엄성, 지구환경 등의 분야에 걸쳐 모두 열일곱 개 항목으로 되어 있다. 새천년 개발 목표와 비교해서 지속가능 발전 목표가 가장 크게 달라진 점은 개발도상국뿐 아니라 모든 국가를 대상으로 한다는 것이다. 그 밖에도 목표를 달성하기 위해서 동원할 수 있는 다양한 재정적, 비재정적 이행 수단을 구체적으로 밝혔다는 점이 특징이다. 비재정적 이행 수단에는 과학, 기술, 역량 강화 등이 있는데, 이 중에는 '적정 신기술(appropriate new technology)'도 포함된다. 지속가능 발전 목표의 등장으로 전 세계적으로 적정기술에 대한 수요는 앞으로 더 커질 전망이다. 한국의 젊은이들도 적정기술 개발의 세 가지 관점을 염두에 두고 지속적으로 개발 역량을 키워서 인류의 복지 증진에 더 많이 기여했으면 한다.

아카데미아에서 꽃핀 적정기술 운동

　　20세기 후반 미국에서의 적정기술 운동은 1976년 설립된 국립적정기술센터, 1981년 설립된 국제개발회사, 1991년 설립된 어프로텍(현재 킥스타트) 등 정부와 민간이 주도하는 연구소, 기업, 비영리 단체의 형태로 꾸준히 명맥을 이어왔다. 21세기 들어 기존의 적정기술 개념에 기업가 정신을 강조하는 주가드 이노베이션 개념과 사용자에 대한 공감을 강조하는 디자인 사고(design thinking) 개념이 점진적으로 결합되었고, 관련 활동도 대학교와 학회 등 아카데미아로 점차 확산된다.

대학에서 태동한 움직임

　　코넬 대학교 대학원에서 공학 석사 과정에 재학 중이던 리자이나 클루로(Regina Clewlow)는 2001년 초 적정기술 관련 전국 대학 네트워크인 변경없는공학자회(EWF, Engineers Without Frontiers)를 설립하기로 마음먹는다. 클루로는 동료이자 멘토인 크리슈나 아드레야(Krishna Athreya)와 함께 코넬 대학교의 비영리 기구 인큐베이터와 파트너십을 통해 EWF-USA를 설립하고 초대 회장으로 취임했다. EWF-USA는 현재 50개 대학에 지부를

두고 공학 기술로 환경 및 지속가능성 이슈를 해결하는 다양한
프로젝트를 수행하고 있다. 흥미롭게도 유럽에서 시작된 전 세계적
조직인 국경없는공학자회(EWB, Engineers Without Borders)의 미국
지부도 같은 해 버나드 아마데이(Bernard Amadei) 교수에 의해서
콜로라도에 설립되었다. 변경없는공학자회는 EWB-USA와
명칭을 두고 갈등을 겪은 끝에 2004년 '지속가능한 세상을 위한
공학자회(ESW, Engineers for a Sustainable World)'로 이름을 바꿨다.
두 단체는 이런 인연 탓에 대학교에 지부를 설립하려는 노력을
경쟁적으로 벌여서 현재 미국의 웬만한 대학에는 EWB-USA
또는 ESW-USA 학생 지부가 설립되어 있다.

　　　　노스웨스턴 대학교 공대에 재학 중이던 리즈 거버는
미국에도 의료 서비스를 더 안전하고 저렴하게 만들고, 교육의
질을 개선하며, 재생 에너지 기술을 개발하는 등 해결해야 할
문제가 충분히 많으며 대학생이나 엔지니어의 개발 활동 무대가
아프리카나 인도에 국한되지 않는다는 사실을 깨닫는다. 거버는
2009년, 머트 아이세리(Mert Iseri), 유리 말리나(Yuri Malina), 한나
정(Hannah Chung)과 함께 도시 경제 활성화를 위해 다학제적
디자인을 하는 스튜디오들의 네트워크인 디자인포아메리카(DFA)를
설립했다. DFA는 2011년 일곱 개 대학교로 확장되었고, 현재는
서른여섯 개 스튜디오에서 2000여 명의 학생들이 참여하고
있다. DFA는 "미국 전역의 지역사회에서 사회적 임팩트를 끼칠
사고방식과 기술을 보유한 창조적인 차세대 혁신가"를 육성하는
것을 목표로 한다. DFA의 회원들은 모든 프로젝트를 디자인

스튜디오에서 자전거로 15분 거리 안에서만 진행하는 슈퍼 로컬 프로젝트를 진행하고 있다.

디랩에서 시작된 정규 교육 과정

21세기 이전에도 브라운 대학교와 드렉설 대학교 등에서 산발적으로 적정기술 관련 강의가 개설되었지만 미국 대학에서 적정기술 교육이 본격적으로 활성화된 것은 에이미 스미스(Amy Smith)가 2002년 MIT 기계공학과 학부 과정에 교과목 '디랩'을 개설하면서부터다. MIT 기계공학과 학부를 졸업한 스미스는 미국평화봉사단의 일원으로 보츠와나에서 4년간 머무르며 해결책이 가장 필요한 사람들이 이를 위한 교육을 받을 기회가 가장 적다는 사실에 충격을 받는다. 보츠와나에서 돌아온 뒤 MIT 기계공학과 석사 과정에 진학한 스미스는 아프리카 현지에서 제작 가능한 간단한 디자인의 제분기를 개발해 2000년 기술혁신상인 레멜슨-MIT 상을 수상한다. 그 밖에도 2001년 개도국 사람들의 삶의 질 향상을 돕는 아이디어 경진대회인 'MIT 아이디어스 글로벌 챌린지(MIT IDEAS Global Challenge)'를 만드는 등 적정기술 분야에서 활동을 펼쳐나갔다.

기계공학과 선임 강사가 된 스미스는 2002년 디랩 과정을 개설한다. 디랩의 첫 알파벳 D는 "대화(Dialogue), 디자인(Design), 보급(Dissemination)을 통한 발전(Development)"을 뜻한다. 디랩 과정에서는 방학 중에 개발도상국 또는 저개발 국가를 찾아가 현지 사정을 파악한 뒤 학기 중에 현지 사람들의 삶의 질을 향상시키기 위한 설계를 한다. 이 과정을 통해 나온 주요 제품으로는 2003년에 아이티에 보급한 사탕수수 숯, 2007년에 과테말라에 보급한 자전거를 활용한 드럼통 세탁기, 태양광 살균장치 등이 있다. 처음에는 한 과정으로 시작되었으나 2015년에는 봄과 가을 학기에 걸쳐서 에너지, 공급채널, 디자인, 개발, 현지조사, 지구, 발견, 쓰레기, 학교 등 모두 열다섯 개 과정이 개설되었다. 현재 디랩에서는 학부 수업 이외에도 국제개발디자인서밋(IDDS, International Development Design Summits) 개최, IDDS 출신 혁신가들의 네트워크인 국제개발혁신가네트워크(IDIN, International Development Innovation Network) 운영, 개발된 적정기술 제품의 상용화를 위한 스케일업스 프로그램 등의 활동도 하고 있다.

2003년 스탠퍼드 대학교 경영학과 교수 제임스 파텔(James Partell)과 기계공학과 교수인 데이비드 비치(David Beach)는 '누구나 이용 가능한 제품 개발을 위한 기업가적 디자인(Entrepreneurial design for extreme affordability)'이라는 대학원 과목을 개설했다. 이 과목에서는 디랩처럼 방학 동안 현지를 방문하고 현지에 적용 가능한 제품을 설계하고 창업한다. 앞서 소개한 사회적 기업 디라이트도 이 수업을 통해 만들어진 기업이다.

'누구나 이용 가능한 제품 개발을 위한 기업가적

디자인' 수업을 수강하던
제인 첸(Jane Chen), 리누스
리앙(Linus Liang), 나가난드
머티(Naganand Murty), 그리고
라홀 패니커(Rahul Panicker)는
네팔에서 태어난 조산아들이
저체온증으로 사망하는
경우가 많다는 사실을 알게

스탠퍼드 대학교에서 개발한 유아용 워머인
임브레이스.

되었다.[1] 이에 기존의 전기 인큐베이터에서 꼭 필요한 것만 남긴
단순한 형태의 프로토타입을 제작한 다음, 도시에 있는 병원에서
테스트해보기 위해 네팔로 갔다. 하지만 이들은 네팔과 같은
개발도상국에서는 미숙아로 사망하는 아이들의 80퍼센트가
설비가 잘 갖춰진 병원이 아니라, 전기 공급이 일정하지 않은 외딴
지역의 가정집에서 태어난다는 사실을 곧 알게 되었다. 그래서
이런 현실을 반영해 조그만 침낭처럼 생겨서 엄마가 움직이기
용이하고 아이들과 친밀하게 접촉할 수 있는 휴대용 유아용 워머를
디자인하고 '임브레이스(Embrace)'라는 기업을 설립했다. 유아용
워머의 침낭 뒤쪽에는 밀랍과 유사한 상변화물질(PCM, phase-change
material)을 담은 주머니가 들어 있으며, 이 주머니는 여섯 시간
동안 징싱 체온을 유지시켜준다. 임브레이스의 유아용 워머는
사용하기 쉬울 뿐 아니라, PCM 주머니를 가열할 때도 제품에
딸린 휴대용 충전기로 30분만 충전하면 된다. 더군다나 이 워머의
가격은 미국에서 판매되고 있는 기존 인큐베이터의 2퍼센트도

안 된다. 제인 첸은 2011년 9월 『주가드 이노베이션』의 저자 중한 사람인 나비 라드주와 한 인터뷰에서 "기업가들은 종종 제품또는 비즈니스 모델의 최초 구상을 너무 사랑한 나머지 고객의목소리를 듣지 못한다. 하지만 우리는 가장 저렴한 가격으로 가장큰 가치를 고객에게 제공할 수 있는 해결책을 찾을 때까지 제품의특성과 가격을 수정하고 또 수정하는 데 거리낌이 없다. 우리에게혁신이란, 결코 끝나지 않는 역동적인 과정이다."라고 말하였다.

학회를 통한 체계적인 교류

2000년대 들어 미국 공학계는 차츰 적정기술운동을 학회 활동의 일환으로 실행하기 시작했다.국제전기전자공학회(IEEE)에서는 2011년부터 매년10월 국제 인도주의기술 컨퍼런스를 개최하고 있다. 필자가2015년 10월 참석한 제5회 컨퍼런스에서 특히 인상 깊었던점은 MIT와 스탠퍼드 대학교 외의 여러 대학교에서도 적정기술교육 프로그램이 매우 활발하게 진행되고 있다는 사실을재발견한 것이다. 퍼듀 대학교에서는 지역사회 봉사를 위한 공학프로젝트(EPICS)를 진행하고 있었고, 워싱턴 대학교에는 인간중심디자인 및 공학(HCDE) 학과가 개설되어 있었으며, 펜실베이니아주립대학교에는 인도주의적 공학 및 사회적 기업가 정신(HESE)프로그램이 운영되고 있었다. 이 프로그램 디렉터인 칸잔 메타(Khanjan Mehta) 교수는 적정기술 및 기업가 정신 교육을 받은 이공계 대학생들이 졸업 후에 사회적 혁신·국제개발 분야에서 직업을 갖는 것을 돕기 위해서『과학기술로 세상을 바꾸고 싶은 사람들』이라는 책을 만들었다. 이 책에는 사회적 혁신·국제개발 분야에서 활발하게 활동하고 있는 혁신가 150여 명이 기고한 글과 이들의 프로필이 수록되어 있다.[2]

한편 미국기계공학회(ASME), EWB-USA, 국제전기전자공학회는 '변화를 위한 공학(Engineering for Change, E4C)'이라는 온라인 플랫폼을 공동으로 만들었다. E4C는 홈페이지에 스스로를 "충분한 서비스를 받지 못하는 전 세계 공동체의 삶의 질 개선에 헌신하는 엔지니어와 활동가를 위해 각종 뉴스, 문제 해결과 전문성 개발에 관한 정보를 제공하는 지식 공유 플랫폼"이라고 설명한다. 지금까지 E4C는 물, 에너지, 건강, 건물, 농업, 위생, 정보 시스템 등의 분야에 관한 단순 정보 제공에 머물렀으나, 최근 회원들 사이에 더욱 긴밀한 상호작용이 가능하도록 홈페이지를 대대적으로 개편했다.

한국에서는 2008년 이후 몇몇 대학에서 주로 방학 등을 이용한 단기 프로젝트의 형태로 적정기술 관련 활동이 진행되고 있다. 향후에는 한국의 대학에서도 교과목, 학과 또는 프로그램 개설 등의 형태를 통해 더욱 체계적이고 지속적인 형태로 적정기술 교육이 진행되리라고 기대한다.

공감과 창의력을 기르는
적정기술 교육

국제구호단체 세이브더칠드런과 서울대학교
사회복지연구소가 2015년에 발표한 '아동의 행복감 국제 비교연구'
결과에 따르면 한국 어린이의 주관적 행복감이 조사 대상인
12개국 어린이 가운데 가장 낮았다.[1] 조사 대상은 한국을 비롯해
루마니아, 콜롬비아, 노르웨이, 이스라엘, 네팔, 알제리, 터키,
스페인, 에티오피아, 남아프리카공화국, 독일 등 12개국 어린이
4만 2567명이었다. 조사 결과 한국 어린이의 연령별 평균은
10점 만점에 각각 8.2점(8세), 8.2점(10세), 7.4점(12세)으로 전체
최하위였다. 연령별 전체 평균은 각각 8.9점, 8.7점, 8.2점이었다.
한국 어린이들의 행복감은 경제 발전 수준이 낮은 네팔(8.4점, 8.6점,
8.5점), 에티오피아(8.2점, 8.6점, 8.3점)보다도 낮은 수준으로 조사됐다.
가족, 물질, 대인관계, 지역사회, 학교, 시간 사용, 자신에 대한 만족
등 영역별 조사 결과에서도 모든 영역에서 한국 어린이의 만족도가
전체 평균을 밑돌았다. 특히 자신의 외모, 신체, 학업 성적에 대한
한국 아동의 만족감은 각각 7.2점, 7.4점, 7.1점으로 최하위 수준을
기록했다.

대상을 중고등학생으로 확대하면, 아마도 한국 청소년의
주관적 행복감은 이보다 더 낮을 것이다. 특히 한국 청소년들의
학업 성적에 대한 스트레스는 가히 상상을 초월할 정도다. 그러면

과연 이에 대한 해결책은 없는 것일까?

　　　　건강 심리학자인 켈리 맥고니걸(Kelly Mcgonigal)은 2014년 3월 '스트레스를 친구로 만드는 법'이라는 주제의 TED 강연에서 매우 흥미로운 연구 결과를 소개했다. 34~93세의 미국 성인 1000명을 추적한 연구 결과에 의하면 가족의 사망이나 경제적 위기와 같은 스트레스 요인은 일반적으로 사망 위험성을 30퍼센트 증가시켰다. 하지만 타인에게 관심을 갖는 데 시간을 보낸 사람들의 사망 위험성은 전혀 증가하지 않았다. 타인에 대한 보살핌이 회복력(resilience)을 만들어낸 것이다. 우리는 세상을 살아가면서 불가피하게 스트레스를 받을 수밖에 없지만, 적절히 관리할 수만 있다면 스트레스가 미치는 악영향을 최소화할 수 있다. 그리고 그 핵심에는 타인에 대한 관심과 배려, 즉 공감 능력이 자리 잡고 있다.

　　　　인성은 창의성과도 관련이 있다. 교수법 및 공학 교육 관련 국내 최고 전문가 중 한 명인 동국대학교 조벽 석좌교수는 2014년 한 인터뷰에서 "우리가 아는 인재의 가장 중요한 조건은 인성이다."라면서 "인성은 창의력의 핵심이다. 이를 입증하는 연구 결과도 많다. 인성은 소통과 융합의 핵심이고 장기적인 성공의 유일한 지표다."라고 했다. 그는 또 창의력의 핵심은 머리로 하는 '인지적 능력'에 마음으로 하는 '정의적 능력'이 더해지는 것이며, 교사들은 이런 교육 경험을 디자인해야 한다고 주장했다.[2] 그러면 어떤 교육 프로그램을 만들어야 학생들이 이런 교육 경험을 하도록 도울 수 있을까?

청소년 적정기술 프로젝트의 시작

적정기술은 '인간 중심의 기술'로, 무엇보다도 '사용자(user)'가 처한 환경과 사용자의 필요를 중요하게 여긴다. 다시 말하면 인간에 대한 이해, 배려, 공감이 없으면 쓸모 있는 적정기술 제품을 만들기가 어렵다. 청소년들에게 적정기술에 관해 교육하는 것이 인성과 창의성 발달에 좋은 영향을 미칠 것이라고 생각하고 있던 차에, 2012년 초 대전의 중고등학교 과학 교사들과 연이 닿았다. 우리는 첫 번째 행사로 2012년 8월 한밭대학교에서 '세상을 바꾸는 희망의 기술'이라는 주제로 제1회 고등학생 청소년 적정기술 캠프를 개최했다. 이 캠프는 100여 명의 대전 지역 고등학생이 참여한 가운데 하루 종일 진행되었다. 적정기술 특강, 라이프스트로 등 개도국 대상 적정기술 제품 체험, 아프리카 유학생과 함께 태양열 조리기를 제작해보는 활동, 적정기술 동아리 활동 소개(당시 대전에는 이미 네 개 고등학교에 적정기술 관련 동아리가 결성되어 있었다.), 적정기술에 대한 문제를 풀어보는 '적정기술 골든벨' 등의 프로그램이었다.

최초로 고등학생을 대상으로 열린 적정기술 캠프였던 만큼 학생과 교사 모두 크게 만족해했다. 하지만 한 가지 문제가 있었다. 적정기술은 사용자에 대한 이해가 필수인 기술인데, 학생들이 개발도상국의 사정에 대해서 너무 몰랐으며, 개도국 주민을 만나기도 어려웠으므로 이들과 공감한다는 것은 불가능에 가까웠다. 이 문제를 해결하려면 적정기술의 '사용자'를 개도국 주민이 아닌 우리 주변에서 흔히 만날 수 있는 사람들로 전환해야 했다. 이런 피드백을 바탕으로 2013년 7월 '인간 중심의 문제해결자 되기'라는 주제로 두 번째 캠프가 열렸고, 주위의 다양한 문제를 학생들 스스로 발견하고 해결하는 방법에 대해서 교육했다. 2013년 12월에는 이러한 과정을 통해서 산출된 결과를 공유하기 위한 제1회 청소년 인간중심 문제해결 경진대회가 개최되었다.

당사자의 입장에서 문제를 해결하는 방법

청소년 적정기술 프로젝트에서는 인간 중심 문제해결을 위해 '디자인 사고'라는 방법론을 채택한다. 디자인 컨설팅 회사 PXD의 이재용 대표는 디자인 사고를 "디자인 분야에서 시작된 혁신 프로세스와 사고 방법으로서, 인간을 관찰하고 공감하며, 소비자 및 다양한 분야의 전문가들과 협업하여, 정의하기 어려운 문제의 본질을 이해하고, 통합적 사고(확산적 사고와 수렴적 사고의 반복) 및 프로토타입 및 테스트의 실패를 반복하여 최선의 답을 찾는 창의적 문제해결 방법의 구체적 형태"라고 정의한다. 국내에는 디자인 사고의 도구로서 스탠퍼드 대학교 디스쿨에서 사용하는 '공감하기(empathy)-문제 정의하기(define)-아이디어 내기(ideate)-프로토타입 만들기(prototype)-테스트하기(test)'의 5단계가 잘 알려져 있다.[3]

다섯 단계를 하나씩 살펴보자. 먼저 사용자에 대한

'공감'은 '연민(sympathy)'과는 다르다. 공감이란 "다른 사람을 자세히 관찰하고, 관찰한 것에 대해 질문하고, 주의해서 경청함으로써 상대방과 말이 필요 없을 정도의 유대감을 느끼고, 상대방이 느끼는 것을 동일하게 느끼는 것"을 말한다. 영어권에서는 '상대방의 신발을 신고 걷는 것'이라고 표현하며, 동양 문화권에서는 아마도 '이심전심'이라는 표현이 적절할 것이다.

기존의 창의성 교육에서는 교사 등에 의해서 하향식(top down)으로 탐구 주제가 정해지는 경우가 거의 대부분이었다. 하지만 청소년 적정기술 프로젝트에서는 청소년들이 주위에 있는 다양한 사람들을 관찰하고, 인터뷰 등을 통해서 타인과 공감하며 이를 바탕으로 스스로 문제를 도출하게 된다. 도출된 문제는 '관점서술문(point of view statement)'을 통해서 표현된다. "○○는 ○○하기 때문에 ○○할 수 있는 방법이 필요하다."와 같은 형태의 문장이다. 관점서술문은 공감과 이해를 표현하고, 뻔하지 않은 통찰력을 보여주고, 분명하고 간결하며, 다음 디자인 작업에 대한 방향성을 제공해야 한다. 좋은 관점서술문을 작성하는 것은 생각보다 어려우며 연습이 많이 필요하다.

학생들은 도출된 문제에 대해서 브레인스토밍, 트리즈(TRIZ, 창의적 문제해결), 특허 조사 등 다양한 기법을 활용해서 아이디어를 내고[4] 프로토타입을 제작한다. 여기서 프로토타입은 완벽할 필요가 없으며, 사용자와 상호작용할 수 있는 어떤 것, 즉 사용자에게 경험을 제공할 수 있는 어떤 것이면 된다. 학생들은 '빠른 프로토타입 제작(rapid prototyping)' 기법을 사용해서 문제

해결의 초기부터 다양한 프로토타입을 만들고, 테스트를 통한
피드백을 바탕으로 수차례에 걸쳐서 해결책을 개선하는 과정을
반복하게 된다.[5]

청소년 적정기술 프로젝트에는 학생들이 디자인 사고의
원리에 얼마나 충실하게 프로젝트를 진행했으며, 이를 통해서
인간 중심 문제해결이라는 핵심 역량이 얼마나 길러졌는가를
스스로 평가하는 과정도 포함되어 있다. 예를 들면, '행동과 실험을
중시하기', '반복하기', '다른 사람의 관점에서 세상을 바라봄으로써
타인의 감정과 필요를 이해하고 공유할 수 있다', '다양한 대상과
효과적으로 소통하기 위해서 적절한 언어, 태도 및 기술을 사용할
수 있다' 등의 항목에 따라 평가한다.

지난 4년 동안 개최된 청소년 인간중심 문제해결
경진대회를 통해서 학생들은 다양한 문제들을 스스로 발견하고
해결했다. 주제의 범위는 책상, 안경, 비닐하우스, 우산, 산악
지팡이, 청소도구, 물 백묵까지 실로 다양하다. WTS 팀은
학교 주방에서 근무하는 분들을 인터뷰하고 "주방 근무자들은
주위에 위험한 작업 도구들이 많기 때문에 그것들을 안전하게
사용할 방법이 필요하다."라는 관점서술문을 도출한 뒤 안전한
과일 깎기 도구를 제작하였다. Solution 팀은 농민을 인터뷰하고
"농업인 ○○○ 씨가 운영하는 비닐하우스는 폭설에 취약하기
때문에 비닐하우스가 폭설에 견디도록 할 방법이 필요하다."라는
관점서술문을 작성하고 비닐하우스의 눈을 제거하는 장치를
제작하였다. 사람들이 우산에 머리카락이 끼는 불편함을 느낀다는

것을 발견하고 해결한 슈룹 팀, 물 백묵은 조금만 사용하면 금방 잉크가 잘 나오지 않아서 교사들이 고생한다는 문제점을 발견하고 해결한 4U 팀도 있었다. 더 자세한 내용은 적정기술미래포럼 블로그(www.approtech.or.kr)에 가면 볼 수 있다.

인간중심 문제해결은 학생들에게 다양한 영향을 끼쳤다. 한 학생은 다른 사람이 느끼는 불편한 점을 계속해서 찾아내는 활동을 하면서 장래에 인간중심 디자인으로 진로를 정하고 싶어졌다고 말했다. "사소한 일이지만 남에게 도움을 주는 일을 한다는 것이 얼마나 보람찬지 새삼 깨달았다. 나 자신만 생각하는 경향이 있었는데 이번 대회를 통해서 다른 사람의 시각으로 세상을 보는 방법을 알게 되었다."고 말한 학생도 있었다. 매사에 자신 있고 성적도 좋은 어느 학생은 "함께하는 친구들이 많은 도움을 준 덕분에 나도 못하는 것이 있다는 점을 알게 됐다. 필요할 때는 다른 사람에게 도움을 받고 살아갈 수 있다는 것을 깨달았다."고 했다. 이처럼 적정기술 교육은 청소년들에게 인성 교육에 기초한 창의성 교육을 제공할 수 있는 훌륭한 토대가 된다.

적정기술의 세 줄기

1. E.F. 슈마허, 이상호 옮김, 『작은 것이 아름답다』(문예출판사, 2002).

2. 슈마허가 간디에게서 받은 영향에 관해서는 이 책의 304쪽 참고.

3. 랭던 위너, 손화철 옮김, 『길을 묻는 테크놀로지』(씨아이알, 2010) 94쪽.

물은 생명이다

1. 스미소니언연구소, 허성용 외 옮김, 『소외된 90%를 위한 디자인』(에딧더월드, 2010), 140쪽.

2. 국제사회는 2016년부터는 밀레니엄 개발 목표의 후속 목표인 '지속가능 발전 목표(SDGs)'의 달성을 위해서 노력하고 있다. 지속가능 발전 목표에서는 여섯 번째 목표가 물과 위생이다. 지속가능 발전 목표와 적정기술의 관계에 대해서는 다음 글을 참고. 하재웅, 「우리가 사는 세상의 전환, 2030년까지의 적정기술 발전 의제: SDGs의 프리즘으로 적정기술 이해하기」, 《적정기술》(8권 2호, 2014), 44쪽.

3. KBS 「글로벌정보쇼 세계인」 2015년 5월 9일 방송.

4. "How to get fresh water out of thin air", *MIT News*(2013. 8. 31.), http://news.mit.edu/2013/how-to-get-fresh-water-out-of-thin-air-0830.

5. 이희욱, 「물이 주렁주렁 열리는 나무」, 《허핑턴포스트코리아》(2015년 1월 31일), http://www.huffingtonpost.kr/asadal/story_b_6578288.html.

핵발전소가 필요 없는 에너지

1. 스미소니언연구소, 앞의 책, 140쪽.

2. 로켓스토브에 대해서는 다음 책을 참고. 김성원, 『화덕의 귀환』(소나무, 2011).

3. 「'페트병 전구', 백만 명에게 희망의 등불 됐다」, 《SBS뉴스》(2014년 5월 19일), http://news.sbs.co.kr/news/endPage.do?news_id=N1002397099.

4. 태양열 온풍기에 대한 자세한 내용은 다음 책을 참고하기 바란다. 이재열, 『태양이 만든 난로 햇빛온풍기』(시골생활, 2012).

5. 「발로 페달 밟아 빨래하는 휴대용 세탁기」, 《매일경제》(2012년 8월 11일), http://news.mk.co.kr/newsRead.php?year=2012&no=505695.

농가 빈곤을 해결할 기술을 찾아서

1. 스미소니언연구소, 앞의 책, 140쪽.

생명을 지키는 적정기술

1. 「GSK 말라리아 후보백신 유럽 규제기관 긍정적 검토」, 《헬스경향》(2015년 7월 27일), http://news.khan.co.kr/kh_news/khan_art_view.html?artid=201507271115152&code=900303.

2. 김도형, 문지현, 「살충모기장의 효과성에 관한 연구」, 《적정기술》(4권 1호, 2012), 71쪽.

3. 「Passive Vaccine Storage Device」, http://www.intellectualventures.com/inventions-patents/our-inventions/vaccine-cold-chain-device.

4. 「Solar PCR and a phone add on detect cancer off the grid in Sub-Saharan Africa」, https://www.engineeringforchange.org/solar-pcr-and-a-phone-add-on-detect-cancer-off-the-grid-in-sub-saharan-africa/.

5. https://www.indiegogo.com/projects/peek-retina-help-fight-avoidableblindness#/.

6. 「오줌 한 방울로 암 진단..비용은 '9백 원'」,《YTN뉴스》(2015년 3월 28일), http://www.ytn.co.kr/_ln/0104_201503280115569496.

7. 「혈액진단 시장의 진화]38원짜리 키트로 췌장암 찾아낸 '15세 소년의 집념'」,《이투데이》(2015년 2월 5일), http://www.etoday.co.kr/news/section/newsview.php?idxno=1068691.

종이의 무한한 변신

1. 「550원짜리 고성능 종이현미경 '과학 민주화'」,《한겨레》(2014년 4월 3일), http://www.hani.co.kr/arti/economy/it/631091.html.

2. STEM 관련 자세한 내용은 마인드풀북스에서 2016년에 발간한 『과학기술로 세상을 바꾸고 싶은 사람들 Vol 1』(마인드풀북스, 2016), 26쪽 피터 버틀러의 글 「STEM이란 무엇인가」를 참고할 것.

3. https://vimeo.com/7053595 참고.

21세기의 혁신, 주가드 이노베이션

1. C. K. Prahalad and R. A. Mashelkar, "Innovatuion's Holy Grail", *Havard Business Review* (2010. 7.).

2. 폴 폴락, 맬 워윅, 이경식 옮김, 『소외된 90%를 위한 비즈니스』(더퀘스트, 2014), 31쪽.

3. 나비 라드주, 제이딥 프라부, 시몬 아후자, 홍성욱 옮김, 『주가드 이노베이션』(마인드풀북스, 2015), 21쪽. 이 책에는 이 밖에도 다양한 주가드 이노베이션 사례가 소개되어 있다.

4. 나비 라드주 외, 위의 책, 179쪽.

적정기술 개발의 세 가지 렌즈

1. IDEO.org, 이명호 외 옮김, 『IDEO 인간중심디자인 툴킷』(에딧더월드, 2014).

2. 정인애, 「적정기술과 디자인의 만남」, 적정기술미래포럼, 『인간 중심의 기술 적정기술과의 만남』(에이지21, 2012).

3. 인하대학교 나눔의 공학에 대한 자세한 내용은 다음 글을 참고할 것. 진성희 외 2인, 「지역사회와 함께하는 적정기술 교육프로그램 개발」, 《적정기술》(7권 2호, 2015), 7쪽.

4. "Namib Desert beetle inspires self-filling water bottle", BBC News(2012. 11. 23.), http://www.bbc.co.uk/news/technology-20465982.

아카데미아에서 꽃핀 적정기술 운동

1. 나비 라드주 외, 앞의 책, 129쪽.

2. 칸잔 메타 엮음, 홍성욱 옮김, 『과학기술로 세상을 바꾸고 싶은 사람들 Vol 1』(마인드풀북스, 2016).

공감과 창의력을 기르는 적정기술 교육

1. 「'한국 아동 행복감 최저'...네팔·에티오피아에도 뒤져」, 《연합뉴스》(2015년 5월 18일).

2. 「"한국교육 최대 문제는 '받기만 하는 어린애' 양산하는 것"」, 《문화일보》(2014년 5월 30일).

3. 디자인 사고에 대해서는 다음 사이트 참고. cafe.naver.com/hcproblemsolvers

4. '아이디어 도출'에 대한 자세한 내용은 다음 글을 참고할 것. 곽유미, 「적정기술과 문제해결 방법론·특허의 활용」, 《적정기술》(8권 1호, 2016), 37쪽.

5. 청소년 적정기술 프로젝트에 대한 자세한 내용은 다음 글들을 참고할 것. 염주연, 「적정기술과 과학교육」, 《적정기술》(7권 1호, 2015), 3쪽; 유현경, 문미경, 「중고등학교에서 적정기술과 디자인사고 교육의 필요성」, 《적정기술》(7권 2호, 2015), 25쪽.

대담 우리는 어떤 미래를 지지할 것인가?

주가드 이노베이션과 저성장 사회

임태훈(이하 임) 원고를 집필하고 시간이 다소 지났습니다. 그동안 이 기획에 대한 생각이 변했거나 진전된 부분이 있을 겁니다. 최근에 어떤 주제에 관심을 갖고 계신지부터 시작해, 주요한 기술 이슈들로 이야기를 옮겨가면 어떨까요?

우선 홍성욱 선생님은 『주가드 이노베이션』을 비롯해 세 권의 책을 번역하셨습니다. 저성장 사회 진입은 피할 수 없는 상황에 이르렀고, 전 세계적 불황도 날로 심각해지고 있습니다. 이런 상황에서 주가드 이노베이션이 시사하는 바가 의미심장하다고 생각합니다. 적정기술이라는 용어 대신 '이노베이션'이라는 키워드를 제시하고 있다는 것도 이채로웠습니다.

홍성욱(이하 홍) 한국은 20세기에 후발주자로서 굉장한 압축 성장을 했습니다. 비단 한국뿐만 아니라 중국과 같은 신흥 국가들이 급성장하면서 지구의 자원이 한정적이라는 문제가 대두되었습니다. 단순히 한국의 성장이 잠깐 주춤하는 문제가 아닙니다. 2008년 세계 경제위기 이후 20세기와 같은 고성장을 유지하기는 어려워졌습니다. 선진국에서는 양극화가 심화하고 있습니다. 따라서 저성장 사회에서 한정된 자원으로 가격이 저렴하면서도 성능에 대한 현대인의 욕구를 충분히 만족시키는, 두 마리 토끼를 잡는 제품을 개발해야 한다는 문제가 대두됩니다. 주가드 이노베이션이 그런 사례가 될 수 있습니다. 원래 주가드 이노베이션은 인도를 비롯한 개발도상국에서 시작했지만, 적정기술이 단순히 개발도상국만의 문제는 아닙니다. 주가드 이노베이션은 개도국의 사례에서 여섯 가지 원칙을 끌어내 이 원칙들이 선진국에 어떻게 적용될 수 있는지 따져봅니다. 미국, 유럽, 일본 등 선진국에서는 다국적 기업인 GE헬스케어, 르노, GM, 포드 같은 기업에서 이미 이런 원칙을 적용하고 있습니다. 한국 사회는 아직 이러한 문제를 덜 중요하게 인식하고 있는 것 같습니다. 소비자들의 구매력이 더 이상 높지 않습니다. 물론 프리미엄 마켓에 대한 수요는 여전히 존재하겠지만 그 규모가 굉장히 작아졌습니다. 반면 로우코스트 마켓은 전에 비해서 굉장히 커가고 있습니다. 그런데 현대인들은 품질이 좋지 않은 제품은 용납하지 않기 때문에 성능이 괜찮으면서도 저렴하게 만들기 위해서는 굉장한 혁신이 필요합니다.

임 GM이나 GE처럼 지구적 단위에서 사업을 전개하는 회사들이 성장 일변도의 혁신 대신 주가드 이노베이션을, 즉 자원을 어떻게 지속가능한 형태로 배분하고 운용할 것인가를 고민하고 있다는 것이군요. 각국 정부의 대응보다 글로벌 기업들의 대응이 훨씬 기민한 거네요.

홍 그렇죠. 그리고 개발도상국에 대한 기술 원조를 우리의 고정관념으로는 자선 또는 시혜의 성격으로 생각하기 쉽지만, 그렇지만은 않습니다. 선진국의 기업에서 주가드 이노베이션 원칙을 도입하려 하니 한계를 마주했습니다. 선진국의 CEO나 엔지니어 들은 이미 많은 비용을 들이고 풍부한 자원을 활용해서 연구개발을 하는 데에 익숙해져 있었기 때문입니다. 르노가 대표적인 사례입니다. 르노는 인도에서 크위드라는 SUV를 출시했습니다. 한국 돈으로 500만 원 정도 합니다. 그 이전에 루마니아에서 나온 소형차 로간도 프랑스 엔지니어 인력으로 만들려고 하니 도저히 불가능했기에 루마니아의 다치아라는 브랜드와 함께 만들었습니다. 로간은 유럽의 저소득층을 겨냥해서 만든 모델이었는데, 크위드의 경우 더 낮은 BOP(bottom of pyramid) 시장을 대상으로 개발하려니 어려움을 겪었던 것이죠. 그래서 크위드는 인도에서, 인도의 엔지니어들과 그들의 주가드 스킬을 활용해 만들어졌습니다. 우리는 우리가 경제적으로 조금 더 발전했으니 더 많이 안다고 단순하게 생각하지만, 주가드 이노베이션 같은 사례에서는 개발도상국에서 노하우를 배워야 합니다.

임 개발도상국이 선진국의 자본력과 시장 질서에 끌려다니는 게 아니라, 선진국이 개발도상국에서 미래 전략을 배워야 하는 상황이 된 것이군요.

홍　여태까지 기업에서는 경제적 이윤만 생각했습니다. 그런데 이제는 국가뿐만 아니라 기업에서도 지구적인 차원에서 환경을 고민하고, 사람, 즉 사회적인 면까지 이 세 가지를 모두 다 고려해야 비로소 제대로 발전을 할 수 있습니다. 2000년부터 2015년까지 유엔에서 15년간 달성하고자 하는 새천년 개발 목표를 세울 때는 개도국을 대상으로 했습니다. 그런데 2016년부터 2030년까지는 전 지구적인 목표인 지속가능 발전 목표로 바뀌었습니다.

development라는 단어는 '개발'과 '발전' 두 단어로 번역됩니다. 개발이 경제적 성장과 맥락이 비슷한 반면, 발전은 단순히 경제적인 것만 추구해서는 이뤄지지 않습니다. 21세기에는 경제적인 것뿐만 아니라 사회적인 것과 환경적인 것, 세 가지를 모두 추구해야 진정한 의미에서 발전이 되는 겁니다.

이영준(이하 이)　우리는 테크놀로지란 다 선진국에서 받아온 것이라고 생각하곤 합니다. 혹시 주가드 이노베이션과 관련해 선진국의 발전 경로와는 다른 발전 경로, 혹은 테크놀로지에 근본적으로 다르게 접근하는 관점도 언급됩니까?

홍　적정기술, 그 이전에 중간기술의 연원을 떠올려봅시다. 1945년부터 20년간 선진국에서 개발도상국에 과학기술 원조를 했습니다. 20년간 막대한 자금을 퍼부었는데도 성공하지 못했습니다. 왜 이런 문제가 발생했는지, 대안이

무엇인지를 모색하는 회의가 1965년 칠레의 산티아고에서
유네스코 주재로 열렸습니다. 그 회의에서 슈마허가
'중간기술'이라는 것을 제안합니다. 선진국의 첨단 기술을 그대로
개발도상국에 전달하고 이식하려 했기 때문에 발생한 문제라는
겁니다. 이영준 선생님 말씀대로 '모든 국가의 발전은 같다.'고
전제했기 때문에 그랬던 겁니다. 중간기술이란 말 그대로 선진국의
기술과 현재 토착기술의 가운데에 위치한다는 의미도 있지만, 또
다른 측면에서 인간 중심의 기술, 즉 그 지역의 상황과 맥락에
맞는 기술이라는 의미가 있습니다. 그리고 상황이나 맥락은 계속
변화합니다. 20세기에 성공했던 모델, 또는 우리가 압축 성장할
때의 모델이 현재 21세기 한국이 저성장에 들어간 상황에도 그대로
적용되느냐에 대해서도 고민해야 할 겁니다.

우리 기술 생태계에는 다양성이 없다

임   이영준 선생님은 집필 이후에 새롭게 더
들여다보거나 그때 작업의 연장선상에서 진행하는 기획이나
관심사가 있으십니까?

이   책을 쓰면서 여러 테크놀로지 현장들을
둘러봤습니다. 그런데 이상하게도 글을 쓰다 보니 자꾸
테크놀로지의 성과물들을 생물체에 비유하게 됩니다. 생명체는

계속해서 에너지원을 흡수해서 작동하고 에너지를 소비해서 일을 합니다. 자동차, 철도, 가만히 있는 빌딩, 컴퓨터 같은 기계들도 우리의 뇌나 팔다리 근육과 아주 흡사합니다. 그래서 이 기계들을 움직이는 에너지를 알아야겠다는 생각이 듭니다. 오늘날 테크놀로지는 굉장히 복잡하고 층위도 많고 빡빡하기에 마치 생태계 같습니다. 생태학에서 볼 때 건강한 생태계의 기준이란 종의 다양성이지요. 한 가지 나무만 있는 숲은 절대 좋은 숲이 아닙니다. 한 가지 나무만 있으면 그 종을 타깃으로 삼은 병충해가 퍼지고 숲이 싹 망가집니다.

테크놀로지도 마찬가지입니다. 예를 들어서 오늘날 우리가 쓰는 스마트폰은 애플의 아이폰과 구글의 안드로이드폰으로 양분되어 있습니다. 어느 게 좋고 어느 게 나쁘다는 문제가 아니라 스마트폰 시장이 이렇게 단순하게 양분되어도 괜찮을까 하는 우려가 듭니다. 테크놀로지를 이해하려면 그 테크놀로지가 처한 생태계를 알아야 합니다. 생물 종을 이해하려면 그 생물 종이 살아가는 환경을 알아야 하듯 말입니다. 무엇을 먹고 어디에서 먹이를 구하고 잠은 어디에서 자고 번식은 어떻게 하는지. 마찬가지로 테크놀로지가 어떤 환경에서 자라나고 혹은 멸종하거나 전이되고 변이가 일어나는지 알아야겠다는 생각이 들어서 에너지 흐름을 실증적으로 연구하려 합니다. 예를 들어 수돗물 1톤이 생산되려면 전기가 얼마나 필요하며, 수돗물은 여러 개의 연못, 즉 침전지나 혼화지 등을 거치게 되는데 각 지를 돌리는 데 전기는 얼마나 소모되고 효율은 얼마나 되는가, 그런 실증적인 연구를 통해서 에너지의 흐름을 파악하고 우리가 에너지를 소모하는 양상을 알면 테크놀로지가 무엇인지 조금 알게 되지 않을까 합니다. 저는 사물 자체에 관심이 있지만 그것도 결국 에너지원이 없으면 작동할 수가 없으니까요. 에너지는 말하자면 테크놀로지의 생명의 근원입니다.

임 원자력발전소가 계속 건설되고 있습니다. 전력이 남아도는데 왜 추가로 건설하느냐, 미래를 생각하면 지금의 전력 생산량으로는 부족하다, 찬반 양쪽에서 하는 말이 다릅니다. 이런 문제를 해결하려면 정보 기술을 잘 활용해야 합니다. 우선은 각 대도시의 에너지 수요 및 공급 등의 전력 상황 데이터가 상세하게 밝혀져야 합니다. 정부와 시민사회 모두 객관적인 데이터를 근거로 판단해야죠.

이 요즘은 홈페이지도 잘돼 있고, 공공기관은 정보공개 의무가 있습니다. 한국수력원자력공사 홈페이지에 가면 한 달 에너지 생산량이 나옵니다. 한국전력거래소 홈페이지에는 전력 수요치가 나와 있습니다. 기상청에도 엄청나게 많은 데이터, 예를 들어 우면산 산사태에 대한 수백 쪽짜리 보고서 같은 흥미로운 데이터가 있습니다. 당시 언론 보도에서 이것이 인재냐 천재냐 하는 논란이 많았는데, 홈페이지만 잘 뒤져도 얻을 수 있는 정보가 많습니다.

홍 이영준 선생님이 기술 생태계의 다양성을 이야기하셨는데 굉장히 중요한 지점입니다. 『주가드 이노베이션』에서도 기존의 구조적인 혁신들을 전부 '주가드 이노베이션'으로 대체하자고 말하지 않습니다. 구조적 혁신이 놓치거나 약한 부분을 보완하자는 개념입니다. 한국 사회에서 지난 20년간 연구개발 예산이 굉장히 많이 늘었습니다. 그런데도 우리가 바라는 노벨상을 받지 못하는 이유 중 하나가 연구 생태계의 다양성 때문입니다. 대개 노벨상 수상자들은 시류에 편승하지 않고 당시의 비인기 연구 분야를 몇십 년간 연구하다가 어느 날 그 분야의 시대를 맞이하게 된 것입니다. 그런데 한국의 연구개발은 트렌드만 좇습니다. 인공지능이 이슈가 되면 갑자기 모든 사람이 다 인공지능 연구를 합니다. 아무도 알아주지 않고 연구비도 없을 때부터 AI를 묵묵히 연구하는 사람이 없기 때문에 항상 뒷북만 치는 겁니다. 정책적으로 일종의 포트폴리오, 다양성이 필요합니다. 핀란드의 사례가 잘 보여줍니다. 핀란드는 원래 산림 국가였습니다. 그런데 노키아가 등장하면서 산업국가가 되었고, 노키아가 핀란드 GNI의 상당 부분을 차지했는데 스마트폰 시류에 편승하지 못하면서 망했습니다. 그런데 그것이 오히려 전화위복이 되었습니다. 요즘은 한두 기업에 의존하는 경제는 상당히 위험합니다. 계속 트렌드가 바뀌기 때문입니다. 새로운 트렌드가 생겼을 때 그걸 뒷받침해줄 수 있는 후보군들이 있어야 하는 겁니다. 핀란드도 노키아에 대한 전체 국가경제의 의존도가 30퍼센트 이상 됐기 때문에 위험했는데, 노키아가 망하면서 오히려

스타트업이 굉장히 활성화되고 있습니다. 정부가 연구개발비를 지원할 때도 30퍼센트 정도는 미래를 바라보고 지원해야 합니다. 구글이나 3M 같은 기업에는 소위 '70-20-10'이라 불리는 원칙이 있습니다. 혁신은 업무 시간의 10퍼센트 동안 하는 딴짓에서 일어난다는 거죠. 딴짓에서 미래의 혁신이 나오고 새로운 아이템이 나옵니다. 우리에게도 이런 포트폴리오, 생태계가 굉장히 중요합니다. 지금은 각광받지 못하는 분야라 해도 그것을 꾸준히 10년, 20년 했을 때 나중에 어떤 결과가 나올지 모르는 거죠.

이 　기술 생태계의 다양성이라는 맥락에서 조선업도 예로 들 수 있습니다. 한국의 조선업이 망한 이유에는 저유가도 있지만, 당장 해상 플랜트가 돈이 되기 때문에 수주받았다가 완성하지 못해서 위약금을 물고 엄청난 빚을 떠안게 된 탓도 있습니다. 배를 타고 다른 나라 항구에 가보면서 그런 생각을 합니다. 외국 항구에는 배 종류가 굉장히 많습니다. 그래서 거의 생물 종을 분류하듯, 또는 일종의 인류학처럼 선박분류학을 할 수 있겠다고 생각될 정도죠. 생전 듣도 보도 못한 특수목적선들이 떠다닙니다. 그런데 한국에서는 무조건 돈 되는 배만 만들다가 망해가는 모양새입니다. 잔뿌리를 다 쳐내고 굵은 뿌리 하나만 키우다가 쓰러지는 꼴이거든요. 패러다임 변화가 필요합니다.

하이퍼오브젝트와 총체적 인식, 통섭, 융합

임 제 관심사를 이야기할 차례네요. 우리가 사는
현실에서 정보화되지 못하는 영역을 주목하고 있습니다.
이를테면 초미세먼지가 그렇습니다. 2.5마이크로미터, 그러니까
사람 머리카락의 30분의 1 정도 크기밖에 안 되는 셈이니
너무 작습니다. 크기는 작지만 극동아시아 전체를 다 휘감을
만큼 분포합니다. 그런데 초미세먼지가 어디서 나와서 어떻게
쪼개지고, 사람 몸에 들어갔다 나오면서 벌어지는 연쇄 과정은
너무 복잡해서 파악이 거의 불가능합니다. 인간의 인식 능력의
한계를 넘어서 있기 때문에 정보화될 수도 없습니다. 티모시
모튼(Timothy Morton)이라는 생태학자가 2013년에 낸 책에서
'하이퍼오브젝트(hyperobject)'라는 용어를 사용합니다. 기후변화의
불확실성, 예측 불가능성은 인간의 힘으로 완전히 극복할 수
없고, 초미세먼지 같은 대상에 접근하기 위해서는 일국적 단위가
아니라 지구적인 협치가 필요합니다. 그리고 하이퍼오브젝트들에
대응할 수 있는 교육 방식이나 시스템이 마련돼야 합니다.
초미세먼지뿐만 아니라 2008년 금융위기도 마찬가지입니다. 돈의
흐름은 어느 나라, 어떤 권력도 단독으로 컨트롤할 수 없습니다.
금융 역시 어마어마한 하이퍼오브젝트라고 할 수 있겠죠. 이런
하이퍼오브젝트가 21세기의 새로운 적입니다. 어느 나라에도 속해
있지 않으면서 어느 나라에나 영향을 미칠 수 있는 적입니다.
근대국가 시스템으로는 대응할 수 없는, 우리의 관념을

왜곡하는 거대 객체들과 맞서 싸울 방법, 특히 그것의 실체를
정보화할 방법들이 개발되어야 합니다. 빅데이터니, 인공지능이니
많이 이야기하고 있지만 근본적인 문제 해결은 역부족이거든요.
이에 대한 문제의식을 확산시킬 방법을 고민하고 있습니다.

이 우리는 과학기술이 객관적이라고 믿고 싶어 하지만
사실 테크놀로지란 대단히 정치적입니다. 초미세먼지의 원인이
중국에 있느냐, 휘발유에 있느냐, 디젤에 있느냐, 고등어에 있느냐를
두고 논란이 벌어졌습니다. 왜 디젤을 걸고 넘어지는가 보니,
환경부 고위 관리 중 상당수가 LPG협회와 연관돼 있다고 합니다.
디젤을 때리면 상대적으로 LPG가 상승하는 구조로 돼 있더군요.
그래서 디젤 차가 미세먼지를 더 많이 배출하느냐, 휘발유 차가
더 많이 배출하느냐 식의 논란이 벌어지는 겁니다. 광우병 파동
때도 마찬가지였습니다. 광우병이란 과학적 현상입니다. 그런데
당시 논란이 되었던 '30개월령 미만 소'가 얼마나 위험한가 하는
객관적인 사실이 정치적인 입장, 즉 정부 측이냐 시민단체 측이냐에
따라 달라졌거든요.

홍 몇 년 전 정부 차원에서 '클린디젤'을 내세워 상당히
권했습니다. 디젤이 휘발유에 비해 온난화가스를 덜 발생시키기
때문입니다. 당시에는 미세먼지가 별로 이슈가 아니었습니다.
그런데 미세먼지나 질소산화물은 디젤에서 더 많이 나옵니다.
환경이라는 총체적 관점에서 봐야 하는 문제를 단순화해

온난화가스 측면이나 미세먼지 측면에서 협소하게 보게 되니
발생한 문제입니다.

임　그런 총체적인 인식을 할 수 없게 되는 이유는
각각의 담론들이 업계의 이익과 면밀하게 연결되어 있기
때문입니다. 담론을 움직이지 않고 작동하는 돈은 없으니까요.

홍　'시스템 사고(system thinking)'라는 용어가 있습니다.
시스템적인 사고를 해서 문제를 총체적으로 바라보지 않고 개별
이슈를 단절적으로 봐서는 결국 해결할 수 없습니다. 교육의
문제도 있습니다. 학교 다닐 때부터 시스템적인 사고를 할 수
있도록, 총체적으로 문제해결을 할 수 있도록 상당한 교육과 노력,
훈련과 연습이 필요합니다.

이　우리 세대가 고등학교에 다닐 때는 그저 원론적인
과학을 배웠습니다. 물리, 화학, 생물, 지구과학을 따로따로
배웠지만 지금은 중고등학교 때부터 당장 문제되는 이슈들을
구체적으로 가르쳐야 합니다.

임　이 책의 중심 목표 중 하나가 새로운 시대에 걸맞은
기술 리터러시를 기르자는 것이었습니다. 그것은 생태학적
사고이기도 합니다. 지금의 경제 환경에서 필요로 하는 산업 인력이
되기 위해 코딩을 열심히 배워야 한다거나, 고장 난 기계를 고칠

수 있는 수준이 돼야 한다거나 하는 차원의 문제가 아닙니다. 이 기계들이 맺고 있는 사회, 정치, 경제, 문화, 환경적 관계망들을 이해할 수 있는 총체적인 사고를 할 수 있느냐 없느냐가 지금 우리 시대가 필요로 하는 기술 리터러시의 핵심입니다. 말씀대로 그런 것들을 가르칠 만한 안목을 지닌 교육 인력들이 대단히 부족하며 정부도 이런 인력을 장기적으로 길러낼 수 있는 안목과 비전이 없습니다. 소위 창조경제에서 계속 드라이브 하는 정책들은 우리가 기대한 수준에 현저히 못 미치고 있습니다. 오히려 이런 기조로 가다가는 재앙적 상황에 직면할 겁니다.

이   교사는 최소한 시중에 쏟아지는 수많은 과학책과 과학 관련 기사들을 잘 필터링해서 학생들에게 무엇을 어떤 관점에서 보라고 알려줄 수 있어야 합니다. 과학의 이해는 다짜고짜 상대성이론을 통째로 외우는 게 아니라 '저게 어떻게 해서 가능한 거지? 어떻게 작동하는 거지?'라고 따지는 데에서 시작하거든요.

홍   과학 교육, 기술 교육에서는 문제해결 능력이 가장 중요합니다. 단순히 열역학 법칙을 이용해서 과학 문제를 푸는 차원이 아니라 굉장히 복잡하게 얽혀 있는 현재의, 실제의 문제를 해결하는 능력입니다. 공학 교육에서는 요즘 '하드 스킬'과 '소프트 스킬'이 화두입니다. 하드 스킬이 기본적인 수학, 공학, 과학 지식이라면 소프트 스킬이란 팀워크, 현상 뒤에 숨어 있는 맥락에 대한 이해, 의사소통과 같은 것들입니다. 하드 스킬과 소프트 스킬에 대한 교육이 동시에 이루어져야 합니다.

문제가 고도로 복잡해졌기 때문에 한 분야의 전문가가 해결하기는 어렵습니다. 따라서 여러 분야의 전문가가 같이 일할 수밖에 없기 때문에 팀워크를 잘할 수 있어야 합니다. 또 각 전문 분야에서 사용하는 용어가 다릅니다. 예를 들어 임태훈 선생님에게는 당연하고 익숙한 용어들이 공학 전공자인 저에게는 굉장히 생소할 수 있습니다. 서로 다른 용어를 사용하는 분야의 전문가들끼리 의사소통을 할 수 있도록 교육해야 합니다. 그러지 않으면 서로 말이 통하지 않을 테니까요.

임 융합, 통섭 같은 말이 상투어로 사용되고 있지만 필요한 것은 사실입니다. 각각의 영역에 있는 전문지식을 어떻게 섞어서 효과를 낼 것이냐가 중요한 게 아니라, 이런 지식을 활용할 수 있는 사람들이 서로 친해질 수 있는 커뮤니케이션 방법을 개발하는 일이 훨씬 중요합니다. 학과 통폐합을 해서 누군가의 밥그릇을 빼앗고 누군가를 억누르고 원래 갖고 있는 정체성을 완전히 바꾸는 게 아닌, 단기간에 성과를 내는 것과는 다른 차원에서의 사회적 관계가 디자인될 필요가 있다고 봅니다. 이를테면 물리학의 솔루션, 화학의 솔루션, 인문학의 솔루션이 아니라 그 모두를 계속해서 만나게 할 수 있는 사회적 디자인의 솔루션이 먼저 도출되어야 합니다. 그런데 현재 우리 사회는 그런 부분에 대해서는 무능하기 짝이 없죠. 대학 사회에도 그런 식의 사회적 디자인을 할 수 있을 만한 능력이 없습니다. 오히려 그런 역량들을 억누르면 억눌렀지…….

이 어느 항공촬영 전문가를 만났을 때 들은 흥미로운 이야기가 있습니다. 이분의 전공은 토목입니다. 항공측량은 토목에 들어가거든요. 그런데 이분은 문화재에도 관여합니다. 왜냐면 땅속에 있는 유물을 탐사해야 하니까요. 그리고 지도를 제작하죠. 또 산림학회에도 간다고 합니다. 이분은 이렇게 말합니다. 자기 전공 학회에 가지 말고 남의 학회에 가라고 말입니다. 융합을 몸소 체험하고, 융합으로 먹고사는 사람의 말입니다. 하나의 좋은 모델로서 그런 분들을 연구해볼 필요도 있을 겁니다.

홍 20대 국회에 이공계 출신 국회의원이 대여섯 명 됩니다. 그리고 알파고의 영향으로 세 개 주류 정당의 첫 번째 비례대표 후보가 전부 과학기술과 관련된 이력을 지닌 후보였습니다. 앞으로 이공계 학생들이 더 활발하게 정치 참여를 해야 한다고 생각합니다. 만약 환경노동위원회에서 어떤 정책 결정을 내려야 하는데 환경 관련 지식이 전혀 없는 상태라면 제대로 된 결정을 내릴 수 없겠죠. 설령 이공계 전공자가 아니더라도 과학기술에 대해 실질적으로 인지해야 할 필요는 충분히 있다고 생각합니다.

알파고 쇼크 이후의 과학기술 교육

임 소련이 세계 최초로 인공위성을 쏘아 올린 후,
'스푸트니크 쇼크'에 빠진 미국이 제일 먼저 한 일이 교육제도를 싹
바꾸는 일이었습니다. 인공위성부터 쏘아올리는 게 중요한 게 아닌
거죠. 장기적인 안목으로 10년, 20년을 바라보고 계속해서 앞질러
나갈 수 있는 전략을 세우기 위해 교육제도 개혁부터 시작했다는
점이 굉장히 중요합니다. 반면 최근 한국에서 알파고 쇼크 이후에
나온 대책이라는 것은 한심하기 짝이 없습니다. 심지어 전문가들도
그렇습니다. 이 분야에서 워낙 유명하신 김대식 선생이 SBS
CNBC 「제정임의 문답쇼 힘」에서 한 말입니다. "우리나라에서
가장 똑똑한 젊은 친구들 1000명 정도 뽑아서 한 6개월 정도만
[인공지능] 특공대 공부를 시키겠어요, 저 같으면. 그다음에는
곳곳으로 뿌리겠어요. 기업, 국가, 정부, 국정원, 군대……." 그렇게
똑똑하신 분이 어떻게 그런 생각밖에 못 하시는지 안타깝습니다.
그러면 그 1000명이 한국 연구 환경이 안 좋으니 구글이나 애플
가겠다고 외국으로 떠나버리면 어떻게 할 겁니까? 지금의 한국은
뛰어난 두뇌가 머물 만한 나라가 아닙니다. 부조리와 적폐가
층층이 쌓인 이 나라는 멀쩡한 두뇌도 망쳐놓는 곳이니까요.
　　　　스푸트니크 쇼크 이후 미국이 전반적인 공교육 시스템
개혁을 했던 것처럼, 알파고 쇼크 이후 한국에서도 국영수만
죽어라 하는 교육제도를 개혁하고 총체적 사고 능력이나 생태학적
사고 역량을 높이는 데 집중해야 합니다. 그리고 좋은 공부를 보람

있게 쓸 수 있는 사회를 만들어야죠.

누가 뭘 배우고 연구하든, 결국엔 경쟁에서 이기고 부자 되는 길만 좇을 수밖에 없는 사회라면 인공지능이 아니라 더 좋은 걸 개발해도 지옥문 앞을 장식할 거적때기밖에 안 되는 겁니다. 그런데 책임감을 가지고 발언해야 할 분들조차 새마을운동 시대처럼 국가대표를 뽑아서 단기간에 성과를 뽑아내자는 말을 하고 있습니다.

이 김대식 선생이 어느 강연에서 말하기를, 인공지능이 발전하면 기계적인 일은 인공지능에 맡기고 사람은 창조적인 일을 하면 된다고 합니다. 그런데 기계라든가 테크놀로지를 싹 빼버린, 우리가 꿈꾸는 인간적이고 창조적인 게 따로 있지 않습니다. 오늘날 인간이 테크놀로지와 마주하고 있는 지점을 해결하는 데에 가장 창조적인 영역이 집중돼야 합니다. 그 둘은 별개가 아니며, 양분할 수 없습니다. 그리고 그런 측면에서 창조적인 역량을 발휘하지 않으면 우리가 마주하고 있는 환경 문제, 기술에 의한 인간성의 문제 같은 것들을 영영 해결할 수 없습니다. 그런 문제는 그냥 놔둔 채로 창고에 처박아두고 한쪽에서는 아름다운 문화예술을 만드는, 서로 상관도 없고 영향도 주지 못하는 그런 모델은 쓸모없다는 말입니다.

홍 알파고 사건 이후 과학 교육에서 PBL, 즉 'Project Based Learning' 또는 'Problem Based Learning'을 많이

이야기하고 있습니다. 코딩 능력도 필요하고 3D프린터를 다루는 능력도 필요하고 아두이노를 다루는 능력도 필요하죠. 왜냐면 그게 툴이 될 수 있으니까요. 그런데 전체 콘셉트나 흐름을 그리고 기획하는 것은 툴로 하는 게 아닙니다. 교육은 큰 그림을 볼 수 있는, 시스템적 사고를 할 수 있는 능력을 길러줘야 합니다. 단순하게 지식을 배우는 데 그쳐서는 맥락을 모른다는 한계에 부딪힙니다. 주어진 틀에서 교수나 교사가 준 문제를 해결하는 것으로는 부족합니다. 실생활의 문제를 해결하는 훈련이 필요하고, 그런 문제해결 능력을 바탕으로 소셜 임팩트를 낳을 수 있어야 합니다. 어떤 문제를 해결함으로써 사람들의 삶을 더 나아지게 하고 경제적인 이익도 창출하는 영향 말입니다. 이처럼 사회적인 문제해결 능력이 있으면 세상이 바뀌고 시대가 바뀌고 맥락이 바뀌더라도 그 사람은 다양한 문제를 해결할 수 있는 겁니다. 그런 틀 안에서 메이커 교육, 3D프린팅 교육, 코딩 교육이 되어야 하는 것이지, 코딩을 하고 3D프린터를 사용할 수 있고 아두이노를 사용한다고 문제해결 능력을 갖게 되는 게 아닙니다. 우리는 시스템적 사고 없이 하드 스킬만 습득하면 된다고 생각하는 경향이 있는 것 같아요.

임 K-알파고에 엄청난 예산을 투자하는 이유는 정권이 끝나기 전까지 어떻게든 성과를 내야 하기 때문입니다. 치적 사업이에요. 긴 안목으로 하는 게 없습니다. 기술 발전 속도가 얼마나 빠른지 알아보지도 못하는 것 같습니다. 이를테면 코딩어 교육 같은 경우가 박근혜 정부에서 진행했던 교육 정책 중 하나였습니다. 그런데 2016년 5월호 《와이어드(Wired)》 표제가 '코드의 종말'이었습니다. 이제 자연어를 바로 코드어로 바꿔줄 수 있는 프로그램의 단계까지 왔다는 겁니다. 지금의 기술 상황을 토대로 교육 정책을 수립해봐야 기술 발달 속도가 훨씬 빠르기 때문에 선도는커녕 뒤쫓아 가기도 어렵습니다.

그러니까 지금 대세라고 해서 인공지능이니, 코드니 이런 것을 가르치는 게 아니라 아이들과 이런 대화를 나눠야 합니다. "너는 어떤 세상에 살고 싶니?" "공기가 맑은 세상에서 살고 싶어요." "그래? 그러면 뭐부터 공부해야 될까?" 생물이나 지구과학 같은 아주 기초적인 것부터 배울 수 있겠죠. 내가 살고 싶은 세상, 내가 살고 싶은 사회, 내가 사랑하는 사람 같은 목표와 대상이 분명해졌을 때, 그 사람들이 더 행복하게 살게 하기 위한 수단들을 강구할 수 있게 됩니다. 그런데 우리 사회에서는 그런 강력한 목적의식이 성공 외에는 없어요. 정권 잡고 있는 동안 으리으리한 성과 내는 것, 개인적으로 내가 얼마나 돈을 잘 벌고 명함 내밀 수 있는 위치까지 올라갈 수 있느냐, 이런 건 20~30년의 긴 안목에서 지속가능한 성장과 성찰을 이야기하기에는 너무 저열한 사고라는 거죠.

홍 일론 머스크의 책을 읽으면서 방금 말씀하신 그 부분과 관련해 굉장히 공감한 대목이 있습니다. 일론 머스크는 10만 명을 화성에 이주시키는 꿈이 있습니다. 그러기 위해서 로켓이 필요한 겁니다. 그래서 스페이스X를 만들어서 로켓을 개발합니다. 그런데 로켓을 개발해서 10만 명이 화성에 이주하기 전에 지구가 멸망할 수 있습니다. 그래서 시간을 벌기 위해서 전기차를 만든 겁니다. 그런데 막상 전기차를 내놓고 보니 전 세계에서 전기차 판매량이 미국에서 가솔린 차 판매량의 1퍼센트밖에 안 됩니다. 그러니까 혼자 해서는 안 되겠다고 생각해서 테슬러의 모든 특허를 오픈합니다. 화성 이주가 실제로 가능할지, 바람직할지를 떠나서 이처럼 우리 아이들에게도 장기적인 비전과 목표가 있어야 합니다. 그것이 바로 진로 교육입니다.

이 국영수도 필요하고 코딩도 필요하지만 왜 그것을 배워야 하는지가 가장 중요합니다. 공학 교육은 지난 15년간 굉장한 패러다임 변화를 겪었습니다. 한국에 제대로 된 공학교육혁신센터와 공학교육인증제가 들어온 게 1999년입니다. 그 이전과 이후가 굉장히 달라요. 학생이 장래에 부딪힐 나도 모르는 문제를 해결할 수 있는 능력을 배양하는 게 21세기 공학 교육의 목표입니다. 여러 가지 프로젝트를 통해서 학생의 문제해결 능력을 키워주는 게 초중고에서도 목표가 돼야 한다고 봐요. 국영수, 코딩, 3D프린터를 왜 배우는지가 중요합니다. 그런 기술을 통해서 학생들이 다양한 문제를 스스로 해결할 수 있는 능력을 배양하면 세상이 어떻게 바뀌고 환경이 어떻게 되더라도 이 친구들은 스스로 해결해나갈 수가 있습니다. 상황에 맞게 적용하고, 필요하면 새로운 걸 개발하고, 나한테 없으면 다른 친구와 팀을 이루어 해결할 수 있게끔 하는 교육이 되어야 합니다.

　　K-알파고에 1000억 가까이 되는 돈을 쏟아붓고 있지만 머지않아 그 예산이 온데간데없이 사라질 게 뻔합니다. 문제는 전부 유행으로 지나간다는 겁니다. 메이커(maker) 열풍 같은 경우도 마찬가집니다. 옛날에는 청계천이나 성수동 뒷골목, 아니면 구로동, 대림동 뒷골목에 있었고, 지금은 시화, 안산 같은 곳에 이미 메이커들이 있습니다. 중소기업과 하청업체에서 만든 부속품을 끌어모아서 대기업의 브랜드를 붙이니까 마치 대기업의 큰 공장의 스위치만 누르면 뚝딱 하고 나온 것처럼 보이지요. 그러나 사실은 우리가 모르는 곳에서 열심히 만들고, 잘 만들어보려다 안 되면 노심초사하고 실패하고 극복하는 과정들이 있습니다. 현재 메이커 열풍은 3D프린터의 출현으로 그전까지는 메이커가 아니었던 소비자들 스스로 메이커가 될 수 있다는 건데, 짧은 유행으로 끝나지 않을까 하는 우려가 듭니다.

　　그리고 알파고 열풍도 결국 구글의 마케팅 전략입니다. 구글에서는 알파고 대국에 큰돈을 쓰지 않았습니다. 반면 부가이익은 몇 천 억에 달하겠지요. 우리가 그런 유행 현상을 대하는 태도가 굉장히 얕지 않은가 합니다. 홍성욱 선생님이 말씀하신 미국에서의 프로젝트 중심 교육의 경우, 중고등학교에서 학생들한테 "다음 주까지 이런 문제를 해결해와."라고 던져주면 신이 나서 "한번 해보자." 하고 늑대들이 달려들어서 짐승을 잡듯이 어떤 이슈를 사냥하게 됩니다. 그런 태도가 형성되다 보면 사회에 나와서도 실질적인 프로젝트를 해결하는 능력이 생기지요.

그것이 꽤 뿌리 깊은 태도인 것으로 알고 있습니다. 반면 우리는 항상 유행으로 지나간다는 게 상당히 문제입니다.

임 대학에 들어가면 이공계 학생들에게는 1년 동안 인문학이랑 예술만 집중적으로 가르치는 것도 괜찮지 않을까요. 이공계생들 중에 꿈이 뭐냐고 물어보면 말을 못하는 애들이 굉장히 많거든요. 그런 학생들이 자신을 돌아보고 장래에 대해 생각해볼 수 있는 시간도 벌어주는 차원에서 말입니다.

MIT와 스탠퍼드에서는 '코드 포에트리(code poetry)'라는 교육을 합니다. 코드어로 시를 쓰는 거죠. 코드 자체를 읽으면 센스 있게 코드를 활용해서 시를 쓴 것처럼 보입니다. 그런데 이 코드를 컴퓨터에 입력해서 보면 영상이 나온다거나 소리가 나오는 거죠. 여러 가지 기술적인 가능성들, 해석의 가능성들을 여러 층위에 집어넣는 겁니다. MIT에서 벌써 10년 정도 꾸준히 커리큘럼에 넣어서 학생들에게 가르친다는 것도 놀랍습니다. 당장 기업에 나가서 써먹을 수 있는 것도 아니니 우리 사회 같으면 "그럴 시간에 C++이나 자바라도 하나 더 가르쳐."라고 할 텐데, 정규 강좌로 계속 가르친다는 거죠. 그런 게 한국에서 가능할까요? 예술적인 의미가 더 강하잖아요. 취직 안 되는 예술에 더 집중하는 것. 미국이 기술 트렌드를 주도할 수 있는 역량은 이런 데서 옵니다. 이른바 신경제 이후로, 90년대 이후로 잠깐 생겨난 흐름이 아니라 오랫동안 유지된 교육 정책 덕분이지요. 따라가려면 그런 면을 따라가야 합니다.

미국발 ICT 담론의 사본에 불과한 삶

임 캘리포니아발 ICT 담론을 한국 사회가 아무 생각 없이 받아들이고 있습니다. 미국발 ICT 담론은 조증을 앓고 있습니다. 엄청나게 문제가 많은데도 즐거워 죽겠다는 식이죠. 돈에 대해서도 그렇습니다. 이 돈이 과연 어떻게 흘러들어 오고 어떤 사회적 책임을 져야 하는지 깊이 사고하고 있지 않습니다. 1, 2년 정도 화제를 이끌었던 기업들조차도 얼마 지나지 않아서 망해버리는 경우가 많습니다. 게다가 스타트업 기업 중 주목받는 기업조차 고용 수준을 보면 100명이 안 돼요.

굉장히 많은 예산이 투입되는데 고용은 조금밖에 안 하고, 회사가 오래 지속될 수도 없는 상황에서 '망하면 또 다른 거 하면 되지.'라는 사고방식이 미국발 ICT 담론입니다. 이런 문화가 한국에 그대로 이식되면 안 됩니다. 한국의 사회 맥락 안에서 우리가 집중해야 할 과제가 분명히 있습니다. 그런데 미국에서 됐고, 오바마도 한마디 했고 잡스도 나오고 일론 머스크도 나오니까 "우리도 한국의 일론 머스크, 스티브 잡스 나와야 된다."라고 주장하는 것은 정말 한심하기 이를 데가 없는 겁니다. 그런 식으로 에너지와 예산을 소비하다가 우리가 놓쳐버리는 게 너무 많습니다.

일례로 알파고 쇼크가 왔을 때 우리가 정말로 집중해야 될 문제는 따로 있었습니다. 알파고보다 훨씬 무시무시한 인공지능이 금융업에서 10여 년 전부터 활용되고 있었거든요.

2008년 금융위기도 어떻게 보면 그러한 수많은 인공지능들이 만들어낸 복잡계를 인간이 통제하지 못했기 때문에 벌어졌던 재앙이었습니다. 그렇다면 이런 걸 생각해야 합니다. 금융회사에서 인공지능을 어마어마하게 돌리고 있는데 그것의 알고리즘이 정확하게 무엇인지, 우리가 어느 정도 통제하고 있는지 정확하게 밝혀야 됩니다. 블랙박스 사회를 해체해야 합니다. 정확하게 어떻게 돌아가는지를 다 파악해야 합니다. 이런 것도 안 되는데 K-알파고라니, 사람을 이기는 바둑 인공지능을 하나 더 만드는 게 무슨 의미가 있겠습니까? 캘리포니아발 ICT 담론의 유치한 사본의 사본의 사본의 삶을 살고 있는 것에 불과한 것 아닙니까?

홍 패스트 팔로워가 아니라 퍼스트 무버가 돼야 한다고 많은 사람이 이야기하지만 실질적으로 우리는 아직 퍼스트 무버가 되지 못하고 있습니다. 패스트 팔로워였다가 이제는 슬로우 팔로워가 될 위기에 처할 수도 있는 거죠.

이 어느 지방에 개발되는 산업단지 이름이 '무슨무슨 밸리'예요. 그게 캘리포니아를 따라하는 방식이죠.

임 '한류우드'도 캘리포니아 따라 한 거죠.

홍 스타트업 대부분은 실패하지만 정책적으로 잘 백업이 되어 있으면 재기할 수도 있고, 또 성공하기 어렵다는 전제하에 아주 작게, 그리고 여러 번 하면서 노하우를 배우는 과정이 될 수 있기도 합니다. 중요한 것은 기업가 정신을 지닌 진짜 인재와 단순히 정부 보조금만 타서 연명하려는 사람들을 구분할 수 있는 역량이 우리에게 있느냐의 문제입니다. 또 각 영역의 전문가들이 모여서 21세기 한국의 교육과 국가발전의 목표와 방향을 논의하는 절차가 필요합니다. 그렇지 않으면 모든 게 정권 바뀌는 5년마다 우왕좌왕하기 때문에 나중에 평균을 내면 아무것도 한 게 없게 됩니다. 특히 교육 분야에서 한국은 앞으로 21세기에 어떤 모델로 발전해야 할지에 대한 컨센서스가 있어야 합니다.

임 한국에서 과학기술 인력으로 육성되는 사람들에게 그들이 30대, 40대, 50대가 됐을 때의 생애 단계별 모델이 제시되어야 합니다. "지금 알파고가 세계 일류니까 알파고 같은 걸 만들어라."가 아니라 "당신이 기술자로서, 엔지니어로서, 프로그래머로서, 과학자로서 이렇게 살면 됩니다."라는 건설적인 비전이 절실합니다. 요즘 하는 우스갯소리로 '닭튀김 수렴공식'이라는 게 있습니다. 어디를 나와서 무슨 직업을 갖든, 이공계 교육을 받게 되면 종착지가 치킨집이라는 말이죠. 판교에 IT기업이 굉장히 많습니다. 열심히 코드를 짜다가 머리가 안 돌아가고 문제가 안 풀리면 근처에 있는 닭튀김 집에 간대요. 닭 튀기던 아저씨가 알고 보니 선배 코더라서 다 가르쳐준다는 거죠. 그런데 이게 농담이 아니라 정말 그렇습니다. 도스 시대의 1세대 코더들이 지금 전부 닭갈빗집, 돼지갈빗집, 치킨집 하고 계십니다. 그 대단한 분들이 그렇게 살고 있는 걸 보면서 '저 직업을 선택하겠다. 내 평생을 걸어서 이 길을 걷고 싶다.'고 생각하기 쉽지 않죠. 생애 단계별 모델이 제시되지 않아 다들 '헬조선이니까 떠나야 돼. 좋은 조건을 제공하는 아일랜드나 캐나다 같은 데에서 대접받고 일하겠어.'라고 생각해버리면 한국에서 제일 잘나가는 인력들은 여기서 뭔가 해보려고 생각하지 않고 외국으로 다 나갈 겁니다. 그러면 오도 가도 못하는 사람들만 모여서 계속해서 한탄만 하고 살 텐데 이런 상황에서 뭐가 되겠습니까? 그래서 아까도 말씀드린 것처럼 장기적인 계획이 필요합니다. 꿈을 가지고 살아가는 사람들에게 희망을 주는 것이 정치뿐만 아니라 과학기술 정책이나 교육 정책에서 굉장히 중요합니다.

홍 2008년부터 대학에서 적정기술 강의를 하면서 많이 받은 질문이 있습니다. 요즘 대학생들에게는 무엇이든 직업과 연결되어야만 계속할 수가 있습니다. 그런데 적정기술을 배워서 어떤 직업을 가질 수 있느냐는 질문을 받을 때, 사실 한국의 사례가 많이 없어서 답하기가 굉장히 어려웠습니다. 그리고 사회적 혁신이나 국제개발 쪽에 관심 있는 학생들이 있습니다만, 대부분 인문계 학생들입니다. 그런데 실질적으로 그런 활동을 하다 보면 종종 공학 지식이 필요하거든요. 그래야 작은 스케일로라도 문제를 풀 수가 있으니까. 하지만 이공계생들은 그런 분야에 관심이 없다는 갭이 있습니다. 2015년 시애틀에서 열린 국제 인도주의기술 컨퍼런스에 갔다가 『과학기술로 세상을 바꾸고 싶은 사람들』이란 책을 발견했어요. 그 책에는 이공계를 나와서 사회적 혁신이나 국제개발에서 활동하는 100명의 사람들의 프로필, 즉 지금 어떤 일을 하고 있고 어떻게 이런 경로로 왔으며 자기는 10년 뒤에 어떻게 할 거라는 이야기가 담겨 있었습니다. 국내 사례는 아니지만 어쨌든 해외 사례가 일종의 롤모델은 될 수 있는 거죠. 이 책에서 누차 강조하는 점은, 100명의 진로가 다 백양백색이라는 겁니다. 지금 하고 있는 일은 비슷할지 모르겠지만 이 사람들이 여기까지 온 진로는 엄청나게 다양하다는 거예요. 인생, 진로뿐 아니라 국가의 발전도 그 루트는 굉장히 다양할 수밖에 없습니다. 한 국가에서 특정 정책이 성공했다고 하더라도 그게 한국에서 그대로 적용된다는 보장도 없고, 한국에서 성공한 것이 다른 나라에서 그대로 된다는 보장도 없습니다. 더 중요한 것은 상황이 다를 때 맥락에 맞춰서 조정할 수 있는 능력을 갖추는 겁니다. 결국 그런 능력을 가진 사람이 전문가라고 봅니다. 그런 능력을 가진 사람을 키워내는 게 고등교육의 목표가 돼야 되지 않을까 생각합니다.

기술과 예술

임 한때 저는 코딩 교육이 중요하고 인문계 사람들도 이공계 공부를 열심히 해야 한다고 생각했습니다. 그런데 지금은 오히려 예술이 중요하다고 생각해요. 예술이란 안 해봤던 삶을 살려는 궁리, 이윤이 아니라 삶 자체의 순수한 기쁨, 느낌 같은 것들에 몰입하려는 온갖 시도거든요. 지금의 국가 주도 예술진흥, 기술교육, 기술 발달 정책은 촌스럽기 이를 데 없습니다. 무엇보다 새로움을 향한 열망이 없어요.

　　이　테크놀로지와 예술이 본격적으로 결합한 시점은 산업화가 본격적으로 이뤄지기 시작한 19세기 말 서구입니다. 발터 베냐민이 1936년에 쓴 『기술복제시대의 예술작품』은 굉장히 중요한 사건이었습니다. 예술에서 기술이 차지하는 비중을 처음으로 심각하게 고려했던 저작이고, 아직까지도 결정적으로 그걸 극복하는 논의가 없습니다. 베냐민이 제시했던 인사이트를 뛰어넘지 못하고 있어요. 실제 작업들을 보면 아직까지도 베냐민이 제시한 만큼의 문제의식도 작업으로 풀어내는 사람들이 없죠. 기술을 다룬 예술작품은 크게 두 가지입니다. 하나는 기술을 응용해서 기술 시연회처럼 되지만 예술적인 퀄리티는 없는 것, 소위 미디어아트 전시에서 많이 보이는 경향입니다. 얄팍하고 재미가 없고 5분만 보면 다 끝납니다. 또 하나는 기술적 수단을 쓰는데 기술을 썼다는 걸 적극적으로 지우는 예술들. 사진 예술이 대표적입니다. 사진만큼 기술적인 예술이 없잖아요. 기계가 없으면 아예 성립이 안 되니까. 그런데 소위 사진예술가들은 자꾸만 사진에서 기계를 지우고 연꽃의 향기를 내려고 하는 거죠. 테크놀로지를 적극 활용하고 테크놀로지 냄새가 엄청 나는 예술이 나와야 한다고 생각합니다. 예를 들어 처음으로 전자음악을 실험적으로 했던 사람이 1950년대 중반의 카를하인츠 슈토크하우젠(Karlheinz Stockhausen)입니다. 그 사람 음악에서는 소리에서 9볼트 전지를 입에 댔을 때처럼 전기가 찌릿찌릿 하는 느낌이 납니다. 테크놀로지를 철저하게 감각화하는 데 성공했다는 거죠. 그런데 전반적으로 테크놀로지의 감각화에 성공한 사람이 그렇게 많지 않습니다. 예술가들이 기술을 응용하고는 있지만 테크놀로지에 대해서 충분히 이해하고 있지도 못하고, 테크놀로지가 인간의 감각에 대해 미치는 영향이라든가 어떻게 감각을 재구성할 것이냐에 대한 이해가 별로 없기 때문에 한쪽으로 치우치거나 얄팍한 작업이 많이 나온다는 얘깁니다. 예술가들이야말로 테크놀로지에 대해서 깊이 생각해봐야 할 사람들이고, 그게 만약 제대로 결합되면 정말 새로운, 핵폭발 같은 예술이 나올 겁니다.

임 기술과 예술의 공통점은 인간의 인지 능력을 계속해서 확장시키거나 특정한 방식으로 재구성한다는 것입니다. 이를테면 지금처럼 시청각이 우리가 세계를 인식하고 체험하는 데 있어서 전면에 드러나는 특권을 갖기 시작한 것은 근대에 이르러서입니다. 복제기술들이 시청각과 결합된 결과물이 많이 있었기 때문이죠. 예전에 볼 수 없던 것을 볼 수 있게 됐고 예전에 들리지 않았던 걸 들을 수 있게 됐고 예전에 냄새 맡지 못했던 걸 맡을 수 있게 되었습니다. 기술이 머뭇거릴 때 예술은 감각을 극한까지 끌어올릴 것을 채근합니다. 어디까지 볼 수 있느냐, 누구도 가보지 못했던 곳으로 얼마나 더 멀리, 깊이 갈 수 있느냐를 열망하는 겁니다. 테크놀로지는 그리스어 '테크네'를 어원으로 삼습니다. 기술, 기예, 예술은 모두 같은 어원에서 출발했습니다. 극한의 체험에 도전해나가는 과정이라는 면에서 기술의 발달과 예술의 발달은 따로 가는 게 아니라 같은 방향을 바라보고 있다는 거죠. 그러한 실험에 도전하는 기술자, 예술가가 이영준 선생님 말씀처럼 흔치 않습니다. 시장 안에서 성과를 낸 사람들이 아닌 극한의 예술가들이 새로운 미래를 발명할 수 있습니다.

이 이미 테크놀로지의 지각 능력이 인간을 뛰어넘은 지 한참 됐기에 정량적으로는 따라기 힘듭니다. 사람이 감각적으로 지각하고 파악하는 능력에는 한계가 있습니다. 만약 과학이 가르쳐주지 않았다면 자기 능력으로 지구가 태양 주위를 돈다고 파악할 수 있는 인간은 하나도 없습니다. 평범한 사람에게 과학적 지식을 하나도 안 가르쳐주고 "태양이 도는 거니, 지구가 도는 거니?"라고 물어보면 당연히 태양이 돈다고 할 거란 말이죠. 그런데 예술에서 추구하는 극한이란 그런 인식과 감각의 한계를 넘어서보겠다는 겁니다. 굉장히 어려운 일이죠. 그러려면 과학기술이 구현하고 있는 감각적인 측면들을 충분히 이해해야 하기에, 결국 다시 기술적 리터러시로 돌아가게 됩니다. 예술에서 과학기술이 굉장히 중요한 위치를 차지합니다. 작가들은 물감도 사지만 을지로에 가서 실리콘 같은 화학물질을 사기도 하고, 청계천에 가서 전자부품을 사 오기도 하거든요. 그런데 예술교육 체계 내에서 기술에 대한 체계적인 이해를 제공하지 않기 때문에

독학을 해야 합니다. 그런 교육이 더 체계적으로 이뤄지면
풍부한 상상력이 나오면서 극한 너머의 세계를 탐색해볼 수 있지
않을까 합니다. 백남준은 테크놀로지를 많이 다뤘지만 일본의
아베 슈야라는 전자기술자의 협력이 있었습니다. 좋은 협업의
사례입니다. 백남준은 상상력을, 아베는 회로를 제공한 겁니다.

임 제한이 있어요. 나의 행동이 돈이 될 수 있는가. 그게
어디까지일까? 이만큼만 보면 돈이 되는 생산품을 만들 수 있는데
굳이 그 선을 넘어갈 이유가 없습니다. 그러한 제한선이 돈만
보고 돈만 좇는 생활 패턴, 돈 주위만 맴도는 한계 상황을 만들고
있는 거죠. 그리고 그것을 뛰어넘으려는 사람들을 많이 발견하고
발굴하는 게 중요한 겁니다. 황규태 작가의 『블로우업』(2002)이라는
사진집이 있습니다. 사진의 배경에 있는 사람들을 확대시키면 입자
단위로 화면이 흐트러지면서 유령처럼 나옵니다. 사진에서 보이지
않았던 조그마한 사람을 굳이 확대시켜서 봤더니 입자가 하나하나
보인다는 거예요. "그걸 왜 봐야 할까?"라고 물었을 때, 보이지 않는
것을 봤을 때, 내 삶이 이전과 어떻게 달라졌는지 생각하게 하는
예술을 지지합니다.

이 2015년 7월 미국 뉴호라이즌호가 명왕성에 1만
2000킬로미터까지 바짝 다가가서 아주 정밀한 사진을 보냈습니다.
훨씬 전에 몇 억 킬로미터 떨어져서 찍은 사진에서는 명왕성의
픽셀이 열 개도 안 됐습니다. 그런데 천문학자들은 놀랍게도

그 픽셀을 분석해서 명왕성의 상태에 대한 최대한의 분석을 끌어냈습니다. 더 가까이 접근할수록 점점 픽셀이 많아지겠죠. 천문학계에는 그 사진을 픽셀 단위로 읽어내는 알고리즘이 있다고 합니다. 임태훈 선생님이 말씀하신 유령처럼 보이는 그 상으로부터 정보를 얻어내는 수단, 더 나아가서 명왕성이라는 46억 킬로미터나 떨어진 세계에 다가가는 수단인 겁니다.

임 인간이 지구에 갇히지 않게 되는 거죠. 손바닥만 한 시장이라는 장 안에 갇히지 않게 되는 겁니다.

제조업의 붕괴, 사라져가는 기계들

임 제조업이 붕괴되고 재건해나가는 과정이 앞으로의 기술비평에 어떠한 시사점을 줄 수 있겠습니까?

이 제조업 자체가 붕괴했다기보다는 조금 다른 차원에서 봐야 합니다. 대부분의 제조업체가 하청업체입니다. 삼성은 몇십 년 동안 하청업체 단가를 1원도 안 올려줬다고 합니다. 고객들한테는 잘하면서 하청업체는 무지막지하게 후려친다고 하더라고요. 그러다 보니 연구개발도, 고용 유지도 힘들어집니다. 무언가를 만드는 것 자체가 쇠퇴한다기보다 만드는 것에 대해 제대로 된 대가를 받거나 그 업종에 관련된 사람들의 인간적인 권리가 인정받지 못한다는 이야기가 아닐까 합니다. 메이커라는 말에서도 보듯, 사람은 언제나 무언가 꼼지락거리면서 만들고 있거든요. 제조업 자체가 붕괴하지는 않습니다. 청계천 뒷골목이든 시화공단이든 숨어서 만드는 사람은 꽤 많다는 말이에요. 문제는 그래봐야 하청밖에 안 된다는 거죠.

홍 옛날에는 세운상가 등에서 많은 시도를 해볼 여지가 있었는데 요즘은 생산 능력이 몇몇 대기업에 국한되면서 그럴 수 없어졌죠.

임 이영준 선생님께서는 그동안 대기업 중심으로 산업이 돌아가면서 하청업체들이 연구개발을 할 수 없도록 10년 동안 가격을 쥐어짜냈을 뿐 상생하지 못했기 때문에 산업 생태계 전체가 붕괴되는 것이고, 자업자득인 측면이 있다고 말씀해주셨습니다. 또 한편으로 지금은 어떤 역사적인 결산을 해볼 필요가 있는 시점이라고 봅니다. 이를테면 '그 많던 전파사는 다 어디로 갔을까?' 대기업의 애프터서비스 센터가 곳곳에 세워지면서 전파사들이 다 사라졌는데, 그들이 사라짐으로써 동시에 우리가 잃어버린 자생적 기술 문화는 어떤 것이었을까요? 60, 70년대에 독학으로 방송통신교재 등을 가지고 전기기술을 공부한 사람이 굉장히 많습니다. 그분들이야말로 자생적 기술독학자들이라고 말할 수 있는데, 그 인력들이 전파사가 사라지면서 함께 사라진 거죠. 미국 캘리포니아발 메이커 문화에 들뜰 게 아니라 우리에게 원래 있었던, 동네마다 있었던 메이커들이 어떻게 됐을까, 그들이 사라짐으로써 잃은 역량이 무엇일까, 그러한 결핍과 상실의 시간들을 되짚어봄으로써 지금의 위기를 돌파할 수 있는 지혜를 얻을 수 있지 않을까 합니다.

이 전파사가 더 존립하기 힘들어진 이유 중 하나는 테크놀로지의 디지털화입니다. 납땜 수준으로 스마트폰을 고칠 수는 없으니까요. 프로그램을 다룰 수 없으니까. 한편으로는 카센터처럼 다 대기업화돼버린 문제도 있습니다.

임 앞으로 전기차가 지금보다 훨씬 더 대중화되면 내연기관을 중심으로 하는 정비소들은 다 사라지게 될 것이고, 이제 프로그래머들이 전기차를 고치는 곳에서 일하게 될 거라는 이야기를 합니다. 산업 생태계의 변화는 이미 진행되고 있고 그 과정에서 직업을 잃어버리거나 지금까지 살아왔던 삶의 노력들이 무화되는 사람들에게, 예전에 우리가 어떤 실수를 했는지 돌아봄으로써 상생과 공존의 미래를 제시해줘야 합니다.

이 어렸을 때 기억을 더듬어보면 전파사가 단순히 라디오만 고치는 곳은 아니었습니다. 우리 어렸을 때는 카펜터스 음악이 유행했지요. 카펜터스의 노래를 주로 길거리에서 전파사 라디오로 들었습니다. 주요한 스포츠 중계도 전파사를 통해서 봤지요. 전파사는 단순히 수리 센터가 아니라 종합문화센터였어요.

아이튠스가 왜 성공했을까요? 애플이 삼성과 다른 점이 하나의 문화적 생태계를 이뤘기 때문이라고 하잖아요. 그러니까 옛날에 전파사가 하던 일들을 애플이 하고 있는 거예요. 빼앗긴 겁니다.

임 이영준 선생님은 집 앞에 건물이 올라가는 과정을 사진으로 찍는 작업을 하고 계시지요?

이 매일 아침마다 찍고 있습니다.

임 그런 작업처럼 제조업의 붕괴 과정이 기록되어야 합니다. 예를 들어 해안가를 중심으로 한 경남 지역의 사라져가는 대형 플랜트들의 전락을 놓쳐서는 안 됩니다. 혼자 다 할 수는 없겠지만 인문학자들과 사진 작업을 하는 예술가들의 협업을 통해서 말입니다. 거신족, 타이탄족이 물러난 다음 새로운 신들의 시대로 들어가는 것처럼 지금 조선소에 있는 골리앗 크레인들, 거대한 기계들의 시대가 끝나고 새로운 기계들의 시대가 도래하게 될 텐데 그 변화가 정확하게 무엇인지를 알기 위해선 천천히, 침착하게 바라보는 시선과 사유가 절실합니다.

이 독일의 경우 철강산업이 무너지면서 루어 지역의 수많은 철강회사들, 공장들이 사라지지 않고 박물관으로 바뀌거나 공장 자체가 보존되고 있습니다. 기록도 많이 남아 있고 거기에서 파생하는 작업이나 옛 시설에서 다시 이뤄지는 예술작업도

많습니다. 우리는 그 부분이 통째로 비어 있는 거죠. 최근에야
조금씩 하고 있습니다. 테크놀로지는 마치 생명체처럼 점점
성장해서 전성기에 이르렀다가 쇠퇴합니다. 그 긴 사이클, 몇 십
년이 될 수도 있고 몇 백 년이 될 수도 있는 긴 사이클을 누군가 볼
줄 알아야겠죠.

홍 정책결정자들에게도 그런 통찰력이 있어야 합니다.
우리 사회는 지금 잘되면 영원히 잘될 거라고 희망적으로
생각할 뿐, 위기 상황을 대비하는 백업 플랜이 없습니다. 차세대
성장동력이건 먹거리가 됐건 그것에 대한 준비가 필요합니다.

임 일본 버블경제 시기에 전국에 부동산, 골프장, 콘도
같은 걸 무지막지하게 지어놨다가 거품이 꺼지면서 그게 다 유령
시설물이 되어버렸습니다. 그러면서 1990년대 말, 2000년대
중반까지 일본의 아마추어 사진가 사이에서 폐허를 찍고 다니는
게 붐이었어요. 그런데 재미있는 점은, 그 폐허를 보면서 사유가
없었습니다. 이것이 무엇을 의미한다는 통찰보다는 스펙터클로
찍는 거죠. 그런 건 의미가 없다고 생각해요. 그래서 협업이 필요한
겁니다. 어떻게 보면 그들은 눈만 있었던 거고 자기 눈 안에 들어온
이미지를 사고할 수 있는 뇌가 없었던 거죠.

이 사진가, 역사가, 기술자가 협업해야 자신이 찍는
스펙터클이 무엇인지 알 수 있습니다.

임 이를테면 폐허에서 무슨 파란 물 같은 게 흐르는데 "와, 그림 멋있다. 죽인다." 하면서 좋아하는 겁니다. 그런데 알고 보니 수은입니다. "바로 앞에 초등학교도 있는데 큰일 났네." 하고 알아볼 수 있는 사람은 기술자 아니면 과학자겠죠. 협업이 될 필요가 있습니다. 제도권 안에서는 그런 협업을 구성해내기는 쉽지 않지만요.

망해가는 세상을 보면서 어떻게 하냐고 징징거리는 건 쉽습니다. 그러나 해야 할 일을 찾고 실제로 하는 게 중요하다는 생각이 들어요. 망해도 어쨌든 살아야 하는 거니까요.

이 그리고 지금은 정부가 아무것도 해줄 수 없다는 게 다 드러난 거잖아요. 주치의로서 핵심적인 문제를 해결해야 할 사람이 의사 면허가 없는 것 아닙니까.

돈이라는 기계, 경제와 기술

임 돈도 굉장히 강력한 기계입니다. 이 기계는 시대의 요구에 맞게 진화해야 합니다. 그래서 스위스에서 기본소득 국민투표가 부결됐다는 게 아쉽습니다. 한국에서도 보편적 기본소득까지 나아가지는 못하더라도 청년기본소득 정도는 서둘러야 할 때입니다. 이 문제는 『시민을 위한 테크놀로지 가이드』의 기획과 무관하지 않습니다. 돈은 에너지입니다. 우리 시대의 문화를, 우리 시대의 사회적 관계들을 계속 유지시키는 근본적인 동력입니다. 그 에너지의 순환이 어려워서 전 세대가 미래를 잃고 붕괴하고 있다는 건 끔찍한 일입니다. 그래서 사회적인 장치가 하루 속히 마련되는 것이 중요합니다. 특히 지금처럼 20대가 전대미문의 위기에 처해 있는 상황에서는 기본소득이 모든 종류의 기술 논의와 함께 이뤄져야 합니다. 알파고 쇼크와 함께 기본소득 담론이 주목받고 있는 것은 다행스러운 일이지만, 그만큼 빨리 잊히고 있다는 것이 안타깝습니다.

앞으로 대학 사회의 향방을 결정짓는 데도 기본소득이 중요하게 작용할 겁니다. 예술대학 같은 경우, 기본소득이 어느 정도 받쳐준다면 취업률이나 산업적 솔루션으로 전환될 수 있는 전공이냐 아니냐를 가지고 존폐를 논할 이유가 없어집니다. "기본소득이 있는데 뭐가 문제냐. 우리는 뛰어난 예술가만 길러내면 된다." 이렇게 이야기할 수 있게 됩니다. 그러나 지금은 그런 사회적 장치가 없기 때문에 모든 학생들을 어떻게든 기업 안에서, 시장 안에서 쓰일 수 있도록 닦달하는 거죠. 그렇게 전환된 예술가들이 무엇을 할 수 있겠습니까. 환전될 수 있는 인간으로만 보려고 하고, 그런 인간만을 더 키워내려고 할 테니 이것만 한 재앙이 없습니다. 제조업 붕괴와 더불어 소프트한 영역들, 문화 영역도 연쇄적으로 무너질 수밖에 없습니다. 이 붕괴를 막기 위해서라도 돈이라는 기계로 만들 수 있는 가장 파급력이 큰 장치인 기본소득이 실행되어야 합니다. 우리 시대의 기술, 문화, 정보에 있어서 가장 중요한 화두이자 과제라고 생각합니다.

이 한국은 돈이 엄청 많은 나라잖아요. 대기업 사내유보금을 다 합치면 700조 원이 넘는다고 합니다. 성공회대학교 백원담 교수가 청년실업 해소, 의료공공성 강화 등 시급한 민생 과제에 대기업 유보금을 이용하면 해결할 수 있다는 요지의 칼럼을 쓴 적이 있습니다. 기사에 "어디서 이런 빨갱이 같은 주장을 하고 있느냐, 이런 사람은 총살해야 된다."라는 댓글이 달렸더라고요. 어떻게 대기업 돈을 빼앗을 수가 있느냐는 겁니다. 빼앗지 않고도 그 돈을 정부가 쓸 수 있는 방법은 있죠. 세금을 매기면 됩니다. 그런데 그 사람은 기업의 돈을 강탈하는 것은 빨갱이들이나 하는 짓이니 백원담 교수를 총살해야 한다는 겁니다. 상상력이 참 빈곤하다는 생각을 했습니다. 문제를 해결할 만한 리소스는 있다고 봐요. 다만 리소스를 활용할 방법을 모르거나 활용할 생각이 없거나 솔루션을 찾을 생각조차 없는 게 문제입니다.

홍 기업의 가장 큰 역할은 이윤을 내고 고용을 창출하는 것이죠. 그런데 요즘은 기업이 사회에 얼마나 기여하느냐, 환경에 얼마나 기여하느냐까지 전체적으로 평가합니다. 기업에서도 지속가능 보고서를 매년 발간하고 CSR 활동을 하지요. 21세기에는 소비자들이 기업을 바라볼 때 그런 측면을 모두 고려해서 바라보기 때문에 기업들도 이런 문제를 진지하게 고민해야 합니다. 사회적이거나 환경적인 것을 고려하지 않는 기업은 장기적으로 봤을 때 성장이 어려울 가능성이 큽니다. 단순히 소비자의 호감이나 인지도 문제를 떠나서 실질적으로 그

기업의 경제활동 자체에 영향을 미칩니다. 소비자들은 점점 더 친환경적이고 사회에 긍정적인 영향력을 미치는 회사와 그 회사의 제품을 사고 싶어 합니다.

이 지금도 우리의 도로는 꽉 막혀서 모두가 교통체증 때문에 엄청나게 스트레스를 받습니다. 혼잡한 곳에 백화점을 지으면 부담금을 내야 하듯, 자동차 회사들이 그런 돈을 부담하고 있습니까? 자동차 회사 중 '우리 때문에 교통체증이 심해지니 생산·판매량을 줄여야겠다.'라고 목표를 설정하는 회사는 하나도 없을 겁니다. 할 수만 있으면 200퍼센트, 300퍼센트 수직 상승하는 성장곡선을 그리고 싶어 하겠죠. 자동차 회사들은 차가 만들어내는 교통체증을 해결할 방안을 고민하거나, 아니면 교통체증을 덜 일으키는 교통 시스템을 고민하거나, 하다못해 그런 연구를 위한 기금이라도 내놓아야 될 겁니다.

홍 기업에서 목재를 많이 사용하면 그만큼 산림이 훼손되고 탄소 배출을 제어할 수 있는 나무가 사라집니다. '넷 제로 프로그램(Net Zero Program)'이라는 게 있습니다. 목재를 사용했으면 나무를 심는 등 자신들이 벌목한 나무를 상쇄할 수 있는 일을 하는 겁니다. 어느 기업에서는 새로운 카펫을 내놓을 때마다 폐기물이 많이 생기기 때문에 대여를 하게 하거나, 전체가 아니라 일부만 교체하게끔 유도하는 등의 일을 합니다. 장기적인 관점에서 봤을 때 그쪽이 자신들한테도 더 유익하다는 거죠.

앞으로 더욱 중요해질 문제입니다. 특히 한국은 인구가 5000만 명밖에 안 되고 수출에 의존할 수밖에 없는 국가입니다. 환경 문제를 고려하지 않으면 당장 수출에 어려움을 겪을 겁니다. 예전에 국내 한 기업에서 은나노 세탁기를 출시해서 굉장히 히트를 쳤습니다. 유럽에 수출하려 했지만 결국 실패했습니다. 은나노가 인체에 무해하다는 것을 입증하기가 어려웠기 때문입니다. 가습기 살균제도 마찬가지입니다. 그것도 유럽에 납품하려고 했는데 까다로운 조건을 요구해서 포기한 겁니다. 기업의 자발성에만 의지할 게 아니라 규제도 어느 정도 필요합니다. 유럽이나 미국에서 점점 전기차로 옮겨가는 추세는 환경 관련 규제 때문이기도 합니다.

삶의 존엄, 삶의 전망

이 기계에 견줘 인간의 존엄이 너무 바닥에 떨어졌다는 생각이 듭니다. 알파고가 이세돌을 이겼을 때 공포에 떤 사람들이 많았습니다. 인공지능이 인간을 대체하거나 죽일 수도 있겠다는 두려움이었겠죠. 그런데 생각해보면 테크놀로지가 본격적으로 산업화된 이래로 사람들은 언제나 공포에 시달렸습니다. 러다이트 운동을 떠올려보십시오. 더 일상적인 예를 들자면, 우리는 길에서 자동차를 피해 다니죠. 기술에 의한 엄청난 소외 현상인데 우리에게는 체화되어 있습니다. 그런데 소위 선진국에서는 차가 사람을 피해주거나 사람이 지나갈 때까지 멈춥니다. 물론

근본적인 건 아닙니다만, 자동차에 대해서 인간의 보행권을 당당히
내세워야겠다는 생각이 듭니다. 차가 달려오면 그냥 걸어가세요.
그런 식으로 자신의 존엄을 내세워야 기술에 대해서 사람의 존엄을
조금이라도 찾지 않을까 생각해요.

임 제가 『시민을 위한 테크놀로지 가이드』에서
사람들이 읽어줬으면 하는 건 딱 하나예요. 노동 담론이 빠져
있는 ICT 담론은 다 사기니까 속지 마시라. 모든 앎은 사기꾼에게
당하지 않기 위한 전투 준비 태세입니다.

홍 융합적인 활동을 하거나 시스템적 사고를 하는
사람들은 대학에서 배운 공학적 지식에 더해 그런 스킬을 외부
활동에서 습득했다고 합니다. 그러기 위해서는 전제조건이
있습니다. 익숙한 슬로건을 빌려 말하자면 바로 '저녁이 있는
삶'입니다. 다른 활동을 할 수 있는 여유가 있어야 한다는 겁니다.

임 제조업의 종말은 무엇을 물질로 남겨놓고 무엇을
비물질화할 것인가를 선택하며 하나씩 이뤄지게 될 겁니다.
이를테면 마이크로소프트에서 홀로렌즈라는 것을 개발했습니다.
이것을 뒤집어쓰면 증강현실로 내가 필요로 하는 디스플레이
화면을 끌어올 수가 있습니다. 나만 볼 수 있는 거죠. 그렇게
텔레비전을 끌고 와서 내가 원하는 크기로 보면 굳이 집에
텔레비전을 살 필요가 없습니다. 텔레비전이라는 물질을

비물질화하는 거죠. 스마트폰이 나오면서 예전에 응접실에 있었던 수많은 전자제품들이 다 압축돼서 여기 하나에 들어갔습니다. 그런데 앞으로는 스마트폰마저도 사라지고 우리는 오직 내 눈에만 보이는, 일종의 조현병적인 시각체제 안에서 살아가게 될 겁니다. 내 눈에만 보이는, 비물질화된 것들과의 인터페이스 속에서 살아가게 된다면, 그 물질이 사라지게 됨으로써 한 산업이 사라지는 겁니다. 동시에 그 물질과 함께 연결되어 있던 내 일자리도 사라지게 됩니다. 그런 변화들을 이해해볼 필요가 있어요. 왜 이것이 물질로서 계속 남아 있어야 하는가?

책을 예로 들어봅시다. 책은 점점 독서의 대상이 아니라 매혹적인 동거의 대상이 되어가고 있습니다. 그래서 여전히 책을 사는 사람들은 전자책이라는 비물질 형태가 아닌 책이라는 물성을 가지고 있는 몸을 사는 겁니다. 이처럼 기계에 대한 미적 감각이 더 계발될 필요가 있습니다. 물질화 된 사물에 대한 애호 측면에서 사람들이 조금 더 섬세해질 필요가 있다는 거죠. 이것은 결코 기술 리터러시와 별개가 아닙니다. 이러한 애호가 한 산업의 수명을 연장시키는, "당신들은 일자리를 가질 이유가 있습니다. 조금 더 당신들에게 기대하는 게 있습니다."라는 이야기를 할 수 있는 전제조건이 되는 겁니다. 우리가 지켜가야 할 최후의 자산들이 무엇인지 생각해봐야 합니다.

이　일론 머스크의 상상이 실현되는 걸 보면서 우리의 풍토에서 따라가기에 격차가 너무나 크다는 생각을 합니다.

머스크는 철도망도 거의 초음속에 가까운 속도로 개발하겠다고 주장하고 논문도 발표했잖아요. 지금은 황당무계한 소리로 들립니다. 그런데 무섭고 놀라운 건, 왠지 실현될 것 같다는 겁니다. 왜냐하면 차곡차곡 성공하고 있으니까요.

임 일론 머스크가 "나는 화성에서 죽겠다. 최후의 프로젝트인 화성 식민지에서 이주한 사람들과 함께."라고 말한 내용이 보도되었습니다. 누구도 보지 못했던 것을 보려 하고 누구도 듣지 못했던 것을 들으려는 기개가 놀랍습니다. 화성 공기의 느낌, 기압에서 느껴지는 이상한 촉감을 다 경험해보고 죽겠다는 거잖아요. 이런 종류의 인간형을 길러낼 수 있는 사회가 일론 머스크보다도 부럽습니다. 한국도 헬조선을 넘어서야죠. 더 큰 꿈을 꾸는 것이 가능한 사회가 되어야 합니다.

홍 그처럼 사람들이 인생의 커다란 목표를 정하고, 그 목표를 달성하기 위해서 각론을 세우고 또 실천할 수 있는 사회가 되려면 무엇이 필요한지 논의를 시작해야 할 시점입니다.

사진 출처

p.20 ⓒRodrigo Walker **p.36** ⓒDavid Holt **p.39** ⓒStefan Bohrer

p.44 ⓒepsilon **p.46~47** ⓒSwilsonmc **p.51** ⓒ박해천 **p.54** ⓒMicrosoft Sweden

p.59 ⓒ인터넷 야미이치 서울, 유상준 **p.63** ⓒLev Manovich and Jeremy Douglass

p.76 ⓒGalactic Cafe **p.82, 84** ⓒStanford Literary Lab **p.96**(위) 아트센터 나비 제공

p.96(아래) ⓒPROTOROOM **p.98** ⓒ언메이크랩 **p.113~p.247** ⓒ이영준

p.251~p.331 ⓒ홍성욱

＊ 일부 사진은 저작권자를 찾기 위해 노력하였으나 찾지 못했거나 연락이 닿지 않았습니다.
저작권자와 연락이 닿는 대로 정식으로 게재 허가 절차를 밟고 사용료를 지불하겠습니다.

시민을 위한 테크놀로지 가이드
더 나은 미래로 향하는 기술비평

1판 1쇄 펴냄 2017년 1월 6일
1판 2쇄 펴냄 2017년 1월 31일

지은이 이영준 임태훈 홍성욱
펴낸이 박상준
펴낸곳 반비

출판등록 1997. 3. 24.(제16-1444호)
(우)06027 서울특별시 강남구 도산대로1길 62
대표전화 515-2000, 팩시밀리 515-2007
편집부 517-4263, 팩시밀리 514-2329

ISBN 978-89-8371-821-1 (93300)

반비는 민음사 출판 그룹의 인문 · 교양 브랜드입니다.